青年

如何挑大梁

马修文　马彦涛
著

中央党校出版集团
国家行政学院出版社
NATIONAL ACADEMY OF GOVERNANCE PRESS
·北京·

图书在版编目（CIP）数据

青年如何挑大梁 / 马修文，马彦涛著 . -- 北京：国家行政学院出版社，2025.1（2025.7重印）. -- ISBN 978-7-5150-2951-1

I. D432.6

中国国家版本馆CIP数据核字第2024QY0399号

书　　名	青年如何挑大梁
	QINGNIAN RUHE TIAODALIANG
作　　者	马修文　马彦涛　著
责任编辑	刘韫劼
责任校对	许海利
责任印制	吴　霞
出版发行	国家行政学院出版社
	（北京市海淀区长春桥路6号　100089）
综 合 办	（010）68928887
发 行 部	（010）68928866
经　　销	新华书店
印　　刷	中煤（北京）印务有限公司
版　　次	2025年1月北京第1版
印　　次	2025年7月北京第2次印刷
开　　本	170毫米×240毫米　16开
印　　张	21.25
字　　数	293千字
定　　价	68.00元

本书如有印装质量问题，可随时调换，联系电话：（010）68929022

序言
PREFACE

实践是人特有的存在方式,是马克思主义哲学生长与发展的全部内容和最现实的基础。作为最具活力的青年这一实践者、认识者,在认识世界的基础上解释世界和改造世界责无旁贷。正如马克思主义哲学的建构是建立在对主体性不断深化的基础之上,新时代青年主体性建构也必然立足于中华大地、立足于民族复兴和强国建设的伟大实践这一基石之上。

党的十八大以来,以习近平同志为核心的党中央高度重视青年工作,继承并弘扬我们党始终把青年作为事业发展生力军的优良传统,为青年在实践强国之路上实现人生出彩搭建广阔舞台。2021年9月27日,习近平总书记在中央人才工作会议上的讲话中指出:"要把培育国家战略人才力量的政策重心放在青年科技人才上,给予青年人才更多的信任、更好的帮助、更有力的支持,支持青年人才挑大梁、当主角。"[①]这对青年人才的成长以及青年工作提出了明确要求、寄予了厚望。不经历风雨,怎得见彩虹!新时代青年要挑起强国建设、民族复兴的大梁,就要经受考验、经历苦难,强健体魄、增强才干,就要坚定理想信念,志存高远、脚踏实地,勇做时代的弄潮儿。党的二十大报告指出:"广大青年要坚定不移听党话、跟党走,怀抱梦想又脚踏实地,敢想敢为又善作善成,立志做有理想、敢担当、能吃苦、肯奋斗的新时代好青年,让青春在全面建设社会主义现代

---

① 习近平:《深入实施新时代人才强国战略 加快建设世界重要人才中心和创新高地》,《求是》2021年第24期。

化国家的火热实践中绽放绚丽之花。"①新时代好青年标准，为青年这一主体积极发挥主观能动性指明了方向，是青年能够挑起强国建设、民族复兴大梁的必要条件，也是青年主体性建构的总框架。

青年要有理想。青年首先要立下为实现共产主义奋斗终身的目标，要有为实现中华民族伟大复兴不懈奋斗的志向，还要有为人民利益敢于横刀立马的豪情。理想是一种信仰，是一种追求，它能让青年的人生充满了意义和价值。理想信念犹如一颗种子，只有扎根于内心深处，并得到不断灌溉、呵护，才能茁壮成长。理想的实现需要不断实践，实践就免不了挫折和失败。青年必须明白，任何挫折和失败，都是实现理想之路不可避免的、不可或缺的。为此，青年不必畏惧前进道路中的艰难险阻，而是要直面困难、勇毅前行，在感到迷茫时抬头看路，在感到无助时加强学习，时刻保持谦逊的姿态，相信自己的能力和智慧，相信自己的选择和坚持，坚持不懈地追求理想，不断精进，同时保持一颗感恩之心，这样才能在实现理想的过程中不断成长和进步。

青年要敢担当。青年要勇于面对挑战，不畏难、不惧险、不诿过。敢担当既是一种魄力，又是一种积极向上的学习心态、工作姿态和精神状态，是青年必须具备的良好品质。青年在学习、工作和生活中难免会遇到各种各样的困难和问题，而敢于担当的人会主动承担责任，积极寻找解决问题的方法，而不是逃避或者推卸责任。只有不断克服前进道路上的各种困难和问题，才能在量的积累上实现质的飞跃。

青年要能吃苦。青年要具备坚韧不拔的毅力和不屈不挠的精神。能吃苦意味着将勤奋刻苦这种品质和精神作为常态，意味着不怕付出、不怕辛苦、不斤斤计较。人生之路充满了坎坷和崎岖，从来没有一马平川，从来不会一帆风顺，从来都不是敲锣打鼓就能实现的，也从来都不会轻松加愉

---

① 《习近平著作选读》第1卷，人民出版社，2023年，第58页。

快就唾手可得。要时刻保持积极乐观阳光，自信自立自强，懂得适时调整自己的情绪和心态。拥有吃苦精神并自觉践行的人，终究会创造出属于自己的辉煌。

青年要肯奋斗。青年要敢于斗争、追求进步、超越自我。奋斗意味着面对困难不屈不挠，即使前方是险象环生、沟壑纵横，也要勇往直前、鞠躬尽瘁，勇于斗争、善于斗争。奋斗意味着始终保持一颗向上向善之心，不断追求卓越追求崇高追求理性，不断奔赴更高的目标，用自己的行动诠释着奋斗的真谛。

本书着眼于青年挑大梁的能力养成，从实践哲学视域下系统阐述了青年主体性建构的诸层次和问题，指出了新时代好青年标准的实践路径，以时刻准备着的现实的人的主体性展现新时代青年应有的精神面貌。在党和国家需要的时候，青年能够自信地说："强国有我！"

是为序。

作者

2024年10月

目录

01 第一章 青年及其使命

一、何谓青年 　　　　　　　　　003
二、对青年的期许 　　　　　　　010
三、未来属于青年 　　　　　　　018
四、青年创造未来 　　　　　　　030
五、不负青春韶华 　　　　　　　040

02 第二章 树立终身学习的理念

一、学习是首要任务 　　　　　　053
二、板凳须坐十年冷 　　　　　　062
三、拓宽认知半径 　　　　　　　070
四、善于发问与质疑 　　　　　　079
五、勤于实践运用 　　　　　　　087

03 第三章
扣好人生第一粒扣子

一、坚定理想信念　　097
二、正确对待得失　　105
三、善积尺寸之功　　111
四、投身强国伟业　　119
五、自信赢得未来　　124

04 第四章
养成积极健康的心态

一、革命乐观主义精神　　134
二、积极向上向善心态　　143
三、培养劳动自觉　　152
四、常怀感恩之心　　159
五、致良知　　166

05 第五章
牢记为民为公的宗旨

一、站稳人民立场　　177
二、办事出于公心　　183
三、甘于奉献　　189
四、干在实处　　194
五、勇于担责　　200

06 第六章
凝聚团结奋斗的合力

一、善补台不拆台　　209
二、善做宣传工作　　216
三、共筑同心圆　　222
四、矢志艰苦奋斗　　228
五、坚持胸怀天下　　232

07 第七章
增强应急处突的能力

一、磨练坚强意志　　241
二、练就过硬本领　　247
三、善于化危为机　　254
四、加强专业训练　　259
五、争做时代先锋　　263

08 第八章
锤炼依法办事的习惯

一、树牢法治意识　　273
二、自觉依法办事　　278
三、捍卫公平正义　　284
四、严格选人用人　　289
五、严格监督执纪　　294

09 第九章
严守清廉崇德的底线

一、培育高尚品格　　　　　　　　　　303

二、涵养道德修为　　　　　　　　　　309

三、鱼和熊掌不可兼得　　　　　　　　313

四、弘扬家风　　　　　　　　　　　　318

五、做个君子　　　　　　　　　　　　323

后　记　　　　　　　　　　　　　　　330

第一章

青年及其使命

青年一代有理想、有本领、有担当，国家就有前途，民族就有希望。中国梦是历史的、现实的，也是未来的；是我们这一代的，更是青年一代的。①

——习近平总书记在中国共产党第十九次全国代表大会上的讲话

① 《习近平著作选读》第2卷，人民出版社，2023年，第57页。

把现实的人作为理论的出发点是马克思主义哲学的基本方法。从主体出发在发展着的实践中把握人的本性、人的价值和人的解放，是青年主体性建构的哲学基础。马克思说："从前的一切唯物主义（包括费尔巴哈的唯物主义）的主要缺点是：对对象、现实、感性，只是从客体的或者直观的形式去理解，而不是把它们当做感性的人的活动，当做实践去理解，不是从主体方面去理解。"[①]这篇马克思于27岁写的《关于费尔巴哈的提纲》第一条就深刻阐释了马克思主义哲学的精髓，即将"实践"和"主体"有机结合起来。把握青年及其使命，也必须在实践中从青年主体性出发。而对青年的特别关注是人类生产和生活得以延续的永恒话题。青年代表着一种精神状态，一种积极向上、勇往直前的精神风貌。青年的最大特征是可塑性强，集中体现在能动的反映上。他们敢于挑战传统，敢于质疑权威，敢于尝试新事物，敢于探索未知领域，其求新求变的本性书写着天道自然。如中华文明中"自古英雄出少年"的传统、"长江后浪推前浪"的情怀、"希望寄托在你们身上"的期待。那么，何谓青年？又为何对青年寄予重托、寄以厚望呢？

一、何谓青年

概念是反映事物本质属性的一种思维形式，是形成判断和进行推理的前提和基础。青年主体性建构首要任务是界定青年这个词。有人说，青年是时代的晴雨表，他们的思想观念和价值取向直接影响着社会的发展方

---

① 《马克思恩格斯文集》第1卷，人民出版社，2009年，第499页。

向。有人说，青年是一个充满生机与活力的词，它代表着一种无限的可能性和希望。有人说，青年是一个复杂而多元的群体。其实，青年不仅仅是一个年龄段的界定，更是一种精神状态和人生阶段的象征，是充满活力和创造力的群体，承载着国家的未来和民族的希望。在这个阶段，青年身体和心理都将得到显著变化，开始从自己内心走向别人的内心，在探索的过程中收获友谊、爱情、婚姻。在这个阶段，青年面对现实中的他者，面对逐渐拓展的陌生的人和事，有了自己强烈的健康或不健康的情绪，取得阶段性的成功或遭受阶段性的失败，但这些都是人生的财富，都是成长的必经环节。千百年来，青春的涌动、青春的力量、青春的智慧、青春的创造，始终是推动人类历史勇毅前行、不断革新的磅礴力量！

（一）"青年"一词的由来

《说文解字》对"青"的解释是，"青，东方色也。木生火，从生丹，丹青之信言象然"。青为木色，属东方之颜色。丹意赤石，而赤对应火，火又由木所生，故"青"指"生丹"的东方色，物生时之色含"生"之意，有生机、活力之意。所谓丹青之信，说的是某事有如木生火般理所当然。

"青年"一词据考证最早出现在南北朝时期梁朝诗人李镜远的《蝶蝶行》中，约系公元502—557年，距今已1500年左右。李诗云："青年已布泽，微虫应节欢。朝出南园里，暮依华叶端。菱舟追或易，风池度更难。群飞终不远，还向玉阶兰。"这里描述的是蝴蝶播卵成虫、破蛹成蝶的过程。而与当今青年含义相近的较早出现在唐代诗人牟融的《寄张源》："咫尺西江路，悲欢暂莫闻。青年俱未达，白社独离群。曲径荒秋草，衡茅掩夕曛。相思不相见，愁绝赋停云。"宋文天祥在诗《满江红·燕子楼中》也提到青年："燕子楼中，又捱过几番秋色。相思处青年如梦，乘鸾仙阙。肌玉暗销衣带缓，泪珠斜透花钿侧。最无端蕉影上窗纱，青灯歇。曲池合，高台灭；人间事，何堪说！向南阳阡上，满襟清血。世态便如翻覆雨，妾身元是分明月。笑乐昌一段好风流，菱花缺。"距今有800年左右。此后，明朝永乐年间李祯①的传奇小说《剪灯余话·琼奴传》，距今有600年左右，传中说"虽患难之中，琼奴无复昔时容态，而青年粹质，终异常人"。明嘉靖年间文学家王世贞也有诗曰"若过长沙应大笑，不将憔悴送青年"。

中国近代以前，"青年"一词主要在小说诗文中出现，表示年轻人。中国古人对青年男女的称谓有很多种，如《论语·子罕》中"后生可畏"的"后生"，杜甫《杂曲歌辞·少年行》中"马上谁家白面郎，临阶下马坐人床"的"郎"，此外指代青年的还有"郎君""小生""子弟""妙年""妙龄""少""少年"等。

现代意义上的青年一般指的是产生青年群体之后的称谓，肇始于基督教青年会这个名称。1895年前，上海、汉口、香港已有基督教青年会的组织，但主要为外国人服务。最早服务于中国人的是学校青年会，1885年冬，施美志（George. A. Smyth）组织成立了福州英华书院青年会，1886年，毕哈兰（Harlan Page Beach）发起成立了通州潞河书院青年会。1895年12月8日，天津青年会成立，参加会议的70名学生，19人成为同宗会员，46人成为同志会员，中国第一个城市青年会宣告成立。

"青年"一词普遍运用是在1915年9月陈独秀在创办《青年杂志》（后改为《新青年》）之后，特别是受到新文化运动的影响，青年已经成为特定群体。陈独秀在发刊词中从自主的而非奴隶的、进步的而非保守的、进取的而非退隐的、世界的而非锁国的、实利的而非虚文的、科学的而非想象的等方面概括了青年应有的样子。

西方文明华语中，青年形象最早与希腊城邦联系在一起，多指通过教育把青年男子塑造成完全与众不同的公民，有责任感的公民。在古希腊和

---

① 李祯，字昌祺，庐陵人，曾参与修撰《永乐大典》。

古罗马时期，"青年"一词被用来描述处于成年和儿童之间的人群。荷马时代青年已经形成了一个特殊的男性群体，据研究证实了"在希腊城邦出现之前一个参加军事训练的青年团体的存在"①。

（二）青年概念的界定

关于青年的概念，长期以来，学界见仁见智。有的把青年界定为"革命事业的接班人"，有的认为青年是以性成熟平均年龄为起点的一个人类生命阶段，有的认为青年是人生年龄分期中从少年到成年的一个过渡阶段，有的从历史的概念、年龄的概念、社会的概念等对青年进行界定，有的从青年的生理方面、心理方面、社会方面、文化方面的特征进行分析，有的从青年的本质属性、相互主体性着手界定青年的概念。

"青年"这一主体在很长的历史时期、很大的社会范围内都是存在的，但对其概念的界定和厘清是从近代开始的。青年这个概念其实是在社会发展中逐渐被建构出来的，是现代性的产物。实际上，当我们去界定青年概念的时候，我们就在进行有某种目的的人为建构，统计学可能需要一个年龄界定来便于统计，社会学可能需要用社会功能定义来分析社会问题，青年这一概念就是在错综复杂的用途中演化而来的。

《辞海》（第六版）和《现代汉语词典》（第七版）对青年一词主要从两个方面界定：一是指年龄段，二是指该年龄段的人。但对年龄段的界定不同，前者提出青年系18岁至25岁的阶段，后者提出青年系"十五六岁到三十岁左右的阶段"。对于青年的界定，用年龄只不过是为了统计的便利，而且也无法用确切的时间段来表述。这是因为，青年从根本上说是一个过渡期，即从青春期过渡到成人的过程，用发展变化的眼光来看待青年，就是要认识到青年的本质是一个不断成熟的过程，从生理机能的发育、强烈

---

① 乔瓦尼·莱维、让－克劳德·施密特主编《西方青年史》上卷，张强等译，商务印书馆，2022年，第16页。

的两性意识到价值观的塑造。比如,这个阶段肌肉开始发达,骨化逐渐完成,心血管系统发育较快,灵敏度、精确度、耐力、体力等得到进一步发展和增强。同时,认知能力、理解能力、判断能力、抉择能力也呈现稳定性和持久性等特征,认定事物、判定是非的思维取向逐渐明晰化,更能客观对人、事、物作出较为准确的事实判断和正确的价值判断。因此也便有了青少年、中青年等词指代轮廓模糊但又界限清晰的这个年龄段的人。

对于青年概念的界定应当坚持将主体置于时空之中这一原则,因此就涉及到三个方面的元素,即群体、时间、空间。青年期作为人类生命周期中的一个重要阶段,青年作为一个重要社会群体,其概念并非自古就有,而是随着政治经济社会文化历史等因素的变化、发展而逐渐形成的。

以年龄作为判断是否是青年的主要因素和首要考量,是世界各国通行的做法,是基于自然人成长认知的客观规律,具有合理性和现实性。年龄是衡量一个人的知识和经验的标准,只有达到一定年龄后才能独立处理自己的事务,能够意识到自己行为所产生的后果,这是因为人的理性能力一般随着年龄增长而增长,只有到了一定年龄才具备必要的认知能力、判断能力、预测能力和承担能力。简单说,即才能负责任,才能担责。青年年龄的界定,涉及文化、社会、历史和心理等多个层面,在不同的民族和文化中,青年的年龄范围又有所不同。

古代社会,由于生活条件和医疗水平有限,人们普遍寿命较短,因此青年的年龄范围也相对较窄。然而,随着社会的进步和科技的发展,人们的生活水平不断提高,寿命也逐渐延长,青年的年龄范围也相应扩大。特别是随着教育水平的提高和职业选择的多样化,现代青年往往需要在更长的时间内完成学业和职业培训,因此青年的年龄上限逐渐提高。如,青年的年龄范围的界定最早是在1985年由联合国教科文组织确定的,将青年定义为15至24岁之间的人群。根据世界卫生组织确定的新的年龄分段,青年的年龄上限提高到44岁。《中国共产主义青年团章程》第一条将青年年龄范围界定为14周岁至28周岁。《中华全国青年联合会章程》将青年的上限提高到45周岁。中共中央、国务院印发的《中长期青年发展规划（2016—2025年）》明确青年的年龄范围为14周岁至35周岁。这个范围很宽泛，涵盖了一部分未成年人，也涵盖了传统意义上的中年人。

由此可见，不同组织和机构对"青年"的定义存在差异，但一般来说，青年是指处于成年和未成年之间的年龄段，具有一定的生理和心理特征，是社会和国家的未来和希望。基于认知和实践，本书将青年的年龄界定在14至45周岁。

把握青年的概念，还要了解与青年相关的几个概念。如，成年人和未成年人。《中华人民共和国民法典》第十七条规定："十八周岁以上的自然人为成年人。不满十八周岁的自然人为未成年人。"即公历18周岁生日当天24时为分界线。区分成年人和未成年人的意义在于，一方面是用以判断主体行为的效力，因为成年人可以独立实施民事法律行为，而未成年人可以实施的民事法律行为有限，其实施的民事法律行为要经过法定代理人的同意或追认；另一方面，是为了保护宪法赋予公民的基本政治权利。当然，对于刑事责任年龄，法律有专门规定。16周岁是刑事责任年龄的界限。《中华人民共和国刑法》第十七条规定："已满十六周岁的人犯罪，应当负刑事责任。"同时明确"已满十四周岁不满十六周岁的人，犯故意杀人、故意伤害致人重伤或者死亡、强奸、抢劫、贩卖毒品、放火、爆炸、投放危险物质罪的，应当负刑事责任"。另外，对于"已满十二周岁不满十四周岁的人，犯故意杀人、故意伤害罪，致人死亡或者以特别残忍手段致人重伤造成严重残疾，情节恶劣，经最高人民检察院核准追诉的，应当负刑事责任"。

青年的定义并不仅局限于年龄，它更多的是一种心态和精神的体现。一个拥有年轻心态的人，即使年龄已经超过了青年的界定，也可以被视为青年。相反，一个心态消极、缺乏活力和创新精神的人，即使在青年的年龄范围内，也可能被认为是一个"老态龙钟"的人。

（三）作为学科的青年学

青年不仅仅是一个生理—心理变化过程，更是一个社会—文化发展过程。青年问题，不单纯是心理问题，更是社会问题、文化问题。1904年，美国心理学家斯坦利·霍尔撰写了世界上第一部青少年心理学专著《青少年：它的心理学及其与生理学、人类学、社会学、性、犯罪、宗教和教育的关系》[①]。该书以进化论的观点解释了少年儿童身体的成长发育、青春期心理发展与身体变化之间的关系，着重从心理学对青年进行科学研究，提出了"复演论"，认为个体的发展不过是对人类漫长进化过程的复演：胎儿期复演了动物进化史；4岁前的婴幼儿期复演了由动物到人的进化；4～8岁的儿童期复演了人类从蒙昧向文明过渡的农耕时代；12～25岁的青少年期则复演了人类的浪漫主义时代。此后，社会学、教育学、政治学、伦理学、犯罪学、社会心理学、人类文化学等学科也开始对青年的研究高度重视。

青年与青年问题已经具有普遍性，并受到广泛关注。青年学已经成为一门显学。毛泽东说："科学研究的区分，就是根据科学对象所具有的特殊的矛盾性。因此，对于某一现象的领域所特有的某一种矛盾的研究，就构成某一门科学的对象。"[②]对青年的研究，从青年现象描述发展到对青年身心发展的规律的探讨，从个体性平面研究发展到群体性立体式研究，从对青年的共时性的静态认识转变到复合的历时性的动态认识，从单纯的定性分析主观判断发展到定性与定量相结合的客观分析模式，从对青年本质的终极论解释发展到对决定青年发展的多元因素的深沉思考，等等，都凸显了青年主体性的价值和意义。

---

① 黄希庭主编《简明心理学辞典》，安徽人民出版社，2004年，第146页。
② 《毛泽东选集》第1卷，人民出版社，1991年，第309页。

早期的青年研究是以心理学模式为主，然后开始向多学科争鸣转化，但对青年概念是从某个侧面作出解释，而非整体性揭示青年与社会的全部本质联系。如青年教育学认为，学校教育结束也就意味着青春期结束，迈入成人社会了。但青年社会学却认为划定青年期结束的标志是获得职业和建立起自己的小家庭。所以长期以来，对青年概念的理解始终没有形成统一的观点。而事实上，青年发展本身存在着内在的客观规律和多种联系，在对青年的认识上不容许忽视它的整体性、系统性。[1]于是对青年本质概念的研究，经历从片断性、零碎性研究到系统性、整体性的学科建设，从单学科到多学科再到整体学科的发展过程。但青年主体性研究方面还存在不足。青年意味着逐步成熟，意味着逐步觉醒，意味着好奇心，意味着正义感，意味着想象力。同时，青年也是教育、引导的重点。从这个意义上说，青年学是主体学，是未来学，是发展学，是实践学。为此，在把握青年学的研究对象、研究方法、研究任务和内容体系上，坚持唯物辩证法和唯物史观，要把青年作为认识和实践活动的主体，而不是仅当成客体来看待，要围绕"青年是怎样的人""青年应当成为怎样的人""青年怎样成为这样的人"展开。

二、对青年的期许

期许既是一方加诸另一方的关注，同时也是一种引导，一种支撑，一种评价标准。青年代表未来，代表"生"的力量。对青年的期待，就是对未来的希冀和向往。对青年的支持，就是对未来事业的支持。马克思主义经典作家和我国老一辈革命家对青年寄予厚望，并且为青年成长成才铺路搭台，甚至甘做人梯。此情此景，可歌可泣。对青年的期许是多方面的，

---

[1] 金国华主编《青年学》，中国青年出版社，1999年，第13—14页。

如理想信念方面，学识技能方面，品德修为方面，健康生活方面，作风纪律方面等。

（一）马克思主义经典作家对青年的期望

马克思、恩格斯的很多重要著作都是在青年时期写成的，很多思想也是在青年时期逐步形成的。在实践中展现人的自主、能动、自由、理性等特征，马克思、恩格斯、列宁等作出了令后人敬仰的杰出榜样。与此同时，在投身于革命事业时，马克思、恩格斯从19世纪初资本主义社会发展阶段的现实问题出发，深刻认识到青年在社会、历史和政治生活中的重要性，在参加各类实践活动中，在各种社会思潮的激烈碰撞中，也更加重视青年的主体地位和力量，思考更加科学而深刻，有关青年的理论更加系统完备。马克思、恩格斯在《共产党宣言》中表达了对青年人的期望和呼唤，希望青年能够积极参与到社会变革中来，为实现共产主义的理想而奋斗，并对青年的发展道路进行规划。马克思、恩格斯对青年的期许的逻辑起点是青年对个体自由与人类自由的期盼，并在实践中实现理论与现实的统一，树立坚定理想信念，在学习中塑造理性，在实践中锤炼意志。

1835年，17岁的马克思在中学考试德语作文《青年在选择职业时的考虑》中专门论述青年就业问题时指出："在选择职业时，我们应该遵循的主要指针是人类的幸福和我们自身的完美。不应认为，这两种利益会彼此敌对、互相冲突，一种利益必定消灭另一种利益；相反，人的本性是这样的：人只有为同时代人的完美、为他们的幸福而工作，自己才能达到完美。"[①]马克思在这篇文章中提出了青年选择职业的原则要求和应有的态度，具有鲜明的主体性特征，彰显了崇高的自我牺牲精神，特别是指出青年要把人生的奋斗目标放在人类幸福和个人全面自由发展上，并且强调只有为

---

① 《马克思恩格斯全集》第1卷，人民出版社，1995年，第459页。

他人为全人类的幸福工作，才能真正实现自身的完美，也就是说，人类幸福是自我实现的前提和基础，充溢着人类情怀、理想光辉和道德感召力。

在恩格斯不同时期的著作和书信中都能看到他对青年群体的期许，对青年的作用地位、价值意义、成长成才、教育引导等方面进行的精彩论述。如，恩格斯在《伊默曼的〈回忆录〉》中说："还要指出一点！伊默曼说，他在《回忆录》中描写的那个时代的性格主要是年轻人的性格，年轻人的基调响起来了，年轻人的情绪表达出来了。难道我们的时代不也正是这样吗？文学界的老前辈都去世了，年轻人掌握了发言权。我们的未来比任何时期都更多地取决于正在成长的一代，因为他们必须解决日益突出的矛盾……只管让年轻人走自己的路吧，他们会找到自己的道路的……一些从体系的干壳中脱落的种子在年轻人心中茁壮地发芽了。而这就是对现代赋予最大的信任，相信现代的命运不取决于畏惧斗争的瞻前顾后，不取决于老年人习以为常的平庸迟钝，而是取决于年轻人崇高奔放的激情。因此，只要我们还年轻，还富有火热的力量，就让我们去为自由而斗争吧；谁知道当暮年悄悄来临时，我们还能不能进行这样的斗争！"[1]恩格斯明确提出了青年将会是推动革命进程的重要力量，年轻人要为自由而斗争、要树立科学的世界观和方法论、要学会正确认识自我等对青年的期许。

列宁关于对青年的期待是在俄国的革命实践中形成的，体现在一系列的演讲、书信中。如，1920年10月2日，列宁在俄国共产主义青年团第三次代表大会上的讲话中围绕青年团的任务，阐述了其青年思想，特别是从多方面对青年提出了期许，强调青年的独立性和主体性。他说，"只有把青年的训练、组织和培养这一事业加以根本改造，我们才能做到：青年一代努力的结果将建立一个与旧社会完全不同的社会，即共产主义社会。……老一代人的任务是推翻资产阶级……新一代人面临的任务就比较

---

[1] 《马克思恩格斯全集》第2卷，人民出版社，2005年，第304—350页。

复杂了。你们不只是应当团结自己的一切力量来支持工农政权抗击资本家的侵犯……但是这还不够。你们应当建成共产主义社会。"[1]列宁关于青年的学习，不是简单的书本上的学习，而是要把自己学习、教育和训练中的每一步骤同无产者和劳动者不断进行的反对旧的剥削者的社会斗争联系起来，要注重现实的环境的训练学习，当人们身临其境地看到他们的父母怎样在地主和资本家的压迫下生活，亲自受到那些反抗剥削者的人所受到的痛苦，看到为了保持已经取得的成果而继续斗争要经受多么大的牺牲，看到地主和资本家都是如何凶恶的敌人时，青年就在这个环境中成长起来了，也就自然成长为共产主义者了。

（二）老一辈革命家对青年的期待

老一辈革命家十分关注重用青年、重视青年教育、关心青年成长。"青年"一词在中华大地妇孺皆知，当得益于陈独秀创办的《新青年》杂志的广泛传播。陈独秀关于青年的思想集中体现在《青年杂志》创刊词中，名曰"敬告青年"，既是新文化运动的宣言书，也是引领青年发动五四运动的前奏曲。他说："青年如初春，如朝日，如百卉之萌动，如利刃之新发于硎，人生最可宝贵之时期也。青年之于社会，犹新鲜活泼细胞之在人身。新陈代谢，陈腐朽败者无时不在天然淘汰之途，与新鲜活泼者以空间之位置及时间之生命。"[2]作为中国新文化运动的旗手，时年36岁的陈独秀在创刊词中以进化论的观点，呼唤青年觉醒起来，看到自身的价值与责任，号召青年追求民主与科学，既寄希望于青年，又致力于青年国民性的改造。

1916年9月1日，李大钊在《新青年》第2卷第1号上发表文章《青春》，阐释了建设青春中华的思想，文中说："中华之义，果何居乎？中者，宅中位正之谓也。吾辈青年之大任，不仅以于空间能致中华为天下之

---

[1] 《列宁选集》第4卷，人民出版社，2012年，第282、287—288页。
[2] 《陈独秀著作选》第1卷，上海人民出版社，1993年，第129页。

中而遂足，并当于时间而谛时中之旨也。""华者，文明开敷之谓也，华与实相为轮回，即开敷与废落相为嬗代。""自我之青春，何能以外界之变动而改易，历史上残骸枯骨之灰，又何能塞蔽青年之聪明也哉？""青年循蹈乎此，本其理性，加以努力，进前而勿顾后，背黑暗而向光明，为世界进文明，为人类造幸福，以青春之我，创建青春之家庭，青春之国家，青春之民族，青春之人类，青春之地球，青春之宇宙，资以乐其无涯之生。"①该文气势磅礴、震撼人心，给北洋政府当头棒喝，将中国青年的历史使命与国家、民族的青春再造结合起来，有力地促使青年精神自觉，扫除消极情绪。

毛泽东在领导中国革命和建设中特别重视青年的成长成才和共青团工作，1921年1月创建了长沙社会主义青年团并担任团书记，此后在讲话、批语、书信中多次谈及青年、青年运动、青年工作以及对青年的教导勉励，从社会主义事业后继有人的战略高度培养青年，从青年长身体长知识方面关心教育青年，从青年是整个社会力量中最积极最有活力的群体鼓舞青年，从青年德智体全面发展方面勉励青年。这里仅举两个例子：

> 1937年10月23日，毛泽东为陕北公学成立题词中说："要造就一大批人，这些人是革命的先锋队。这些人具有政治远见。这些人充满着斗争精神和牺牲精神。这些人是胸怀坦白的，忠诚的，积极的，与正直的。这些人不谋私利，唯一的为着民族与社会的解放。这些人不怕困难，在困难面前总是坚定的，勇敢向前的。这些人不是狂妄分子，也不是风头主义者，而是脚踏实地富于实际精神的人们。中国要有一大群这样的先锋分子，中国革命的任务就能够顺利的解决。"②
>
> 1957年11月17日，毛泽东在莫斯科大学会见中国留学生、实习

---

① 《李大钊全集》第1卷，人民出版社，2006年，第188—192页。
② 《毛泽东邓小平江泽民论青少年和青少年工作（增订本）》，中国青年出版社，2003年，第7页。

生时的讲话中说："世界是你们的，也是我们的，但是归根结底是你们的。你们青年人朝气蓬勃，正在兴旺时期，好像早晨八九点钟的太阳。希望寄托在你们身上。"①这句"希望寄托在你们身上"一直是鼓舞青年勇往直前的谆谆教诲。

邓小平提出培育"四有"新人的目标。邓小平敏锐地察觉到当时对青少年教育管理不够，出现了一些不健康现象，为了让更多的年轻人能够成长为靠得住的接班人，教育后代就非常关键非常重要非常迫切。培养一代共产主义新人，不仅要有远大的理想和坚定的信念，还要有良好的道德品质、丰富的知识和严明的纪律。为此，1978年4月22日，邓小平在全国教育工作会议上指出："我们要大力在青少年中提倡勤奋学习、遵守纪律、热爱劳动、助人为乐、艰苦奋斗、英勇对敌的革命风尚，把青少年培养成为忠于社会主义祖国、忠于无产阶级革命事业、忠于马克思列宁主义毛泽东思想的优秀人才，将来走上工作岗位，成为有很高的政治责任心和集体主义精神，有坚定的革命思想和实事求是、群众路线的工作作风，严守纪律，专心致志地为人民积极工作的劳动者。"②此后，他先后在为《中国少年报》和《辅导员》杂志社题词、会见印度共产党（马克思主义）中央代表团以及为张海迪题词、为少先队建设40周年题词中，从有理想、有道德、有知识、有体力，到有理想、有道德、有文化、守纪律，再到培养有理想、有道德、有文化、有纪律的无产阶级革命事业接班人，形成了"四有"新人的提法。江泽民、胡锦涛也在多种场合以饱含深情的话语激励鞭策青年。

（三）新时代对青年的期盼

中国特色社会主义进入新时代，这是中国发展新的历史方位。随着生

---

① 《建国以来毛泽东文稿》第12册，中央文献出版社，2023年，第104页。
② 《邓小平文选》第2卷，人民出版社，1994年，第106页。

产力的跃升和社会生产能力的不断增强，人民日益增长的美好生活需要和不平衡不充分的发展之间的矛盾上升为社会的主要矛盾。这个主要矛盾，前者意味着物质生活已经向高质量发展，但精神生活还不丰富，美好生活也就是幸福生活还没有实现，或者说还没有普遍实现，这其中的原因主要是后者，即发展的不平衡不充分，包括区域发展不平衡、行业发展不平衡等方面，也包括在民主、法治、公平、正义、安全、环境等方面的要求日益增长。党的十九大提出要全面建成小康社会，党的二十大提出要推进强国建设和民族复兴伟业。所有这些目标、任务的实现，都需要有担当有能力的人接续奋斗、孜孜以求。为此，新时代对青年提出了更为热切更为现实的期盼。

生力军、突击队。2023年5月4日，习近平总书记在同各界优秀青年代表座谈时指出："在革命、建设、改革各个历史时期，中国共产党始终高度重视青年、关怀青年、信任青年，对青年一代寄予殷切期望。中国共产党从来都把青年看作是祖国的未来、民族的希望，从来都把青年作为党和人民事业发展的生力军，从来都支持青年在人民的伟大奋斗中实现自己的人生理想。"[①]此后，又分别在不同场合强调广大青年是生力军和突击队，是未来的主力军、生力军，在各行各业发挥生力军和突击队作用，等等。生力军原出自于军事用语，指的是初次入伍的新兵，也就是新投入作战的战斗力很强的队伍，后来这个词被广泛运用于各个领域，比喻新投入的能起积极作用的青年或新人。突击队原指担任突击或反击任务的部队，一般由精锐部队组成。后来也被广泛运用，指在生产或工作中起先锋作用，能完成某一突击任务的精干力量。在强国建设和民族复兴伟业征程中，青年被寄予厚望，希望能够立足本职岗位，积极投身中国式现代化建设，在各条战线各领域各方面都争当排头兵，展现青春的朝气锐气。

[①] 《习近平谈治国理政》第1卷，外文出版社，2018年，第49—50页。

挑大梁、当主角。挑大梁指的是能够承担全局中的主要工作或关键任务，发挥主要作用或骨干作用。主角指的是文艺作品中故事的主要角色、中心角色、重要角色，与配角、次要角色、路人相对应。青年在强国建设和民族复兴伟业中，要发挥主体性作用，发挥主观能动性，发挥积极性主动性创造性。除在中央人才工作会议上提出支持青年科技人才挑大梁、当主角外，习近平总书记还在多个场合强调青年要挑大梁、当主角。如，在中国文联十一大、中国作协十大开幕式上的讲话中，习近平总书记指出："青年是事业的未来。只有青年文艺工作者强起来，我们的文艺事业才能形成长江后浪推前浪的生动局面。要识才、爱才、敬才、用才，引导青年文艺工作者守正道、走大道，鼓励他们多创新、出精品，支持他们挑大梁、当主角，让当代中国文学家、艺术家像泉水一样奔涌而出，让中国文艺的天空更加群星灿烂。"[①]虽然这句话是向文艺工作者说的，但适用于各行各业的青年，特别是对青年的定位，对青年的价值，对青年这个主体的态度和方法，对青年的期待等。

追梦者、圆梦人。新时代最为响亮的口号是"中国梦"，中国梦是历史与现实的统一，是国家、民族与个人的统一。习近平总书记指出："中国梦是我们的，更是你们青年一代的。中华民族伟大复兴的中国梦终将在广大青年的接力奋斗中变为现实。"这些论述是新时代对青年地位和历史作用的新定位新要求，科学阐释了当代青年承担的历史使命和肩负的时代责任，充分体现了以习近平同志为核心的党中央对当代青年的高度重视、充分信任和殷切期望。梦想总是少不了的，虽然随着岁月的变化，实现梦想的路途并非平坦，实现梦想的时间并非如愿，但一个令人向往的伟大的目标总是能够激发人的斗志，改变人的懒惰或惯性或潜能，从这个意义上说，每个人都是追梦者。但能否实现梦想，也就是说能否圆梦则需要看条

[①] 习近平：《在中国文联十一大、中国作协十大开幕式上的讲话》，《人民日报》2021年12月15日。

件是否具备，当然也包括努力、方向等，其中尤为重要的就是要看青年的主体地位和主动精神如何。因此，在青春的赛道上奋力奔跑、争取跑出当代青年的最好成绩，是新时代对当代青年的殷殷期盼和嘱托。

家庭、学校和社会协同发力，是青年健康成长、不辜负时代期盼的必要条件。古人说，家兴必有礼和义，家富必有勤和俭，家和必有情和爱，家安必有忍和让，家穷必有懒和惰，家败必有暴和凶，家亡必有嫖和赌。家庭是青年的启蒙之所，言传身教、耳濡目染，直接影响青年的人生观、价值观。父母身体力行、务实进取的，青年在这样的环境中自然也会迈好人生的第一个台阶。父母不负责任，或者过分溺爱，甚至"三观"不正的，青年在成长中，难免受到影响，甚至直接导致人生观、价值观的扭曲。因此，要引导青年热爱党、热爱祖国、热爱人民、热爱中华民族。

学校是青年成长的关键，也是价值观定型的关键。学校要注重让青年体现时代性、把握规律性、富于创造性。因此，学校要重点引导青年从社会主义思想源头和历史演进中，从探索中国特色社会主义历史发展和伟大实践中，认识和把握人类社会发展的历史必然性，认识和把握中国特色社会主义的历史必然性，不断树立为共产主义远大理想和中国特色社会主义共同理想而奋斗的信念和信心。

为青年营造风清气正的网络空间。要本着对社会负责、对人民负责的态度，依法加强网络空间治理，加强网络内容建设，做强网上正面宣传，培育积极健康、向上向善的网络文化。做到正能量充沛、主旋律高昂。

三、未来属于青年

未来是相对于现在而言的，是时间轴上此时此刻之后的时间。因为未来即将到来，必然对现在产生影响，又因为未来尚未到来，于是具有不确定性。未来学的历史悠久，因为对未来的期待，对梦想实现的各种设想，于是产生了很多预言、预判、预测学说，当这种预测成为科学，也就是从现在出发对未来必然性的认识，再通过选择、调整、控制等来改变未来。青年是时代的最灵敏的晴雨表，时代的责任赋予青年，时代的光荣属于青年。青年一代的理想信念、精神状态、才智胸怀、综合素质，是一个国家发展活力的重要体现，也是一个国家核心竞争力的重要因素。未来与青年的关系总是联系在一起。中国的未来属于青年，中华民族的未来也属于青年。国家的前途，民族的命运，人民的幸福，是当代青年必将和必须承担的重任。

（一）青春孕育无限希望

有限和无限是物质世界中存在的客观矛盾。物质的时空无限性由具体物体的有限时空组成，并通过运动变化表现出来。青年是向着未来的，是在不断被否定而趋于无限的，是"生生不息"的，每一个体都在其有限性中孕育无限希望，青年整体表现为变化和发展的无限能力。

第一次鸦片战争彻底改变了中国社会发展的历史进程，中国社会性质和主要矛盾发生根本变化，是中国近代屈辱历史、民族灾难的开端。李鸿章在同治十一年（1872）五月十五日上奏的《筹议制造轮船未可裁撤折》中提到"此三千余年一大变局也"，与中国历史上历次外患不同，这次是动摇帝国的根基，领土主权、领海主权、司法主权、贸易主权、海关自主权等尽遭践踏。数千年未有之变局孕育着数千年未有之奇业，历史转折和历史重托交给了孕育无限希望的青年群体。

鸦片的泛滥严重伤害国人的身心健康，使其丧失应有的生机和活力。侵略者疯狂的劫夺和残暴的杀戮，文明古国被击打得千疮百孔。一批不平等条约更是把中国推向半殖民地半封建社会的深渊。一批又一批仁人志士为救国救民而苦苦追寻，一大批先进青年在"觉醒年代"纷纷觉醒，挺身而出，砥柱中流，点燃民族复兴的火炬。林则徐自1839年1月奉旨赴广东查办鸦片贸易后，陆续发布《晓谕粤省士商军民人等速戒鸦片告示稿》《禁烟章程》等数十份文录，同年3月10日抵达广州后即与地方军政要人合作，开展轰轰烈烈的禁烟工作。同年3月18日，林则徐在《谕各国商人呈缴烟土稿》中申明："此次本大臣自京面承圣谕，法在必行，且既带此关防，得以便宜行事，非寻常查办他务可比。若鸦片一日未绝，本大臣一日不回，誓与此事相始终，断无中止之理。"[1]彰显了林则徐坚决禁绝鸦片的决心和意志。从6月3日在虎门海滩当众销毁鸦片，至6月25日结束，历时23天，共销毁鸦片19187箱和2119袋，总重量2376254斤。林则徐以"苟利国家生死以，岂因祸福避趋之"的浓烈爱国情操和炽热的无我精神，影响、感染了广大爱国青年，唤起了深沉的爱国情怀。青年反抗侵略从个体和少数人的自发逐步走向了群体性自觉。

鸦片战争前，广东淇澳村民抵抗英国人武装入侵，白石街就是用侵略者赔款修筑的，见证了大无畏的民族精神和誓死保卫家园的民族意志，白石街门楼的对联"淇澳未沦亡拔剑请缨同杀敌，英军寻死路丢盔弃甲败兵逃"，再现了当年淇澳人的民族气节和英雄气概。三元里抵抗侵略事件是中国近代青年第一次大型的自发的爱国行动，展现了青年不畏强暴、反抗侵略、保家卫国的精神风貌。青年农民韦绍光等组织乡亲反抗英军侵扰，带动了附近佛山、花县、番禺、南海、从化、增城等地的工人。虽然当局腐败无能，还是个投降派，但青年们经过几天的反侵略斗争，沉重打击了侵略者的嚣张气焰，涌现出了颜浩长、邓潜、陈棠、谭胜、周春等青年俊杰。随着越来越多的青年学生、青年工人揭竿而起，反帝反封建斗争的意识更为强烈和自觉，开启了中国近代人民爱国主义斗争的先河。在鸦片战争期间，青年才俊积极发挥聪明才智，在林则徐带领影响下开眼看世界，特别是一批青年知识分子开始用新世界观武装头脑、启迪国民的精神

---

[1] 《林则徐全集》第5册，海峡文艺出版社，2002年，第117页。

世界。

鸦片战争后，清政府腐败无能已经尽人皆知，专制加剧了压迫，统治者与被统治者之间的矛盾日益尖锐，各地人民纷纷起义。轰动一时的太平天国起义体现了青年农民的斗争锐气和拼搏精神。1851年1月11日，洪秀全带领一众聚集于金田起义、组织拜上帝会、建号太平天国时年仅37岁，其他几位青年首义头领如冯云山36岁，杨秀清、萧朝贵30岁，韦昌辉28岁，石达开仅20岁。太平天国后期主将陈玉成是在革命斗争过程中成长起来的青年将领，他14岁参加起义，17岁破武昌建奇功，18岁升为将军，20岁担任军事统帅，22岁被封英王。历时14年的太平天国十分重视对青少年进行外语和科学技术教育，让挥舞的青春翅膀更加雄壮有力。

洋务运动期间，洋务派为了改变落后挨打的局面，在"自强""求富"思想驱动下，放下体用的架子，肯定"夷狄"的优势，派遣留学生"师夷长技以制夷"。在此之前，容闳、黄宽、黄胜三人开了中国青年留学外国的先河。1854年，26岁的青年容闳由美国学成归国，满怀教育救国理想四处游说，这期间，他当过律师、翻译、文书，后经数学家李善兰引荐认识了洋务派代表人物曾国藩。1867年，容闳建议曾国藩在江南制造局附近设立兵工学校，以配合兵工厂的生产和发展，其建议很快被采纳。1868年，容闳通过江苏巡抚丁日昌上书朝廷，建议："政府宜选派颖秀青年，送之出洋留学，以为国家储蓄人才。"后容闳又提出了派幼童出洋留学的建议，亦得到曾国藩的赞许，传统中国社会安土重迁的观念在逐渐改变。1870年底，曾国藩、李鸿章等在清王朝决策者授意下制定了派遣留学生章程，决定往美国派出12岁幼童120名，每年为30名。幼童留美期限为15年，强调不准半途而废，不准加入外国国籍，毕业后回国听候派用。[①] 后因政府撤回决策，赴美留学幼童中断学业提前回国，其中多数都在各自领域

---

① 马庚存：《中国近代青年史》，红旗出版社，2004年，第91—93页。

颇有建树，也不乏佼佼者。如，第一批（1872年）中，蔡绍基后来担任海关监督，是北洋大学的创办人之一；詹天佑是铁路工程师，京张铁路建造者；梁敦彦成为内阁成员、外长，参与创办清华学堂；第二批（1873年）中，李恩富是最早用笔与嘴在美国本土为同胞呐喊的血性汉子，成为在美国出版图书的华裔第一人；第三批（1874年）中，唐绍仪是驻外公使、外交家，曾担任中华民国总理，维护共和体制。

幼童负笈美洲产生很大影响，去英国留学的黄宽成为近代赴欧洲留学的先驱。参与孙中山筹划广州起义的何启是自费留学英国，是我国最早的自费留学生。此外，伍廷芳也是自费留学英国。1877年清廷允准李鸿章、沈葆桢等奏请正式派遣赴欧留学生，福州船政学堂毕业生到欧洲，在英国格林尼次海军学校等处深造，研习驾驶、枪炮、战阵诸法，三年期满归国。[①] 其中刘步蟾、林泰曾、萨镇冰、严复等在各自领域成就卓然。中日甲午战争惨败后，清廷派唐宝锷、胡宗瀛等13名青年学生赴日留学，开启了历时近半个世纪的中国近代青年赴日留学历程，据房兆楹编《清末民初洋学学生题名录初辑》介绍，1898年77人，1899年143人，1900年159人，1901年266人，1902年727人。后来戊戌变法也把教育当成最重要问题之一。1904年，美国退还庚子赔款用以组织中国青年赴美留学，梅贻琦、赵元任、竺可桢、胡适等人便是这一时期赴美就学，1911年清华学堂正式建成开学，成为赴美预备学校。此外，青年工人也在反帝爱国运动中展现力量。1895年孙中山领导成立的兴中会的105名会员中有3名青年华工。

从甲午战争到戊戌变法，再到辛亥革命，处处都是青年的身影和青春的力量。戊戌变法主帅康有为时年40岁，早年即有远大志向，30岁时向青年光绪皇帝进献了《为国势危蹙祖陵奇变请下诏罪己及时图治折》，力主变成法、通下情、慎左右。33岁在广州开设长兴学舍正式授徒讲学，学

---

① 参见马庚存《中国近代青年史》，红旗出版社，2004年，第109页。

生多为十六七岁，朝气蓬勃，其中陈千秋、梁启超、曹泰、徐勤、梁朝杰、韩文举、王觉任、麦孟华、陈和泽、林奎被称作长兴里十大弟子。倡导西学的严复翻译了赫胥黎的《天演论》、亚当·斯密的《原富》、孟德斯鸠的《法意》、穆勒的《名学》等，比较系统地介绍了西方的政治、经济、文化等方面的学术思想，启蒙并深深影响了一代又一代青年人。戊戌六君子慷慨就义时，谭嗣同33岁，杨锐41岁，林旭23岁，杨深秀49岁，刘光第39岁，康广仁31岁。义和团、红灯照等都是以青年为主的群体力量。辛亥革命推翻了腐朽的封建帝制，开辟了中国历史的新纪元。兴中会成立时孙中山年仅28岁，杨衢云34岁，陈少白26岁，陆皓东27岁，郑士良31岁。光复会成立时蔡元培36岁，陶成章26岁，魏兰38岁，龚宝铨18岁，蒋尊簋22岁，徐锡麟31岁，秋瑾29岁，熊成基17岁，章炳麟35岁。华兴会成立时黄兴30岁，宋教仁22岁，陈天华29岁。辛亥革命后成立的南京临时政府，许多青年如马君武、张继、冯自由、朱瑞、黄复生等担任要职，在革命政权中发挥积极作用。

青春孕育无限希望。毛泽东曾对比五四运动和辛亥革命，他认为前者比后者进步就在于青年学生的参与，"而在'五四'时期，英勇地出现于运动先头的则有数十万的学生。这是五四运动比较辛亥革命进了一步的地方"[1]。青春是肥沃的土壤，这里孕育着萌芽的种子，这里承载着梦想的摇篮，这里酝酿着对未来的美好憧憬。青春是一段旅程，这里记载着探索的悲和喜，这里见证着结识的志同道合，这里积攒着人间正道的能量和胆气。

（二）中国共产党重视青年

中国共产党对青年的重视贯穿建党和党建的始终，几乎每届党的报告

---

[1] 《毛泽东选集》第2卷，人民出版社，1991年，第558页。

都强调了青年的责任和使命，不仅建党之前就把关注的目光投向青年，在革命、建设、改革各个历史时期，都始终高度重视青年、关怀青年、信任青年、培养青年，把革命的希望寄予青年，把建设的重任交给青年，把改革的使命托付青年，在实践中增强青年的主体性。

发端于1919年的由北京青年学生发动的反帝反封建的五四爱国运动，直接将中国革命由资产阶级领导的旧民主主义革命，转变为无产阶级领导的新民主主义革命。各地共产主义者在建立党的早期组织共产主义小组的过程中，先后建立了社会主义青年团，如，1920年8月22日，在中国共产党发起组织领导下，中国第一个社会主义青年团——上海社会主义青年团，在上海法租界霞飞路新渔阳里6号成立，接着，李大钊在北京、董必武在武汉、谭平山在广州、毛泽东在长沙分别组建了社会主义青年团。中国共产党正式成立后，中国青年运动自然就成为中国共产党所领导的整个革命运动的重要组成部分。

党的一大专门研究了在各地建立和发展社会主义青年团作为党的预备学校的问题，决定吸收优秀团员入党的办法，一大后又派党员去各地恢复和加强青年团的工作。1922年5月，在中国共产党直接领导下，中国社会主义青年团在广州宣告成立，25名代表出席会议，代表团员5000多名，通过了团的纲领、确定了团的性质、组建了全国统一的领导机构。这在中国革命史和青年运动史上具有里程碑意义！党的二大通过了《关于少年运动问题的决议案》，这是中国共产党的第一个青年运动的纲领性文件。党的三大通过了《青年运动决议案》，在《关于国民运动及国民党问题的议决案》中，也提出"共产党党员及青年团团员在国民党中言语行动都须团结一致"。党的四大通过了《对于青年运动之议决案》，阐述了共产主义运动和青年运动、共产党和青年团之间的关系，并提出了当前团三个最重要的工作：青年工人运动、青年农民运动、青年学生运动。党的五大通过了《对于共产主义青年团工作决议案》。党的六大通过了《共产主义青年团工作决议案》。党的七大政治报告《论联合政府》8次提到"青年",讲到了一二·九运动中的先进青年在中国共产党领导之下所组织的革命青年团体——中华民族解放先锋队。党的八大政治报告专门一段讲青年和青年团工作,指出青年团需要克服的一些缺点。党的九大、十大、十一大报告中也分别3次、1次、6次提到"青年"。党的十二大报告专门一段讲青年和青年团工作,指出青年工作的状况落后于现实生活等问题,并提出了明确的改进措施。党的十三大报告从走向未来的事业的角度对青年寄托希望。党的十四大报告从培养造就千百万社会主义事业接班人的角度对青年和共青团提出希望。党的十八大报告从面向未来的事业的角度对全党提出了要求,对青年提出了要求。党的十九大报告从青年兴则国家兴的角度对党和青年提出了要求。党的二十大报告从青年强则国家强的角度对全党提出了要求,也提出了新时代好青年的标准。

早在新民主主义革命时期,毛泽东就盛赞加入革命队伍中的青年是国家之精华,是革命壮大、胜利的必要条件。1939年10月5日,他为安吴青训班二周年纪念题词:"带着新鲜血液与朝气加入革命队伍的青年们,无论他们是共产党员或非党员,都是可宝贵的,没有他们,革命队伍就不能发展,革命就不能胜利。但青年同志的自然的缺点是缺乏经验,而革命经验是必要亲身参加革命斗争,最下层工作做起,切实地不带一点虚伪地经过若干年之后,经验就属于没有经验的人们了!"[1]

新中国成立后,邓小平将青年人才培养提升到关系到"四个现代化"成败的大问题、关系到无产阶级革命事业及社会主义未来前途的大问题,1956年9月16日,他在《关于修改党的章程的报告》中强调:"共产主义青年团的整个历史表明,它是党的可靠的后备军和有力的助手""青年——是我们的未来,我们的一切事业的继承者"[2]。江泽民把青年视为国

---

[1] 《毛泽东年谱》第2卷,中央文献出版社,2023年,第143—144页。
[2] 《邓小平文选》第1卷,人民出版社,1994年,第254页。

家的未来和民族的希望,告诫党的各级干部只有赢得青年,才能赢得未来。胡锦涛着眼于马克思主义政党与青年的辩证联系,强调指出,一个有远见的民族,总是把关注的目光投向青年,一个有远见的政党,总是把青年看作推动历史发展和社会进步的重要力量,充分体现了中国共产党人的深邃眼光和远见卓识。习近平同志承继中国共产党重视青年的优良传统,把青年与党所肩负的历史使命紧密联系在一起,强调青年的理想和担当,是实现目标的强大力量,指出:"过去、现在、将来青年工作都是党的工作中一项战略性工作。各级党委(党组)要倾注极大热忱研究青年成长规律和时代特点,拿出极大精力抓青年工作,做青年朋友的知心人、青年工作的热心人、青年群众的引路人。"①

2016年4月26日,习近平同志在知识分子、劳动模范、青年代表座谈会上的讲话中指出:"各级党委和政府要充分信任青年、热情关心青年、严格要求青年、积极引导青年,为广大青年成长成才、创新创造、建功立业做好服务保障工作。"②这对各级党委和政府提出了明确要求,也是各级党委和政府为青年成长搭建平台的根本遵循。一是要关注青年的成长。这里的关注蕴含着关心和关爱。而真正做到关心和关爱,就是要倾听青年心声,做青年朋友的知心人、青年工作的热心人、青年群众的引路人。关心爱护青年成长,就要为青年放飞梦想、实现人生出彩搭建舞台。二是要加强对青年工作的领导。祖国的未来属于青年,重视青年就是重视未来。为此,各级党委和政府都要加强对青年工作的领导,认真研究新形势下青年运动的特点和规律,为广大青年成长成才、建功立业创造良好环境和条件,帮助和支持广大青年在时代的舞台上展现风采、发光发热。要为青年驰骋思想打开更浩瀚的天空,为青年实践创造搭建更广阔

---

① 习近平:《论党的青年工作》,中央文献出版社,2022年,第12页。
② 习近平:《在知识分子、劳动模范、青年代表座谈会上的讲话》,人民出版社,2016年,第13页。

的舞台，为青年塑造人生提供更丰富的机会，为青年建功立业创造更有利的条件。

坚持为党育人，用党的科学理论武装青年，用党的初心使命感召青年，用党的光辉旗帜指引青年，用党的优良作风塑造青年。新时代的中国青年，更加自信自强、富于思辨精神，同时也面临各种社会思潮的现实影响，不可避免会在理想和现实、主义和问题、利己和利他、小我和大我、民族和世界等方面遇到思想困惑，更加需要深入细致的教育和引导，用敏锐的眼光观察社会，用清醒的头脑思考人生，用智慧的力量创造未来。为此，要从政治上着眼、从思想上入手、从青年特点出发，帮助青年早立志、立大志，从内心深处厚植对党的信赖、对中国特色社会主义的信心、对马克思主义的信仰。要立足党的事业后继有人这一根本大计，牢牢把握培养社会主义建设者和接班人这个根本任务，引导广大青年在思想洗礼、在实践锻造中不断增强做中国人的志气、骨气、底气，让革命薪火代代相传！

中国共产党党内统计公报显示，截至2023年12月31日，中国共产党党员总数为9918.5万名。从党员的年龄分布看，30岁及以下党员1241.2万名，31~35岁党员1119.6万名，36~40岁党员1086.4万名，41~45岁党员945.9万名，46~50岁党员907.1万名，51~55岁党员940.5万名，56~60岁党员890.7万名，61岁及以上党员2787.2万名。从这个年龄分布看，40岁以下党员3447.2万名，占比34.76%；45岁以下党员占比44.29%。也就是说，青年党员占比近一半。

（三）青年最富朝气和梦想

青年就是朝阳，无论是向着太阳，还是初升的太阳，都是最富有朝气、生机和梦想的群体。青年因为年轻便一片光明和美好，可以身无分文，也可以一无所有，但只要有青春，便有无限创造，无限可能，未来可期。

梦想不是天马行空，也不是梦中颠倒的幻象，而是一种执着的愿望，炽热的方向，具体的目标。人生的每个阶段都会有梦想、有追求、有目标、有愿望，有的实现了，有的淡忘了，有的望而却步，有的知难而退。这其中饱含赤胆忠心、饱含壮怀激烈，也饱含了暮年悲壮。但有的梦想就是妄想或者幻想，尽管饱含浓厚的渴望，但因为认知的局限，以及理想和现实之间的实践路线的模糊，再加上对多变时代的敏锐程度，虽然有好的想法，但因为没有办法而成空。而梦想的实现需要多个条件的齐备。有梦想者这个主体，有具体的梦想，也有实践的路径、实现的方法等。当这些方面齐备的时候，梦想才会实现。从梦想的主体看，梦想不是梦想家的专利，也不会是别人的恩赐，而是发自内心的、从内心生长出来的，并且符合发展规律的，体现时代性的。个人有个人的梦想，群体有群体的梦想，主体力量越大，梦想实现的可能性就越大，梦想的质量就越高。青年不同于少年，也异于中年、老年。这个阶段的群体对未来满是憧憬，并且在逐步深入的知识积累和实践积累过程中，通过强烈的持续的尝试性实践，取得了阶段性成效，并以此为起点继续前行。这便是青年最富有朝气和梦想的深层逻辑。

"三一八"运动是中国共产党人和革命青年联合各方力量进行反帝反封建的爱国运动，激起了全国各群众团体、社会各界人士对北洋军阀的同仇敌忾，青年自觉肩负起国家兴亡、匹夫有责的时代担当，以敢于突破旧有观念规则、敢于不断自我否定的精神，塑造了青年引领时代潮流先锋的光辉形象。

1926年3月18日上午，中共北方区委、北京地委和共青团北方区委、北京地委，同国民党北京特别市党部、北京总工会、北京学生联合会、北京反帝大联盟、广州外交代表团等60多个团体、80余所学校共约5000人，集会天安门，反对八国最后通牒国民大会，抗议日本帝国主义的军舰侵入大沽口、炮击国民军及美、英、日、法、意、荷、比、西等八国无理通牒中国的罪行。上午10时群众大会开始，由国民党北京执行部主任、大会主席徐谦报告了会议议程，召集大会抗议最后通牒的意义，揭露帝国主义的侵略罪行和段祺瑞执政府17日对请愿群众的暴行。大会议决："（一）通电全国民众，一致反对八国通牒。（二）通电全世界被压迫民众，一致反对八国政府进攻中国。（三）督促北京政府，严重驳复八国通牒。（四）驱逐署名最后通牒之八国公使出境。（五）宣布辛丑条约无效。（六）驳复八国通牒最后之要求。其条款如下：1.废除辛丑条约，及一切不平等条约。2.立刻撤退驻在京津之外兵外舰，及各地之外兵外舰。3.惩办大沽口肇事祸首。4.抚恤大沽国民军伤亡将士及其家属。5.为死亡将士建立纪念碑。6.在被害将士出殡日，八国驻华各机关，均下半旗志哀。7.由各国政府向中国道歉。（七）严惩昨日执政府卫队枪伤各团体代表之祸首。（八）电勉国民军为反帝国主义而战。"[1]会场高悬请愿受伤代表的血衣，群众情绪激昂。12时大会结束，2000多人前往铁狮子胡同段祺瑞执政府请愿，一路高呼"打倒帝国主义！""打倒段祺瑞！""驱逐帝国主义公使出境！"等口号，并唱"国民革命歌"。

下午1时许，请愿人群来到铁狮子胡同段祺瑞执政府东辕门后，推代表5人入内，群众也进入东辕门内，但被守卫拦阻。1时零5分，执政府卫队旅守卫突然向群众放枪，并以马刀、刺刀向徒手群众进攻。1时15分，守卫数百人围住各条街口，放排枪射击，群众在街口躲避不及，纷纷倒地。两次放枪，每次5分多钟，共发射1000多子弹。当场牺牲28人，重伤50多人，轻伤一两百人。中共北方区委负责

---

[1] 江长仁编《三一八惨案资料汇编》，北京出版社，1985年，第38页。

人李大钊、陈乔年等由于掩护群众而受伤。据事后调查，打死47人，伤200余人。这就是震惊中外的"三一八"惨案。鲁迅称这一天是"民国以来最黑暗的一天"。惨案发生后，北京各学校停课，为死难的烈士举行追悼会，陈毅在北京大学三院大礼堂主持召开全市追悼大会。在死伤的人群中，有年达50多岁的妇女和年仅13岁的小学生。牺牲者多为青年，比如，杨德群年仅24岁、刘和珍年仅22岁、魏士毅年仅22岁、张仲超年仅22岁、李家珍年仅21岁、黄克仁年仅19岁。

正是因为青年有朝气、有梦想，寻求革命真理，争取民主与自由，敢于尝试新事物，勇于挑战自我，才能在不断超越自己极限的过程中提升自己。青年正是在这个日知其所无的过程中充溢着生机和活力，怀抱着无限的潜力和创造力，并且躬身实践，努力成为自己心中渴望成为的那个人。也正是每个人在不断实现自己梦想的实践中，推动着社会的进步和国家的发展。因此，说青年是发展的中坚力量毫不为过。

四、青年创造未来

青年创造未来，并非夸大其词、危言耸听，也并非否定其他年龄段的人的智慧和作用。之所以说青年创造未来，是因为青年最具有"敢"的胆识，敢于斗争、敢于牺牲、敢于说"不"、敢于尝试、敢于付出，正是这"敢"，让青年在无路可走时能够逢山开道、遇水架桥，在看不到未来时拨云见日、豁然开朗。"中华文明的创新性，从根本上决定了中华民族守正不守旧、尊古不复古的进取精神，决定了中华民族不惧新挑战、勇于接受新事物的无畏品格。"[①] 中华民族坚韧进取、自强无畏的意志品格，在青年身

[①] 习近平：《在文化传承发展座谈会上的讲话》，《求是》2023年第17期。

上展现得淋漓尽致。青年要在强国建设和民族复兴伟业上担当起创新创造的生力军、引领时代潮流的先锋队、实现中国式现代化的积极力量,就必须要有"敢"的精神和气魄。

(一)青年价值取向决定未来

价值是从满足主体的程度去考量的,同现实的人的需要紧密相关。客观事物属性的多样性决定了价值具有客观性和社会历史性。一个人有什么样的价值取向,决定了这个人的奋斗和努力方向。一个群体有什么样的价值取向,则决定了这个群体的朝向。青年象征着生生不息、代表着未来。习近平同志指出:"青年的价值取向决定了未来整个社会的价值取向。"[1] 作为社会重要组成部分的青年,在世界观、人生观、价值观形塑的关键时期和黄金阶段,其价值取向必然在实践中逐步稳固下来,成为未来工作和生活的基石。此时的青年崇尚什么、反对什么、追求什么,就像磁石般引领着青年自己的言行,也影响着社会的风向并形成风貌,进而成为决定未来的关键因素。在多元化、信息化、智能化的新时代,青年的价值取向既深深烙上传统价值观念的印迹,又必然受到新媒体等多种因素的影响。既要看到这其中蕴含的"长江后浪推前浪"的历史规律,也要看到"一代更比一代强"的青春责任。

鸦片战争之后,中国该向何处走,这是个生与死、存与灭、主与奴的问题。为了探索中华民族复兴之路,无数仁人志士进行了各种各样的尝试,如教育救国、科学救国、实业救国、道德救国等理念,自由主义、实用主义等思潮,君主立宪、共和制度、联省自治等主张,但大多都失败了。特别是辛亥革命后,具有政党性质的政团多达300余个,各种政治主张"你方唱罢我登场",各种政治力量反复较量,但中国依然是山河破碎、

---

[1] 《习近平著作选读》第1卷,人民出版社,2023年,第243页。

积贫积弱，列强依然在中国横行霸道，中国人民依然生活在苦难和屈辱之中。历史在实践中一再证明，复辟封建专制道路是死路一条，走资本主义道路又行不通，只有社会主义才是光明大道，但人间正道是沧桑，认识正道、坚持正道、捍卫正道，既要有真才实学支撑又要有德行毅力加持。

辛亥革命推翻了清王朝，建立了中华民国，结束了统治中国两千多年的君主专制制度。孙中山从宣誓就职临时大总统到宣布辞去临时大总统，并推举袁世凯担任临时大总统仅一个半月，中华民国临时政府在南京仅持续3个月，随即迁往北京。袁世凯还没有认识到民主共和的真谛和力量，担任临时大总统、大总统刚三年半，就推翻共和，复辟帝制，冒天下之大不韪，102天美梦昙花一现。此后又出现丁巳复辟，又称张勋复辟、溥仪复辟，前后历时12天的闹剧，最终在全国人民的挞伐和声讨中草草收场。一些守旧派、保皇党，为了维护既得利益，虽然也假借西方多党制、议会制尔虞我诈、争权夺利，但不愿斩断心中的"辫子"，充当抬轿者，倒行逆施，不得人心，最终落得可耻、荒诞和孤独的下场。

资产阶级革命派虽屡陷困境，但一直抱着民主共和的希望，高举民主革命旗帜，与各派军阀、官僚政客继续进行斗争，坚决捍卫议会制的宋教仁惨遭北洋军阀暗杀。毛泽东指出："帝国主义列强侵入中国的目的，决不是要把封建的中国变成资本主义的中国。帝国主义列强的目的和这相反，它们是要把中国变成它们的半殖民地和殖民地。"[①]帝国主义通过政治、经济、军事等一系列手段侵略中国，如通过各种不平等条约，控制中国重要的通商口岸与交通网，控制中国的海关与内外贸易，以便向中国大量销售它们的工业品；在中国开办各种轻重工业企业，利用中国的廉价原料和劳动力资源，对中国的民族资本主义企业进行排挤与打压，阻挠中国民族资本主义发展；在中国开设银行，强迫借贷，垄断中国的金融与财政，以

---

① 《毛泽东选集》第1卷，人民出版社，2006年，第628页。

便在金融与财政上堵塞中国资本主义发展道路；扶植在中国的代理人，包括培育为帝国主义服务的买办阶级和商业高利贷阶级，以及将中国的封建势力改造为它们统治中国的支柱；向中国的反动政权派遣军事顾问，提供大量军火，甚至直接出兵，扼杀中国的民主革命。

十月革命一声炮响给我们送来了马克思列宁主义，马克思主义在中国广泛传播并得到越来越多的中国人的认同。结合此时的国情，半殖民地半封建社会以及因为帝国主义侵略造成的资产阶级政党力量弱小等现实，广大青年用马克思主义武装头脑，衔接"天下为公"的大同理想基因，能够让社会主义、共产主义理想生根发芽。在传播马克思主义的过程中，青年是主要推动者，是主体。1919年，30岁的李大钊将《新青年》第6卷第5号编为"马克思主义研究"专号，开始系统介绍马克思主义，并帮助北京《晨报》副刊开辟了"马克思研究"专栏。李达翻译涵盖了马克思主义三个组成部分的《唯物史观解说》《社会问题总览》《马克思经济学说》等书时年仅29岁。杨匏安1919年11月在广东《中华新报》上系统介绍马克思主义的唯物史观、经济学说和科学社会主义时年仅23岁。1920年春，陈望道在国内首次翻译《共产党宣言》时年仅29岁。毛泽东成为一名马克思主义者时年仅27岁。1921年，中国共产党正式成立时的50余名党员中，除出生不详者外，年龄最大的贺民范55岁，年龄最小的刘仁静19岁，平均年龄不到29岁，正是这些青年人开创了中国历史的新纪元，改变了中华民族的历史命运。党的一大选举出党的领导机构，由3人组成的中央局中，陈独秀42岁，李达和张国焘分别仅为31岁和24岁。正如李大钊在《〈晨钟〉之使命》中说："青年不死，即中华不亡，《晨钟》之声，即青年之舌，国家不可一日无青年，青年不可一日无觉醒，青春中华之克创造与否，当于青年之觉醒与否卜之，青年之克觉醒与否，当于《晨钟》之壮快与否卜之矣。"[①]

---

① 《李大钊全集》第1卷，人民出版社，2006年，第167页。

（二）青年引领时代之新风

风气一般指社会上或某个集体中流行的爱好或习惯。风气不是个体所能左右，但又对个体产生影响。一种社会风气的形成是多种因素造成的，但群体性是形成风气的主要特征。作为极具活力和创造力的群体，青年无疑是引社会风气之先的重要力量。青年引领时代新风具有客观性，不是个人意志所能决定或改变的，这是由青年所具有的特质决定的，"势"所必然。从这个意义上说，青年的价值追求和精神状态，在一定程度上体现了时代青年的道德水准，决定着国家和民族的未来和方向。

青年的命运从来都是同所处时代紧密相连的。1840年鸦片战争以后，中国逐步成为半殖民地半封建社会，国家蒙辱、人民蒙难、文明蒙尘，中华民族遭受了前所未有的劫难。无数仁人志士开始寻求救国救民的真理。在寻找救亡道路的过程中，青年始终扮演着先锋队的作用。伟大的五四运动促进了马克思主义在中国的传播，拉开了新民主主义革命的序幕，也标志着中国青年成为推动中国社会变革的急先锋。以新文化运动和五四运动为例：

> 1915年新文化运动开始时，陈独秀36岁、鲁迅34岁、李大钊26岁、胡适24岁。1917年，陈独秀被蔡元培聘为北京大学文科学长，引领时代之风的《新青年》编辑部迁到北京。1919年的五四运动，北京是策源地，北京大学是大本营，以学生为代表的青年发挥了主力军的作用。第一次世界大战结束后召开的巴黎和平会议，无视中国主权，日本政府提出继续占据山东、青岛主权甚至还得到几个大国首肯，北洋政府屈从强权，准备在不平等条约上签字。敏锐的青年学生掀起了五四运动的序幕。因得知中日代表就山东问题在和会上发生争执，2月5日晚，北京大学2000余名学生在北河沿北大法科礼堂集会，推举

代表联络各校学生，致电巴黎专使，捍卫中国领土主权。当获悉巴黎和会上中国外交失败的消息，5月3日晚7时，北京大学1000余名学生再次在法科礼堂集会，许德珩等学生代表慷慨发言，预科一年级学生刘仁静拿出菜刀誓言要当场自杀以激励国人，法科学生谢绍敏当场咬破中指，撕下衣襟，写下血书"还我青岛"。5月4日，北京大学等十几所院校3000余人聚集天安门广场抗议请愿。因东交民巷使馆门口设置了铁栅栏无法和平示威，在烈日下受阻两个小时，游行队伍改向赵家楼曹汝霖私宅。刘仁静等人带头爬窗进入曹宅为青年开门。因没有发现曹汝霖，愤怒的人们火烧赵家楼、痛殴章宗祥，学生运动达到了高潮。随后学生遭遇军警镇压，当天被捕32人。5月5日、19日北京各大专院校先后两次举行罢课抗议。

新文化运动是青年引领时代新风的运动。22岁的郑振铎在永嘉新学会《新学报》第2号上发表《新文化运动者的精神与态度》，深刻指出了青年引领时代之风所蕴含的精神特质，他指出："自北京到广州，自漳州到成都差不多没有一个大都市没有新的出版物出现，没有一个地方没有新文化运动者的存在，这个现象真是极可乐观的！中国的新文明，或者竟可实现了！"在看到青年引领时代之风，将会带来新文明的遇见后，他还强调之所以能够取得如此效果，与青年群体的整体精神状态有关，如果"新文化运动的人，精神稍欠诚挚，态度稍有不当，新文化运动就恐怕也难以收完全的效果了！"他看到了青年的主体性及其价值时指出"新文化的运动者，就是新文化运动的原动力"，并从精神与态度提出四个需要注意的地方，即实践的精神、言行一致；坦白的心胸、光明的行动和高尚的人格；谦和的态度；彻底坚决的态度，以改造社会，创造文化为终生的目的，不可分心于别事。他认为："大家都有了这些精神与态度，然后正在萌芽的新文化运动，才会开花结果；不然，恐怕这棵文化之树，就要被牛羊所践灭，而委于尘土了！"①

近代以来，我国青年不懈追求的美好梦想，始终与振兴中华的历史进程紧密相连。在革命战争年代，广大青年满怀革命理想，为争取民族独立、人民解放冲锋陷阵、抛洒热血。在社会主义革命和建设时期，广大青年响应党的号召，向困难进军，向荒原进军，保卫祖国，建设祖国，在新中国的广阔天地忘我劳动、艰苦创业。在改革开放历史新时期，广大青年发出团结起来、振兴中华的时代强音，为祖国繁荣富强开拓奋进、锐意创新。

从中国共产党成立初期的几次起义，可以看出青年在关键时刻挺身而出，以身作则，引领时代之风的大无畏革命精神。1927年8月1日爆发的南昌起义、1927年9月9日爆发的秋收起义、1927年12月11日爆发的广州起义，都是一群热血青年走在武装反抗国民党反动派的最前列：

> 领导南昌起义的7人中，周恩来29岁，贺龙31岁，李立三28岁，叶挺31岁，朱德41岁，刘伯承35岁，谭平山41岁。参与人员中，叶剑英30岁，聂荣臻28岁，陈毅26岁，林彪20岁，陈赓24岁，粟裕20岁，张云逸35岁，许光达19岁，萧克20岁，周士第27岁，赵尔陆22岁，陈奇涵30岁，杨志成24岁，瞿秋白28岁。领导及参与人员中，有7人后来被授予元帅，另外有4个大将，5个上将，7个中将和5个少将等。
>
> 领导秋收起义的5人中，毛泽东34岁，卢德铭22岁，余洒度29岁，余贲民39岁，苏先骏22岁。参加人员中有1个元帅，罗荣桓25岁；1个大将，谭政21岁；5个上将，黄永胜17岁，张宗逊19岁，陈士榘18岁，宋任穷18岁，陈伯钧17岁。8个中将，谭希林19岁，郭

---

① 《郑振铎全集》第3卷，花山文艺出版社，1998年，第35—38页。

鹏21岁，韩伟21岁，赖毅24岁，谭冠三26岁，张令彬25岁，杨梅生22岁，刘先胜26岁；5个少将，王耀南16岁，龙开富19岁，李贞20岁，杨世明20岁，余光文25岁。可评大将但因离开军队职务在地方部门工作没有参评的何长工27岁。

领导广州起义的5人中，张太雷29岁，叶挺31岁，黄平26岁，周文雍22岁，叶剑英30岁。

在时代的浪潮中，青年总是扮演着引领潮流的角色，他们的世界观、人生观、价值观受时代客观条件的限制，但又能够积极发挥主观能动性，很多思想认识突破常规，超越旧制，引领风向，对所处时代产生了深远的影响。新时代，青年喜欢追求个性化、多元化的生活方式，不断为社会的科技、文化和艺术等领域带来新的突破和进展；积极投身于各种社会实践和公益活动，用行动诠释着责任与担当；关注社会问题，关心弱势群体，对公平正义的渴望异常强烈，用自己的力量为社会作出积极的贡献。

（三）在探索尝试中成长

青年创造未来的过程，就是在实践中不断矫正方向、不断突破自我、不断成长的过程。青年创造未来是在不断探索中进行的，既无经验可循，也非命中注定，这是由青年这一主体的特性决定的。青年是身、心、智等不断成熟的过程。在这个阶段，身体发育、生理变化是物质基础，青春期无异于一场革命，是通过生理成熟走向社会成熟的过程。有学者就指出，"青春发育的特征表现为一系列的形态、生理、生化、内分泌腺以及心理、智力和行为的突变，身体各系统也经过一个巨大的变化。"[1]生殖系统、身材、神经系统、淋巴系统等并非同步成长，而是有着各自的成长模式和规

---

[1] 夏林主编《青年学》，河南人民出版社，1987年，第46页。

律。如，在内分泌腺方面，婴幼儿时期变化不明显，男女两性都分泌同等量的性腺激素。在青春发育期，下丘脑和垂体前叶迅速发育，并分泌和成人几乎相同的激素，在各种激素协同作用下引起一系列生长发育特征。男女两性在身高、体重、肩宽、盆宽等方面的发育也有着明显差异，机能发育也产生很大变化，运动能力中的持久力、体力、爆发力、柔软性、平衡性等差异明显，性激素促使生殖器官的发育和生理现象的出现，形成了男女的第一特征和第二特征。

生物学意义上的生长发育不断成熟的同时，社会学意义上的心理发育也不断成熟，集中体现在以感知记忆力、抽象概括力和创造力为主要内容的智力发展。青年期智力得到不断发展并渐至峰值，但智力各方面发展并非同频，其中最为鲜明的特征是青年的思维模式逐步从直观感性向思辨理性转变，在抽象逻辑思维不断发展的同时，青年独立思考能力和批判性思维不断走向成熟，这也是青年乐于尝试新方法、富于创造性的基础。

青春期是最富于创造性的时期。大家知道，伽利略17岁发现钟摆原理；牛顿20多岁创立微积分；海森堡20多岁创立量子力学；爱迪生21岁取得第一项专利，30岁发明留声机，32岁发明白炽灯，33岁发明电车；爱因斯坦26岁完成狭义相对论；毛泽东25岁主办《湘江评论》；周恩来29岁领导南昌起义。有学者统计古今中外1249名杰出科学家作出重大贡献和1928名发明家重大成果发现时的最佳年龄区为25~45岁。

青年时期是培养习惯、期望和信念的一段时光。而培养的过程，就是不断实践、不断尝试的过程。"路漫漫其修远兮，吾将上下而求索""纸上得来终觉浅，绝知此事要躬行""失败了，你可能会失望；但如果不去尝试，那么注定要失败""一个尝试错误的人生比无所事事的人生更荣耀，并且有意义""本来无望的事，大胆尝试，往往能成功""所谓活着的人，就是不断挑战的人，不断攀登命运险峰的人"等说的就是尝试的价值和意义。

青年探索尝试成长的过程，就是一个不断试错的过程。尝试意味着失败，但不能把失败认为是静止的糟糕的东西，而是要看成是积累的一部分，是青年成长的必经之路。中国共产党成立初期，由于理论上的不成熟，基本上照搬马克思主义书本和苏俄革命的经验，给中国革命造成了巨大损失。但接连的失败并没有打垮中国共产党，而是从失败中总结经验，从而走向革命的胜利。《纽约太阳报》的一位年轻记者在采访爱迪生时问他："爱迪生先生，您的发明曾经失败过一万多次，对此您有什么看法呢？"爱迪生对于失败这个词感到非常不舒服，他用长者的口吻对记者说："年轻人，你人生的旅程才刚刚开始，所以我要跟你说一个可能对你未来很有帮助的启示，我没有失败一万次，我只是发现了一万种行不通的方法。"[1]这种对失败的积极态度，最终必然走向成功。

在试错中成长并创造未来是有着科学依据的。美国西北大学和芝加哥大学的数据科学家研究了科学研究、企业家精神和恐怖主义这三个不同领域中失败的动因，发现失败的方式是很关键的一个因素。研究发现，在最初失败之后，路径会发散。有些人继续努力从而取得最终的成功，而另一些人则继续失败，直到他们放弃。这种差异早在第二次尝试中就非常明显了。研究结果表明，最终决定一个人是否能成功的关键因素是他们从以前的失败中学到的经验教训的多少以及他们如何应用这些经验教训。美国南加州大学一项新研究发现，对大脑来说，失败是最好的老师，一旦大脑有机会从失败中吸取教训，它就会将生活中的失败体验转化为积极体验。研究表明，如果一个人做错事，那么今后就可能会改变自己的行为。在某些情况下，大脑会不断收集人们从实践中获得的或成功或失败的经验信息，以此来不断"强化"自己，为人们不断取得成功铺路。这也验证了失败是成功之母的道理。

---

[1] 《洛克菲勒写给儿子的38封信》，丁伯寅编译，江西教育出版社，2017年，第39页。

五、不负青春韶华

宝贵的东西往往在失去后才感到尤为珍贵。青春尤为如此，因为"一生难再"。20世纪80年代初，意大利总统亚历山德罗·佩尔蒂尼来华访问期间，在北京大学的一次演讲中意味深长地说："我在青年面前算不了什么。如果你们能给我青春，我宁愿把总统的职务交给你们。"[①]一句话，青春与官位孰轻孰重一目了然。新时代是青年展现才华的时代，也是青年实现梦想的时代，更是青年历练自我的时代。在这个充满机遇和挑战的时代，青年要志存高远、持续精进、不负韶华。为此，青年必须在以下几个方面着力。

（一）把"小我"融入"大我"

以"我"为中心的独立思考是青少年时期的显著特征，从物权意识的"我的"，到生物意识的"自我"，再到群体意识的"小我"，进而将"我"与他者进行比较和评价，实现了自我的超脱。这个过程就是社会化的过程，即从生物个体的人在适应社会的过程中，不断发展自己的社会性，确立社会责任感，克制自发行为以服从于社会行为，并朝着目标不断迈进，进而实现人生价值和意义。从这个意义上说，处理好"小我"与"大我"的关系，是青年格局、层次、境界的集中体现。习近平总书记在纪念五四运动100周年大会上的讲话中指出："青年的人生目标会有不同，职业选择也有差异，但只有把自己的小我融入祖国的大我、人民的大我之中，与时代同步伐、与人民共命运，才能更好实现人生价值、升华人生境界。离开了祖国需要、人民利益，任何孤芳自赏都会陷入越走越窄的狭小天地。"[②]这就道出了"小我"与"大我"的关系，以及"小我"如何实现

---

① 林公翔：《青年的内心世界》，福建人民出版社，1986年，第278—279页。
② 《习近平谈治国理政》第3卷，外文出版社，2020年，第334页。

价值的根本路径。很多人眼睛只看自己的一亩三分地,只在自己的小部门利益上打转,缺乏大局意识,说到底就是没有自觉把"小我"融入"大我",甚至在短期利益、眼前利益面前遮住了双眼。

每个人都受其所在时代的限制,这是大环境使然,但面对各种个人无法改变的现象,是听之任之、躲进小楼、袖手旁观,还是大义凛然、忧国忧民、力图改之,是考验新时代青年是否具有血性的重要指标,也是青年能否作出贡献、不负韶华的关键。历史反复证明,青年只有作出时代的成就,才能实现超越时空的人生价值。但独木不成林。青年要有所成就,努力贡献时代所需,就必须依托时代,依靠团队力量,勇敢肩负起时代赋予的重任,志存高远,脚踏实地,淡化"小我"意识,在"利他"意识中求实、求真、求善。

恩格斯和马克思一起为批判旧世界、创造新世界,为全世界无产阶级和进步人类争取解放而斗争,是马克思主义政党的缔造者和国际共产主义的开创者。恩格斯曾被马克思视为"第二个我",却始终自谦为"第二小提琴手",认为自己和马克思共同创立的学说用马克思的名字命名理所当然。恩格斯在《路德维希·费尔巴哈和德国古典哲学的终结》一文注释中说:"请允许我在这里作一点个人的说明。近来人们不止一次地提到我参加了制定这一理论的工作,因此,我在这里不得不说几句话,把这个问题澄清。我不能否认,我和马克思共同工作40年,在这以前和这个期间,我在一定程度上独立地参加了这一理论的创立,特别是对这一理论的阐发。但是,绝大部分基本指导思想(特别是在经济和历史领域内),尤其是对这些指导思想的最后的明确的表述,都是属于马克思的。我所提供的,马克思没有我也能够做到,至多有几个专门的领域除外。至于马克思所做到的,我却做不到。马克思比我们大家都站得高些,看得远些,观察得多些和快些。马克思是天才，我们至多是能手。没有马克思，我们的理论远不会是现在这个样子。所以，这个理论用他的名字命名是理所当然的。"[1]恩格斯高尚的人格不仅体现在他坦荡的胸怀和无私奉献，还体现在他为了共产主义这一伟大事业，不顾"小我"，在马克思逝世后呕心沥血整理和出版马克思的遗著。恩格斯用了整整一年时间，仔细清理了马克思留下的大量手稿、笔记、信札，以及各种文件、档案和书刊，妥善保存了国际无产阶级的宝贵财富。如，《资本论》在马克思生前只出版了第一卷，恩格斯义无反顾地挑起了整理和研究手稿的重担。因第二卷手稿除个别比较完整外，多半带有片断性质，为此恩格斯倾注了大量心血，把这些手稿编辑整理成结构完整、论述缜密的著作，并于1885年7月出版。《资本论》第三卷只有一个初稿，为了把这部具有重大理论价值的著作提供给工人阶级，恩格斯耗费近10年时间进行编辑整理。直到去世前几个月才出版问世。

把"小我"融入"大我"，这是一种高尚的情操，也是一种伟大的精神。青年在人生的道路上都努力追求自己梦想的生活，但很多追求和理想都是基于个人的欲望和认知。有个非常奇特的现象，就是很多早年的理想后来都改变了。究其缘由，这是个人认知范围扩大的缘故，同时也是个人逐渐融入社会、自觉将个人追求和理想融入到更大的集体利益之中，当追求和理想实现的时候，会感觉到生命的价值和意义，并且会在此基础上继续前行。

青年要把自己的人生追求同国家发展实践紧密结合起来。每个人都有一个独特的"小我"，比如自我的个性、情感、欲望和追求等。但如

---

[1] 《马克思恩格斯文集》第4卷，人民出版社，2009年，第296—297页。

果只关注这些"小我",必然会变得狭隘和自私。只有超越个人利益的视野、涵养谦逊和尊重他人的态度、胸怀社会的责任感和时代的使命感,才能真正实现自我成长和提升,为创造一个更加美好、和谐的世界贡献自己的力量。但把"小我"融入"大我"的过程并非轻而易举,也非一朝一夕,既需要一种奉献的精神,还需要一种协作的意识,奉献就要"无我",协作就要"有我",正确处理何时"有我"何时"无我",便是一种能力一种水平。如何实现这种融入呢?首先是将个人理想融入国家和民族的事业之中。俗话说,大河有水小河满,大河无水小河干。个人要取得一番事业,必须在国家和民族的事业发展大潮中才能实现。只有做时代的奋进者、开拓者、奉献者,才能成为祖国建设的有用之才、栋梁之才。其次是要积极参与到祖国建设中去,不要当躺平干部,不可抱不求有功、但求无过思想,而是要主动到艰苦地区去锻炼,到祖国需要的地方去奋斗。

(二)自觉肩负起民族复兴大任

每个时代都赋予青年特定的责任和使命,每个时代的青年只有肩负起时代重任,才能不负时代,书写精彩人生。时代与青年相互促进、相互成就、相得益彰。在中国,古代神话呈现多民族同源现象,神话中的青年形象是展现力量、正义的象征。春秋战国时期青年各立学派,百家争鸣。历史上许多青年都自觉担负起时代重任,有些虽然只短暂一生却光芒四射,如颜回、霍去病、周瑜、王勃、岳飞等。在西方,古希腊城邦关心青年的世界包括训练、饮食和集体生活能力等各方面,通过教育把青年男子塑造成城邦公民。传说中的罗马的起源与两个年轻人、两个命运截然不同的双胞胎罗慕路斯、雷慕斯密切相关。中世纪文字里,年轻人在其中的形象经常是躁动不安、吵吵闹闹,令人不安。他们不安分,目空一切,违反道德和社会秩序。年轻人蔑视已有的社会价值和老年人,觉得他们是"老糊涂"。他们骄傲自大，争强好胜，自以为是，桀骜不驯，挥霍无度，花天酒地，纵情声色。[①]文艺复兴时期，年轻人选择自己的生活道路自由度有所改变，人们认为要限制父母对儿女的温情，因为成年人不仅要自我控制，同时也不能为了满足自己的荣誉感和对财富的渴望而过分要求孩子去做自己不喜欢的事。现当代青年被细化到各个领域，兼具反叛者和革命者身份，并且在社会变革中寄予厚望。

实现中华民族伟大复兴，是中华民族近代以来最伟大的梦想，是贯穿中国共产党百年奋斗的鲜明主题。为了实现民族复兴，无数青年豪杰以智慧和勇气，为国家和民族的解放和进步事业作出了巨大贡献，很多革命志士抛头颅洒热血，用生命铺就民族复兴之路，可歌可泣。

杰出的农民运动领袖方志敏被捕牺牲时年仅36岁，工人运动的领袖邓中夏英勇就义时年仅39岁，八路军高级将领左权突围牺牲时年仅37岁，西北红军和西北革命根据地的主要创建人之一刘志丹牺牲时年仅33岁，刘胡兰英勇就义时年仅15岁，中国共产党创始人及早期领导人之一向警予被捕牺牲时年仅33岁，负责《挺进报》组织发行的江竹筠在渣滓洞监狱被国民党军统杀害时年仅29岁，中国共产主义青年团的创始人之一和青年运动的卓越领导人张太雷在广州起义战斗中牺牲时年仅29岁，中国共产党的主要创始人之一李大钊在被军阀张作霖捕后英勇就义时年仅38岁，毛泽东夫人杨开慧参与组织和领导武装斗争被捕在长沙被杀害时年仅29岁，四川党团组织主要创建人和大革命运动的主要领导人杨闇公壮烈牺牲时年仅29岁，中共早期领导人之一陈延年在上海被捕入狱后英勇就义时年仅29岁，中国共产党早期青年运动领导人之一恽代英在南京被国民党反动派杀害时年仅36岁，夏明

[①] 乔瓦尼·莱维、让－克劳德·施密特主编《西方青年史》上卷，张强等译，商务印书馆，2022年，第246页。

翰在汉口被敌人逮捕杀害时年仅28岁，建立了中国第一个农村苏维埃政权——海丰、陆丰县苏维埃政府的彭湃在上海龙华英勇就义时年仅33岁，董存瑞在解放隆化县战斗中紧急时刻手托炸药包勇炸桥型暗堡牺牲时未满19岁……

1911年，14岁的周恩来就发出了"为中华崛起而读书"的青春誓言。此后，他又誓言"险夷不变应尝胆，道义争担敢息肩""面壁十年图破壁"的远大志向，自觉肩负起为中国人民谋幸福、为中华民族谋复兴、为人类进步事业而奋斗的伟大事业。1920年至1924年先后去法国和德国勤工俭学，在旅欧的中国学生和工人中宣传马克思主义，发起组织旅欧中国少年共产党。1921年二三月间，张申府和刘清扬一起介绍周恩来加入共产党早期组织。在新民主主义革命时期，他为中国共产党探索中国革命正确道路、创建人民军队、创建革命统一战线、创建人民当家作主的新中国建立了不朽功勋。1924年，他回国后即投身大革命洪流，担任黄埔军校政治部主任，是党内最早认识武装斗争重要性和最早从事军事工作的领导人之一。可以说，周恩来在青年之时，就立下了远大志向并为之而努力奋斗。

实现中华民族伟大复兴，尤为需要青年一代坚定信念、真诚奉献、埋头苦干。站在新时代的起点上，我们比历史上任何时期都更接近、更有信心和能力实现中华民族伟大复兴的目标。同时，也要清醒地认识到"行百里者半九十"。越是接近目标，难度反而越大，既包括外部因素的干扰，也包括内部因素的纷扰。新时代青年更要保持初生牛犊不怕虎、越是艰险越向前的刚健勇毅，勇立时代潮头，争做时代先锋，一切视探索尝试为畏途、一切把负重前行当吃亏、一切各人自扫门前雪、一切多一事不如少一事逃避责任的思想和行为，都不是青年所为当为应为的。顾炎武在《日知录·正始》中说："保国者，其君其臣，肉食者谋之；保天下者，匹夫之贱，与有责焉耳矣。"①天下兴亡，匹夫有责。有责任意识才能激发担当行为，有多大担当，才有多大事业。新时代的青年要自觉肩负起民族复兴的历史使命，以天下为己任，树牢人类命运共同体意识，不断提升综合素质和能力水平，通过扎实的专业知识、良好的品德修养和广泛的社会实践经验，为强国建设和民族复兴贡献自己的力量。

（三）在实践中成为马克思主义者

实践唯物主义是以实践为基础，从主体的、活动的、功能的形式来理解哲学基本问题的唯物主义。在实践哲学中，实践是对象性活动与目的性活动的统一。青年问题的永恒性，必然需要青年主体立足实践、尊重实践、顺应实践，倾听实践呼声，并在感性活动中不断推动理论创新和实践创新，运用唯物辩证法和唯物史观，实现无产阶级和全人类的解放。但青年有理想不等于有思想，有潜力不等于有能力，有知识不等于有见识，有学历不等于有能力，有干劲不等于有韧劲。青年要真正成为中国的马克思主义者，就必须深刻理解马克思主义的理论体系和核心思想，在实践中千锤百炼，就必须在中华大地上书写华章。

中国共产党的主要创始人之一李大钊就是在实践中不断成长为一位伟大的马克思主义者的。

1913年，李大钊东渡日本，就读于东京早稻田大学，开始接触社会主义思想和马克思主义学说。1916年回国后，他积极投身新文化运动，宣传民主、科学精神，抨击旧礼教、旧道德，向封建顽固势力展开猛烈斗争。1917年俄国十月革命胜利后，他连续发表《法俄革命之比较观》《庶民的胜利》《布尔什维主义的胜利》《新纪元》等文章和演

---

① 顾炎武：《日知录集释》，黄汝成集释，花山文艺出版社，1990年，第590页。

讲，从中看到了中华民族争取独立和中国人民求得解放的希望。在宣传十月革命的过程中，他自己的觉悟得到迅速提高，从一个爱国的民主主义者转变为一个马克思主义者，并且成为我国最早的马克思主义传播者。1919年，五四运动爆发，他投入并参与领导了五四运动，更加致力于马克思主义的宣传，在《新青年》发表的《我的马克思主义观》，系统介绍马克思主义理论。1920年，李大钊和陈独秀开始商讨筹建中国的无产阶级政党，他先在北京大学发起组织马克思学说研究会，后又领导建立了北京的共产党早期组织和北京社会主义青年团，并积极推动建立全国范围的共产党组织。中国共产党成立后，他代表党中央指导北方地区党的工作，在北方广大地区领导宣传马克思主义，开展工人运动，建立党的组织。1922年8月到1924年初，他受党的委托，几次往返于北京、上海、广州之间，同孙中山先生商谈国共合作，为建立国民革命统一战线、实现第一次国共合作作出了重大贡献。他领导北方党组织发动群众，开展了轰轰烈烈的反帝反军阀斗争。1927年4月，在反动军阀的白色恐怖中，他在北京被捕入狱。20多天的牢狱生活，他受尽各种严刑拷问，始终坚贞不屈、大义凛然，留下《狱中自述》等文章，回顾了自己"自来发受书，即矢志努力于民族解放之事业，实践其所信，励行其所知"的人生经历。1927年4月28日上午，李大钊等20人被特别法庭判处绞刑，当天下午2时，首登绞刑台，从容赴死，牺牲时年仅38岁。

马克思主义是中国共产党立党立国、兴党兴国的思想理论基础，但马克思主义并没有对中国革命的具体问题提供现成答案。正如习近平总书记指出："中国共产党为什么能，中国特色社会主义为什么好，归根到底是马克思主义行，是中国化时代化的马克思主义行。"[1]纵观百年党史，我们

---

[1] 《习近平著作选读》第1卷，人民出版社，2023年，第14页。

党始终把马克思主义中国化作为使命，不断推动实践基础上的理论创新，才能够始终站在时代前沿，引领时代发展。在革命、建设、改革过程中，锤炼了一大批中国马克思主义者，其中毛泽东是最为杰出的一位。

毛泽东成为马克思主义者是在实践中锤炼的，他受《新青年》影响，身体力行，组织筹备新民学会，转变成一个激进民主主义者。在五四运动中，他看到工人阶级的大无畏精神和巨大作用。俄国十月革命胜利，苏维埃政府是第一个公正对待中国人民的国家，为中国人民树立起一个新政权的模式，毛泽东找到了解决中国问题的方法，建立起了对马克思主义的信仰。结合湖湘文化以天下为己任的强烈的责任感、以民心为旨归的民众的大联合、以求是为根基的务实的知行观，在陈独秀、李大钊等具有共产主义思想的知识分子的影响下加速了毛泽东世界观的转变，到1920年夏天，毛泽东在理论上和在某种程度的行动上已经成为一个马克思主义者。"正是五四运动前后这种丰富多彩的革命斗争实践的锻炼和检验，帮助和促进毛泽东认清西方种种资产阶级政治学说与中国国情的脱节和背离，从而抛弃无政府主义和社会改良的空想，坚定了从根本制度上改造中国的信心和决心，最终找到一条马克思主义救中国的道路。"[①]青年毛泽东正是在各种主客观因素的影响作用下，逐步由一个普通农民的孩子成长为一个坚定的马克思主义者，由一个爱国主义者成长为一个共产主义者。

人总是要有点梦想的，这样才有坚持下去和坚强起来的理由。心灵若没有栖息之地，无论走到哪里都是在流浪。青年应该立足在中华大地上，立足于中华民族伟大复兴的伟业上，在中国特色社会主义道路上锐意进

[①] 田慧武：《透视青年毛泽东成为马克思主义者的原因和特点》，《前沿》2008年第1期。

取、阔步前行。在强国建设和民族复兴的康庄大道上，青年要保持思想活力、确保行动始终与时代的脉搏同步，就要把马克思主义作为理论武器和实践指南。因为，马克思主义不仅是一种理论，更是一种实践，不仅是书本上的文字，更是指导科学行动的灯塔。在实践中成为马克思主义者，就是要将马克思主义的理论精髓转化为解决实际问题的能力，将理想转化为现实，就是要系统学习马克思主义的基本理论，包括马克思主义哲学、马克思主义政治经济学和科学社会主义等，掌握唯物辩证法和唯物史观，用以武装头脑、指导实践。更为重要的是，青年还要把理论运用于实践，在实践中不断探索和尝试。

第二章
树立终身学习的理念

我们一定要深入实施科教兴国战略、人才强国战略、创新驱动发展战略，把提高职工队伍整体素质作为一项战略任务抓紧抓好，帮助职工学习新知识、掌握新技能、增长新本领，拓展广大职工和劳动者成长成才空间，引导广大职工和劳动者树立终身学习理念，不断提高思想道德素质和科学文化素质。①

——2015年4月28日，习近平总书记在庆祝"五一"国际劳动节暨表彰全国劳动模范和先进工作者大会上的讲话

---

　　① 习近平：《论坚持人民当家作主》，中央文献出版社，2021年，第123—124页。

学习属认知范畴，是获取知识、从感性认识上升到理性认识的过程。作为认识主体的青年，通过意识、思维活动对事物进行观念的把握是实施有目的地指向某种对象的实践活动的前提和基础。"学而时习""致知力行""知行合一"等都是对理论与实践有机结合的精准概括。树立终身学习的理念，则是青年主体性建构的开端。新时代是数字化、信息化、智能化、多元化时代。青年是知识和技能的重要传承者和创造者，要传承好、发扬好传统，继往开来，适应时代要求，就必须不断学习，不断更新知识结构。只有树牢崇尚科学精神和终身学习理念，如饥似渴地学习新知识、新技能，养成求真务实和严谨自律的治学态度，拓宽视野，增强本领，才能跟上时代的步伐。终身学习理念强调的是学习的持续性、全面性和高效性。它不仅仅是在学校接受正规教育，也包括在工作、生活中不断积累知识、提升能力的过程。无论是专业技能的提升，还是个人兴趣的培养，都需要青年保持学习的热情和动力。而最为关键的是要把学习当成一种生活方式、一种自觉、一种习惯，围绕"学什么""怎么学""如何学好""如何转化运用"这些问题展开。

一、学习是首要任务

青年时期是大脑发育和智力发展的黄金时期，是世界观、人生观、价值观形成的关键时期，也是知识储备和技能积累的重要时期。读书是滋养灵魂最有效的途径，也是熟知概念、设定判准、建构体系的前提和基础。如果一个人不读书，那么他的判断力和价值取向就只能由他人决定，或者被环境牵着走，也就丧失了主体性。

对于青年来说，学习是首要任务，因为学习能够让青年不断拓展自己的知识面和技能范围，使他们更加适应社会的发展和变化。在不断变化的社会环境中，只有不断学习，才能够跟上时代的步伐而不被淘汰。同时，学习也能够让青年更好地了解自己和世界，培养正确的价值观和人生观，为未来的发展奠定坚实的基础。通过学习型塑个性和价值观，既为未来的职业生涯打下坚实的基础，也能不断提升综合素质和能力水平，直接决定了未来的职业道路和生活质量。因此，青年必须把学习作为首要任务，作为一种责任、一种精神追求、一种生活方式，树立梦想从学习开始、事业靠本领成就的观念，让勤奋学习成为青春远航的动力，让增长本领成为青春搏击的能量。正如习近平总书记指出的："青年处于人生积累阶段，需要像海绵吸水一样汲取知识。广大青年抓学习，既要惜时如金、孜孜不倦，下一番心无旁骛、静谧自怡的功夫，又要突出主干、择其精要，努力做到又博又专、愈博愈专。特别是要克服浮躁之气，静下来多读经典，多知其所以然。"[1]

（一）增强知识更新的紧迫感

在学生阶段以应试和毕业为导向的学习，属于知识积累阶段，其典型特征是系统性和渐进性。进入社会之后，特别是从事与所学专业相差较大的职业后，需要专业技能的培养和知识的更新，这个阶段虽然能够在社会这个大学校中通过实践来学习，但因为事务性工作占据大块时间，再加上碎片化知识充斥，会导致创造力减弱。如果缺乏知识更新的紧迫感，不能紧随时代潮流，就无法真正把握时代发展的方向。为此，青年要增强知识更新的紧迫感，不断提升自身素质，不断优化知识结构，不断提升个人竞争力，以适应时代的需求和面临的诸多挑战，树立终身学习的理念，将学

---

[1] 习近平：《在中国政法大学考察时的讲话》，《人民日报》2017年5月4日。

习作为一种生活方式和习惯，不断追求新知识、新技能，拓宽视野，丰富知识储备。

毛泽东是酷爱读书的代表，是青年学习的榜样，是活到老学到老的典范。《共产党宣言》读了上百遍，放在案头床头57年；1952年购置的二十四史朝夕相伴24年，读了3遍，写有批注文字190余条，最多的一条批注写了914个字。他一生博览群书、熟读深思、信手拈来、创造运用，可以说读书是他成就伟业的重要条件，通过读书更新知识，提升认知，提高科学决策和有效判断的能力。据毛泽东晚年图书管理员徐中远统计："毛泽东生前在中南海存放的图书约有10万册，写有批注文字、圈画符号的就有500余种，4000多册。"① 毛泽东在延安听到一些人说老同志可以少学一点、没有担负主要职责的同志可以少学一点时，他说："如果再过10年我就死了，那么我就一定要学习9年零359天。"② 他一生最大的爱好就是读书，并以实际行动践行"活到老，学到老"的古训，就在逝世前一天昏迷之后清醒过来看书看文件11次共计2小时50分钟。

毛泽东青年时代养成的读书习惯，受益终身。这种习惯的养成既有天性使然，也有宏大目标在催赶。1910年秋，17岁的毛泽东考入湘乡县立东山高等小学堂读书，将西乡隆盛的一首诗③进行了改写，留给父亲，表达了自己的志向："孩儿立志出乡关，学不成名誓不还。埋骨何须桑梓地，人生无处不青山。"④ 诗文表明自己要外出求学，拓展知识，成就一番伟业的抱负和目标。

毛泽东增强知识更新的紧迫感，有着科学的逻辑理路，那就是首先确立志向，然后通过不断学习，最终确立了马克思主义信仰，并且一生都没

---

① 徐中远：《像毛泽东那样读书》，中共中央党校出版社，2020年，第1页。
② 刘宝东：《百年大党是怎样炼成的》，人民出版社，2021年，第105—106页。
③ 原诗为：男儿立志出乡关，学不成名死不还。埋骨何须桑梓地，人生无处不青山。
④ 《毛泽东年谱》第1卷，中央文献出版社，2023年，第8页。

有动摇过。

1911年春,毛泽东入读位于长沙的湘乡驻省中学,半年后退学,报名参加了响应辛亥革命的湖南新军。次年春,退出新军,以第一名成绩考入湖南省立第一中学。后考虑到学校"课程有限,校规使人反感",一个学期后即退学,寄居湘乡试馆,每天到湖南省立图书馆看书。毛泽东如饥似渴地更新知识,在图书馆,他接触了大量西方自然科学和社会科学著作,以及西方古典书刊,这些书他从来没有见过,如卢梭的《民约论》(即《社会契约论》)、达尔文的《物种起源》、亚当·斯密的《原富》、孟德斯鸠的《法意》(即《论法的精神》)、赫胥黎的《天演论》等,对于这些书,开始他还不知道从哪里读起,后来一本接着一本读,每本都有新体会,于是他拼命地读书。"订立了一个自修计划,每天到湖南省立图书馆去读书。我非常认真地坚持执行这个计划。我认为这样度过的半年时间,对我是极有价值的。每天早晨图书馆一开门我就进去。中午我仅仅休息片刻,买两块米糕吃,这就是我每天的午餐。我每天在图书馆里一直阅读到闭馆的时候。"[1]这种对于知识的强烈渴望,是忧国忧民的紧迫感和实现远大抱负的极强求知欲结合的结果。毛泽东回忆说:"记得我在一九二〇年,第一次看了考茨基著的《阶级斗争》,陈望道翻译的《共产党宣言》,和一个英国人作的《社会主义史》,我才知道人类自有史以来就有阶级斗争,阶级斗争是社会发展的原动力,初步地得到认识问题的方法论。可是这些书上,并没有中国的湖南、湖北,也没有中国的蒋介石和陈独秀。我只取了它四个字:'阶级斗争',老老实实地来开始研究实际的阶级斗争。"[2]

---

[1] 《毛泽东自述》,人民出版社,1993年,第24页。
[2] 《毛泽东农村调查文集》,人民出版社,1982年,第21—22页。

（二）使红色基因渗进血液

红色基因是中国共产党独有的优良传统和优良作风，在思想理论、精神道德、作风实践中代代相传。党的二十大报告强调要"传承红色基因，赓续红色血脉"[①]，既是问题导向使然，又是守正创新必然。传承是方式是方法，是要求是期待；赓续是状态是结果，是目的是使命。要实现红色基因不断的目标，传承的方法就显得非常重要。从更为宏大的视角看，传承的方法也涵盖传承什么、如何传承的问题。在通往目的的征程中，每一步都已经成为这个结果的一部分，那些以为"只要结果，不管过程"的投机者，其实是人为割裂了目的与手段的关系，必遭反噬，这不是危言耸听。因为如果方法不当，看到的结果终究不过是假象，努力实现的目标，最终也必然是变质的变色的变味的。

红色基因是中国共产党精神谱系的内核，是中国共产党从瑞金、井冈山到遵义、延安、西柏坡生生不息、薪火相传的"遗传密码"，已经成为中华民族的精神纽带和中华民族现代文明的重要组成部分。因此，"光荣传统不能丢，丢了就丢了魂；红色基因不能变，变了就变了质"[②]。

红色基因集中体现在党的精神谱系上。习近平总书记在庆祝中国共产党成立100周年大会上指出："一百年前，中国共产党的先驱们创建了中国共产党，形成了坚持真理、坚守理想，践行初心、担当使命，不怕牺牲、英勇斗争，对党忠诚、不负人民的伟大建党精神，这是中国共产党的精神之源。"[③]伟大建党精神是其他具体精神之源，共同构筑中国共产党独有的红色基因。这些红色基因是在遭遇艰难险阻、经历生死考验、付出惨烈牺牲之后锤炼形成了不畏强敌、不惧风险、敢于斗争、勇于胜

---

① 《习近平著作选读》第1卷，人民出版社，2023年，第54页。
② 《习近平著作选读》第1卷，人民出版社，2023年，第525页。
③ 《习近平著作选读》第2卷，人民出版社，2023年，第480页。

利的铮铮风骨和高风亮节。中国共产党人的精神谱系，在不同时期有不同体现：

新民主主义革命时期，形成了井冈山精神、苏区精神、长征精神、遵义会议精神、东北抗联精神、延安精神、抗战精神、太行精神（吕梁精神）、大别山精神、红岩精神、沂蒙精神、西柏坡精神、照金精神、南泥湾精神、张思德精神等。

社会主义革命和建设时期，形成了抗美援朝精神、北大荒精神、红旗渠精神、大庆精神（铁人精神）、雷锋精神、焦裕禄精神、王杰精神、"两弹一星"精神、"两路"精神、老西藏精神（孔繁森精神）、西迁精神等。

改革开放和社会主义现代化建设新时期，形成了改革开放精神、特区精神、女排精神、抗洪精神、抗击"非典"精神、载人航天精神、抗震救灾精神、青藏铁路精神等。

在新时代，形成了探月精神、新时代北斗精神、抗疫精神、脱贫攻坚精神、"三牛"精神、科学家精神、企业家精神、丝路精神等。

传承红色基因的方式有多种，有润物细无声的，有醍醐灌顶的，也有逐步醒悟的。无论是主动学习还是被动接收，多措并举的综合施策、因人而异的具体问题具体分析往往是被证明为有效的。如，在思政课堂教学中，如何融入爱国主义教育，如何将艰难的革命历程与伟大的革命精神结合起来，如何拓展有效的教育教学途径以增强身临其境的体验感，如何充分挖掘红色文化资源以正确引导和互动来提高学生的认知和理解，包括课程体系建设、创新融合模式等；在校园文化建设方面，如何实现第二课堂与红色基因的结合，如何通过校内博物馆、展览馆、纪念馆、雕塑等营造红色文化环境，如何利用网络平台、重大纪念活动来拓展红色基因传承实效，实现主体内心的共鸣；在社会实践活动中，如何通过实践这一感性认识来培养青年的家国情怀，培养崇高感，增强责任心，等等。

青年在学习革命传统文化知识的同时，要自觉加强情感培育和情感共鸣，让红色基因渗进血液、浸入心扉，这样才能更好地树牢世界观、人生观、价值观，自觉把革命博物馆、纪念馆、党史馆、烈士陵园等红色基因库用好用活，在讲好党的故事、革命的故事、根据地的故事、英雄和烈士的故事，加强革命传统教育、爱国主义教育、青少年思想道德教育的过程中，把红色基因传承好、发展好。

（三）真才实学才能担当重任

所谓真才实学，强调的是真正的学识，也就是能够解决问题的能力，而不是知行不一、言行不一、纸上谈兵。真才实学需要通过持续学习、不断实践、反复思考，才能积累起系统的知识结构、有效的技能技艺和丰富的经验方法，既包括理论方面的学识，也包括实践方面的学识。担当重任，就是能够承担起时代责任，能够完成历史使命，具体说来就是担当起新时代强国建设和民族复兴的大任。

强国建设和民族复兴伟业决不会在一群只会高谈阔论、奴颜婢膝、投机取巧的人中造就，也不会在一群花拳绣腿、华而不实、滥竽充数的人中实现，而是需要一批有创新头脑、有批判思维、有使命意识、有实践精神的人来推进。社会主义现代化强国建设是一项系统工程，包括经济、政治、文化、社会、生态、军事、国防等各方面，具体说来，如制造强国、质量强国、航天强国、交通强国、网络强国、数字强国、农业强国、海洋强国、贸易强国、教育强国、科技强国、人才强国、文化强国、体育强国等，每一项强国建设都需要有人才、有技术、有思想、有战略，而人才是关键环节，发挥主体性作用。民族复兴伟业也是如此，寄托着一百多年来人们的努力和梦想。唯有真才实学方可成为栋梁之才、立起四梁八柱。

学问来不得半点马虎。知之为知之、不知为不知，这是古训，也是学习的根本态度，更是学习的基本方法。那些心浮气躁，心存侥幸心理，以图名垂竹帛、功标青史，以为追求"短平快"、参加速成班，就能够立竿见影的，最终都是胸无一策，因为这些都是违背客观规律的。因此要以科学精神对待科学，那就是严谨求实、理性实证、探索创新。

不要寄希望于靠交易换取核心技术。牛顿提出站在巨人肩上取得成功的时代已经过去，现代社会是市场主导的社会，市场主体是有国界的，专利技术是市场主体的杀手锏和立身之本，是国之重器，核心技术更是保密的，无法通过速成来实现，更不会通过市场交易来换取，只有通过创新才是解决卡脖子技术的唯一出路，而基础研究领域如晶体管、半导体、材料和计算机等学科的发展，是芯片、光刻机等光电技术发展的基础，没有这些基础，就不会有更高层次的集成。而这些基础科学的发展，是需要一批又一批掌握真才实学的人来维系的。自主创新就是面对发达国家、先进科学体系不能复制、难以追踪、无法模仿和跟进，需要静下心来通过几年、十几年、数十年的培育、积累、磨砺才能积淀的结晶。

有真才实学的人都是虚怀若谷而非刚愎自用的。因为越是有真才实学的人，他的认知范围就越宽广越深邃，他的求知欲就越强烈，同时对未知领域就越敬畏，自然就善于倾听不同意见。有一种人，他在自己的研究领域有一定建树，不可谓没有真才实学，甚至曾经当过头儿、老资格，但因为倔强固执、自以为是，不善于倾听不同意见，刚愎自用，结果被自己的偏见环绕着。陈独秀是新文化运动的旗手，是很多青年的人生导师，但他在大革命期间就犯了刚愎自用的错误，手握大权却不能根据发展大势和发展规律审时度势，看不清现状看不准时局，结果丧失主动权。五四运动，在其一开始是共产主义的知识分子、革命的小资产阶级知识分子与资产阶级知识分子三部分人统一战线的革命运动。到了后来，这个统一战线，参加这次革命运动的知识分子，在文化界或思想界就起了分化：一部分以李大钊、毛泽东、瞿秋白、恽代英等同志为中坚代表，由激进的革命民主主义走向无产阶级的社会主义，走向共产主义；一部分以胡适为代表，走向"实验主义"，主张"多研究些问题，少谈些主义"。陈独秀在当时也曾经是前一部分的主要代表之一，其主办的《新青年》杂志是宣传马克思主义的主要刊物，"但由于他对马克思主义理论的了解非常肤浅，而又刚愎自用，以致在一九二五—二七年大革命中，完全丧失了无产阶级的立场，陷入严重的右倾机会主义，成为那次大革命失败的主要原因之一"[①]。刚愎自用表现为态度坚决，但坚定不移的态度是有前提的，正如邹韬奋所言："必须出于理论上的彻底看清，策略上的彻底看准，然后才能在惊风骇浪中，拿定着舵，虽千转百折，仍朝着正确的方向前进，才终有达到彼岸的时候。否则自己糊涂，还要强人也糊涂，这便是刚愎自用，结果反足以偾事，此即所谓差以毫厘，谬以千里了。"[②]

青年要有真才实学，就要力戒空谈，坚持理论联系实际，做到具体问题具体分析，不能唯书，不唯上，要唯实。留苏学生王明，在莫斯科学习和工作期间，曾将赞成或接近他的观点的中共党员，封过"二十八个半"[③]"百分之百的布尔什维克"。但当时，王明等人认为山沟里不可能产生马克思主义，并给毛泽东扣上了"狭隘经验主义"的帽子。这就是从书本到书本的典型劣习，没有认识到，真才实学绝不是简单地读几本马列著

---

① 萧三编述《毛泽东同志的青少年时代》，人民出版社，1951年，第53页。
② 《韬奋文集》第1卷，生活·读书·新知三联书店，1956年，第84页。
③ 这"二十八个半"指的是：张琴秋、张闻天（洛甫）、陈昌浩、陈少愚（王明）、陈原道、秦邦宪（博古）、朱阿根、朱子纯、何克全（凯丰）、何子述、夏曦、萧（肖）特甫、李竹声、王稼祥、李元杰、王保（宝）礼、孟庆树、汪盛狄（荻）、沈泽民、王盛荣、盛忠亮（盛岳）、王云程、孙济民（际明）、杨尚昆、宋泮（潘、盘）民、殷鉴、杜作祥、袁家庸（镛）、徐一（以）新（半个）。

作,或者认为"城市是必然的中心"等过去特定时期的认知或荒谬的不切实际的论调。

伟大事业靠真才实学来成就,青年是实现伟业的中坚力量。为此,青年要自觉加强学习,做个读书人,要如饥似渴、孜孜不倦地学习,既多读有字之书,也多读无字之书,注重学习人生经验和社会知识,在人生的黄金时期,把学识基础搞厚实,不断增强支撑起实现雄心壮志的本领。

二、板凳须坐十年冷

冷和热是一对矛盾,是人类对自然现象的最早感知和体验。现在冷和热被运用到各个领域,如用经济过热指称经济活动过度繁荣,用经济过冷指称经济活动低迷;用冷战指称1947年至1991年之间资本主义阵营和社会主义阵营间既非战争又非和平的对峙与竞争状态,用热战指称武装冲突或激烈的冲突;文化领域的热点话题、冷静思考;传媒领域有的用冷媒介指称言语等提供信息少、大量信息由听话人去填补,用热媒介指称留下空白、需要接收者填补少的媒介,如印刷品等。这里所说的冷板凳,比喻清闲的受人冷落的职务或境地,坐冷板凳,指的就是受人冷遇或不受人待见。但这里说要坐冷板凳,是从青年自身出发提出的自我要求,有一种不被浮躁社会所扰的心态和境界。这其中的冷,其实就是敢吃苦,肯下苦功夫,不投机取巧,不搞华而不实的形式,注重在"细"和"实"中求真学问。青年勤于学习、敏于求知,把所学知识内化于心,形成自己的见解,非一朝一夕之功。

(一)勤下苦功夫

俗话说:"书山有路勤为径,学海无涯苦作舟。"这其中既蕴含着因果规律,又激发着斗志豪情。在读书学习这条道路上,没有捷径可走,任何偷懒、侥幸,到头来都会适得其反。古今中外,凡学有所成者,无不是下了一番苦功夫的。这是因为读书学习需要"推敲",需要"学""思""践""悟",需要博观厚积,不走进书的海洋,如何能感悟思想的深邃?不频繁走进书的海洋,又如何能窥见其中的奥秘?

古人虽然受客观条件限制,但不辍于学、勤奋有加、自律非常,如"头悬梁锥刺股""凿壁偷光""囊萤映雪""闻鸡起舞""韦编三绝""焚膏继晷""目不窥园"等,既有勤学的方法,也有苦练的精神,树立起传世的典范和榜样。除这些身体力行诠释内因的决定性作用外,古人也通过凝练的语言告诉我们,学习是有方法的,要勤下苦功夫,还是有规律可循的。《中庸》第二十章有言:"博学之,审问之,慎思之,明辨之,笃行之。有弗学,学之弗能,弗措也;有弗问,问之弗知,弗措也;有弗思,思之弗得,弗措也;有弗辨,辨之弗明,弗措也;有弗行,行之弗笃,弗措也。人一能之,己百之;人十能之,己千之。果能此道矣,虽愚必明,虽柔必强。""博学、审问、慎思、明辨、笃行"10个字概括了为学的逻辑进路和研习方法,用"弗"来果断地强调"要么不学习,要学就决不能半途而废"的"一不做二不休"的彻底学懂、学透、践行的赤子精神。据《朱子语类》中记载,朱熹在10岁时就立志于圣贤之学,每天如痴如迷地攻读儒家经典,在读到《孟子·告子上》"故凡同类者,举相似也,何独至于人而疑之?圣人与我同类者"时,心有深悟、喜不可言,此之乐实为苦后之乐也。正如朱子所言:"某是自十六七时下工夫读书,彼时四旁皆无津涯,只自恁地硬著力去做。至今日虽不足道,但当时也是吃了多少辛苦,读了书。今人卒乍便要读到某田地,也是难。要须积累著力,方可。"[①]

青年要认识到勤下苦功夫,并非说学习是苦的,而是说掌握知识、融会贯通的过程需要长期坚持和坚韧不拔的毅力。其间必然有枯燥、孤独、

[①] 黎靖德编《朱子语类》,杨绳其、周娴君校点,岳麓书社,1997年,第2351页。

思不通之时，此时如能再坚持一下，便会有突破。苏轼在《晁错论》中说："古之立大事者，不唯有超世之才，亦必有坚忍不拔之志。"①这坚忍不拔，既坚不可摧又忍辱负重，便是一种苦功夫。

民主革命时期，为深入研究马克思主义中国化理论与实践，1938年5月5日成立了马列学院，1941年7月17日马列学院正式改组为马列研究院，1941年9月8日，中央书记处会议决定"马列研究院改名中央研究院，成为用马列主义方法研究中国历史与现实问题的公开学术机关"。当时张闻天任院长，范文澜任副院长兼中国历史研究室主任。这个时期的主要任务是编写一本供干部学习用的中国历史课本，因开始时组织人员分头编写的初稿不适合，最后由范文澜一人独写。据中国人民大学党史系教授彭明回忆："当时延安的窑洞里既无明亮的灯光，也无舒适的桌椅，范老就一直坐在一个冰冷的无靠背的木板凳上写作，写累了就靠在窑洞的墙上休息一下，喘口气，再继续写作。"②书成后，毛泽东说："在延安出版一部有头有尾、有科学体系的著作，这是一件大好事。"范文澜治学经验很多，其中有两条青年要记牢，一是要坐冷板凳，二是不要放空炮。南京大学历史系教授韩儒林与范文澜就治学问题长谈后，将其治学精髓概括为两句话："板凳要坐十年冷，文章不写一句空。"这已经尽人皆知了。

（二）不戚戚于清贫

富与贫是一对矛盾，原指量的多寡，现常用于表征物质或精神的富足或缺乏。这里的清贫指的是物质的不足、缺乏，如贫而无谄、富而无

---

① 《苏轼文集》第4卷，中华书局，1986年，第107页。
② 彭明：《板凳须坐十年冷 文章不写一句空——忆范文澜先生的治学精神》，《中国高等教育》2002年第10期。

骄。清寒贫苦的处境，固然使人生活得十分艰难困苦，但清贫的处境能磨练和砥砺人的心志，激励人奋发向上，成就一番事业。从这个意义上说，清贫的处境其实是一种难得的顺境。《围炉夜话》第109则有言："清贫乃读书人顺境，节俭即种田人丰年。"说的就是读书人不必在意经济条件如何，更不能以经济条件差为由而放弃学习或者懈怠之。《论语·里仁》说："士志于道，而耻恶衣恶食者，未足与议也。"这里强调的是一个人的内在涵养和外在修养的统一，一个人立志严谨治学，就不应当为衣食挂虑分心，否则就难以抵达真正"大道"的境界，而这样的人既不"一以贯之"，也不心口如一，不是君子，不足与之道也。孔子赞赏的是"一箪食，一瓢饮，在陋巷"而"不改其乐"的贤者颜回这样的不戚戚于清贫者。

清贫是培育志向涵养精神的最佳土壤。陶渊明在《五柳先生传》中引用战国时期鲁国黔娄之妻的话说："不戚戚于贫贱，不汲汲于富贵。""戚戚"是忧愁的样子，"汲汲"是热衷追求之意。这句话道出了君子安贫乐道的境界。安贫并非无所作为、甘于贫穷，而是在面对道义的时候，能够做到"贫贱不移"。

> 西汉刘向《列女传·贤明传》记载，黔娄去世后，孔子弟子曾参及其门生前往吊唁。走进正屋，曾参看见黔娄的尸体放在窗下，枕着土坯，铺着苇草，穿着没有外袍的粗布衣服，盖着粗布被子，头和脚无法一起放进被子里，"覆头则足见，覆足则头见"。就是说盖住头，脚就露出来了；盖住脚，头就露出来了。曾参说："斜引其被则敛矣。"黔娄妻说："邪而有余，不如正而不足也。先生以不邪之故，能至于此。生时不邪，死而邪之，非先生意也。"曾参无言以对。在问及谥字时，黔娄妻说就用"康"吧。曾参就说黔娄在世时缺衣少食，去世后首脚都不能全盖住，"生不得其美，死不得其荣"，为什么叫"康"这个谥呢？黔娄妻说："昔先生君尝欲授之政，以为国相，辞而

不为，是有余贵也；君尝赐之粟三十钟，先生辞而不受，是有余富也。彼先生者，甘天下之淡味，安天下之卑位，不戚戚于贫贱，不忻忻于富贵。求仁而得仁，求义而得义。其谥为'康'，不亦宜乎！"①

安贫乐道自古以来都被认为是一种美德。古代在清贫中发奋图强者不乏其人。近代以来，中华民族积贫积弱，半殖民地半封建时代，有志之士在极端恶劣的环境下，依然能够笔耕不辍。更值得赞美者，就是那些为了民族复兴、国家富强，放弃舒适优越的生活环境，投身革命和建设、投身教育科技等事业，接五千年之文脉，续华夏文明之荣光。如李四光、邓稼先、周培源、钱学森，等等。这里介绍一位在毛泽东青年时代给其留下深刻印象、把毛泽东推荐给北大图书馆主任李大钊的道德高尚的人：

> 给我印象最深的老师是杨昌济，他是一位从英国回来的留学生，我后来同他的生活有密切的联系。他讲授伦理学，是一个唯心主义者——但是一个道德高尚的人。他对自己的伦理学有强烈信仰，努力鼓励学生立志做一个公平正直、品德高尚和有益于社会的人。在他的影响下，我读了蔡元培翻译的一本伦理学的书而且在这本书的启发下写了一篇题为《心之力》的文章。我当时是一个唯心主义者，杨昌济老师从他的唯心主义观点出发，高度赞赏我那篇文章，给了我一百分。②

就是这位用心栽培毛泽东的杨昌济，1903年4月告别妻儿，先是东渡日本学习了6年（先是日本东京弘文学院，尔后是东京高等师范学校），然后又去英国学习了3年（苏格兰阿伯丁大学），之后又前往德国考察教育

---

① 参见《列女传译注》，张涛译注，人民出版社，2017年，第88—90页。
② 《毛泽东一九三六年同斯诺的谈话》，人民出版社，1979年，第26页。

9个月。1913年春，杨昌济学成归来，在长沙湖南省立第一师范任教。杨昌济回国后的前5年是在湖南工作的。因为当年他出国留学经费是由湖南省资助的，按照当时的规定，他学成之后必须回省工作5年，才能到外省工作。当他回到湖南之后，政局并不安宁，"二次革命"的失败使他更加感到失望。当谭廷闿邀请他出任湖南教育司司长时，他坚辞不就。他怀着"强避桃源作太古，欲栽大木柱长天"的高尚理想，愿作一位为祖国培养"大木"的辛勤园丁。[1]回长沙之前，许多好友都劝他"湖南经济落后，你应该留在条件更好的北京"，可杨昌济却斩钉截铁地回答道：吾不下地狱，谁下地狱？吾誓必居长沙5年，教育湖南青年！当杨昌济志在教育湖南青年时，他对经济落后的外部条件就毫不在意了，也就是乐在其中，而非耻恶衣恶食。杨昌济49岁英年早逝，有挽联曰："天命止君年，生平抱璞守真，稽古独能尊汉学；岭梅传噩耗，毕竟安贫乐道，论人也应入周官。"[2]

新中国由一穷二白到全面小康，创造了世所罕见的经济快速发展奇迹和社会长期稳定奇迹。青年的生活条件较之以往有显著改变，但求学寻道之志不可稍有减损。新时代的青年已经不再是之前的家徒四壁，更不需要凿壁偷光了，但清贫还会通过对比显现出来。因此，青年不戚戚于清贫，其核心精神是不要攀比，不要沉溺于物质多寡，更不要把人生的终极目标放在追求物质财富上，关键是要做到精神富有。

（三）甘当小学生

学生与先生这一对范畴分别指称学习和教育两个角色，前者为接受教育的一方，后者为传授知识的一方。中国自古尊师重道，视有学问、有道德、有修为、可敬者为先生。先生之大在于德，而德随量进、量由识长，高尚品德不是唾手可得也不是一劳永逸的，须要每日精进。因此，甘当学

---

[1] 《杨昌济集》第1册，湖南教育出版社，2008年，第5页。
[2] 《杨昌济集》第2册，湖南教育出版社，2008年，第1243页。

生、甘当小学生，既是一种姿态，也是一种方法。有此心态，便有追求上进的动力。习近平总书记在2021年春季学期中央党校（国家行政学院）中青年干部培训班开班式上要求年轻干部要拜人民为师，甘当小学生，特别要多交几个能说心里话的基层朋友，这样才有利于了解真实情况，才有利于把工作做好。这里既揭示了党群之间的"学生与先生"的关系，也是一种工作态度和工作方法，是一种智慧，也是一种品质，关键是要有学而不厌、以无知的谦逊和纯真去请教。如果青年干部到基层调研，走路趾高气扬，到处颐指气使，又如何能听到真实声音？即便是群众的心声，也会被过滤掉或者覆盖掉。

"拜人民为师，甘当小学生"的重要论断，进一步强调要站稳人民立场，践行群众路线。比如，新中国成立前在西柏坡召开的七届二中全会上，毛泽东就党委会的工作方法强调了十二条，其中第四条要求青年干部"不懂得和不了解的东西要问下级，不要轻易表示赞成或反对"，并谆谆教导说："我们切不可强不知以为知，要'不耻下问'，要善于倾听下面干部的意见。先做学生，然后再做先生；先向下面干部请教，然后再下命令。"[①]这体现了全心全意为人民服务的根本立场，更摆正了干群之间的关系，干群关系自然融洽。

青年要保持学习的热情和好奇心，既要勤于请教，又要善于请教。之所以说甘当小学生，并不是说知识、视野等是小学生，而是要以小学生的姿态去面对群众，特别是面对群众关心的问题，群众身边的事情。群众生产生活中遇到的困难，这些问题有多种因素影响，既有政策原因，也有环境原因，还有人为因素。而青年干部如果不身临其境，就无法设身处地去考虑，也便不能拿出让群众满意的方案。以小学生的姿态，听了、看了、想了，自然也有办法了。

---

① 《毛泽东选集》第4卷，人民出版社，1991年，第1441页。

甘当小学生，意味着要虚心，更要用心，不懂就问、不耻下问，切忌主观臆断、不懂装懂。没有虚心，把观点装入自己的大脑，甚至结论都已经产生了，如何应对新的矛盾和问题？当然"小"意味着"初"，虽然有初生牛犊不怕虎之类的语言，但甘当小学生，这里不是蛮干，不是张狂，而是围绕群众的问题、发展的问题、安全的问题进行思考，进行决策。甘当小学生还意味着心地纯洁。古人说："心地干净，方可读书学古。不然，见一善行，窃以济私；闻一善言，假以覆短，是又借寇兵而赍盗粮矣。"[①] 对于青年来说，甘当小学生读书学习，在提高自身修养的同时，能够在治理国家、服务社会中多作贡献。俗话说"恶人读书，适以济恶"。如果心地不纯，看到他人善行善事，就认为自己做得就是如此，他人不过尔尔；听到他人真知灼见，就认为自己已经想到，这种强不知以为知的行为，并不能有利于自己德行和能力的提升，反而给自己造成误导，止步不前，却沾沾自喜。

青年虽然从年龄上已经超越小学生，但仍应该像小学生一样，保持对知识的渴望和对未知的探索精神，要有"小学生意识"，自觉做到好学、善问、敢试、虚心、用心，以奋斗足迹书写青春华章。只有这样，青年才能在不断变化的世界中立足。同时，青年还要勇于面对自己的不足和错误，乐于在失败和挫折中成长，笑谈过往，而不是因为好面子，在找借口中寻求短暂的自我安慰，结果对个人成长和事业发展毫无裨益。

青年只有先当学生，才能当先生。既要当好学生，也要当好先生。这两者是辩证统一的，统一于教学相长中，统一于传承发展中。青年有责任也有义务做好伟大事业接续不断的传承者，既要跑好接力赛中自己手中的这一棒，还要把这一棒交接好，以身作则、率先垂范，把自己的知识和技能传授给下一代，用自己的行动和言语来影响和启发他人。只有这样，才

[①] 洪应明：《菜根谭》，韩希明评注，中华书局，2008年，第156—157页。

能真正体现"先生"之名，为社会培养更多的优秀青年。

三、拓宽认知半径

认知是一种意识活动，表征主体（个体或群体）认识客体（客观世界、人类社会、思维等）的过程及结果。认知也是一种心理过程，表征人们获得知识、应用知识或信息加工的过程。心理学中凡侧重研究认知过程的都属于认知心理学，但心理学界特称的认知心理学则是专指用信息加工的原则和术语研究人的认知过程，包括知觉、记忆、思维、语言在内的心理学。学习的过程，就是认知的过程。视野的拓展，就是认知范围的扩展。拓宽认知半径，就是要超越个人的局限，接触和理解更广阔的世界。一方面，要矢志刻苦学习。当今世界，知识信息快速更新，学习稍有懈怠，就会落伍。有人说，每个人的世界都是一个圆，学习是半径，半径越大，拥有的世界就越广阔。另一方面，要保持好奇心和求知欲。不断汲取新的知识和经验，挑战传统观念和思维模式，尝试从不同的角度和层面思考问题，同时还要具备开放的心态和广阔的胸怀。青年要坚持面向现代化、面向世界、面向未来，瞄准国际先进知识、技术、管理经验，以韦编三绝、悬梁刺股的毅力，以凿壁借光、囊萤映雪的劲头，努力扩大知识半径，既读有字之书，也读无字之书，砥砺道德品质，掌握真才实学，练就过硬本领。

（一）博览群书

青年不要被"学科边界"所困，自缚于象牙塔中，画地为牢，以为在某个领域又"红"又"专"，便是权威，便是正确的。学科的出现是随着科学专业化发展而带来的科学分化，或者说是知识的分门别类。这种分门别类是在对自然界、人类社会等有一定认知的基础上进行的，随着认知的深化不断细化，以深化带动专业化，但不能囿于专业之中。其实自然界和人类社会并不是按学科运行的，也不是孤立自转的，对于最简单的问题解决，往往需要运用多门学科的知识。而随着复杂问题的不断出现，解决方案往往变得不确定，最优或最佳方案是多个学科交叉融合协同攻关、不同领域知识相互渗透的结果。一直被认为属于人文社会科学领域的哲学，已经在中国科学院挂牌成立。所谓通过科学家与哲学家的联盟来促进科技创新、哲学发展、文明进步，其实就是打通学科壁垒，跳出单一学科或者文理工农等成见。这本身就体现了博与专的辩证法。

博览群书是拓展知识半径的起点，兼具形式意义和实质意义。无论从事何种职业，青年都不能脱离社会而孤立存在，也不会在某个岗位上固守一生，时代在发展变化，每个人都应该有一种被催赶的时不我待的感觉，逆水行舟，不进则退，慢进也是退。虽然现在专业分化很细，职业要求越来越专业，但这里的专必须是博的基础上的专。很难想象，不了解不同地域、不同文化背景下的思想观念、风俗习惯和社会制度，如何称得上思想的解放、视野的开阔、心胸的豁达？青年要趁着年龄和记忆的优势，既要做知识渊博的杂家，同时又要有一技之长；既要学习历史，又要学习现状；既要了解中国，也要了解世界。青年通过博览群书，眼界才能够更好地突破狭小时空的限制，思想才能够脱离传统习俗的羁绊，创新的大脑才能够驰骋于时代潮流的最前沿。

人类文明是由世界各国各民族共同创造的，都是青年博览的范围，青年都要尽可能去了解更多、去涉猎更广。无论是文学艺术，还是自然科学，抑或是哲学宗教，世界各国都在历史长河中创造了非凡的成就。以文艺领域的创造为例，除古老而又日新的中国外，古希腊产生了对人类文明影响深远的神话、寓言、雕塑、建筑艺术，埃斯库罗斯、索福克勒斯、欧里庇得斯、阿里斯托芬的悲剧和喜剧是希腊艺术的经典之作；俄罗斯有普希金、果戈理、莱蒙托夫、屠格涅夫、陀思妥耶夫斯基、涅克拉索夫、车尔尼雪夫斯基、托尔斯泰、契诃夫、高尔基、肖洛霍夫、柴可夫斯基、里姆斯基-科萨科夫、拉赫玛尼诺夫、列宾等大师；法国有拉伯雷、拉封丹、莫里哀、司汤达、巴尔扎克、雨果、大仲马、小仲马、莫泊桑、罗曼·罗兰、萨特、加缪、米勒、马奈、德加、塞尚、莫奈、罗丹、柏辽兹、比才、德彪西等大师；英国有乔叟、弥尔顿、拜伦、雪莱、济慈、狄更斯、哈代、萧伯纳、透纳等大师；德国有莱辛、歌德、席勒、海涅、巴赫、贝多芬、舒曼、瓦格纳、勃拉姆斯等大师；美国有霍桑、朗费罗、斯托夫人、惠特曼、马克·吐温、德莱赛、杰克·伦敦、海明威等大师；印度的诗歌、舞蹈、绘画、宗教建筑和雕塑世界影响很大。①人类历史上产生了灿若星辰的各领域的大家大师，留下了浩如烟海的精品杰作，为世界各民族永续发展提供了丰厚滋养。对青年来说，博览群书不只是生存与发展的必需，也是历史传承的责任所系使命所系。

青年认知范围，关乎未来、关乎梦想、关乎成长。丰富而多元的知识，包括语言、历史、地理、科学等领域的基础知识，也包括适应新时代要求的技能，如人工智能、大数据、云计算等相关知识，还包括文学、艺术等领域的知识，以及良好的沟通能力、团队协作能力、批判性思维、创新能力等，都应当成为学习的内容。毛泽东博览群书，涉猎面非常广泛，"他读书的范围不仅限于马克思主义的哲学家，而且也读过一些古希腊哲学家、斯宾诺莎、康德、歌德、黑格尔、卢梭等人的著作"②。在会见物理学家杨振宁时，他说："物质是无限可分的。如果物质分到一个阶段，变成不可分了，那么一万年以后，科学家干什么呢？有人说公孙龙是诡辩论，还有惠施。但是有'一尺之捶，日取其半，万世不竭'之说，

---

① 参见习近平《在文艺工作座谈会上的讲话》，人民出版社，2015年，第3—4页。
② 埃德加·斯诺：《西行漫记》，董乐山译，生活·读书·新知三联书店，1979年，第67—68页。

这就是物质无限可分的意思。还有'飞鸟之景，未尝动也'。地球哪里算中央呢？惠施说过'我知天下之中央，燕之北、越之南是也'。""我是赞成宇称守恒又不守恒。"[1]这些都说明毛泽东在革命、建设过程中，不仅学习军事理论、政治理论、经济理论，还广泛涉猎自然科学最新前沿理论。当然知识的积累有个过程，不能一蹴而就，需要习惯性地坚持，需要日积月累。

学习科学知识，是认识世界和改造世界的前提。科学知识既是规律的总结，又具有本质性的结论。古人从制作工具的早期试验和火的使用开始，在现代科学开始之前，人类开始早期冶金、简单机械，人类通过发展天文、医药和数学等方面的技术，逐渐学会如何探索、了解和控制人类所处的环境。之后，人类又经过文艺复兴、科技的发展时代、革命时代、原子时代、信息时代等，认识运动定律、认识化学反应、认识细胞、认识原子结构、认识电磁辐射、认识DNA、认识量子纠缠，等等。学习的真谛就在于超越眼前的经验世界而获得关于普遍性的知识，通过实践获得更进一步上升为规律性的东西，也就是要抓住事物的本质。苏格拉底认为优秀的年轻人必须先在基本教育（音乐和体操训练）之外读算术、几何及天文学，然后再研究辩证法。读完之后，他就应该像从地面回到地洞里去那样，在国家内从事实际的政治训练和工作。服务完毕后，他才可以随心所欲地从事哲学思考。"我想不到还有其他什么学习能够使灵魂向上看，除了靠这种有关本质以及不可见的东西的学习"[2]，"把音乐和体育训练赐给人类，不是为了身体和灵魂，而是为了灵魂本身的激情和爱智部分，为的是它们之间能够相互和谐，张弛有度"[3]。博览群书是实现各学科融会贯通的基础，也是成一家之言的前提。

---

[1] 《毛泽东年谱》第9卷，中央文献出版社，2023年，第488—489页。
[2] 柏拉图：《理想国》，王扬译注，华夏出版社，2012年，第269页。
[3] 《柏拉图全集（增订本）》第6卷，王晓朝译，人民出版社，2017年，第108页。

（二）术业专攻

术的本义是指城邑中的道路，后引申为方法、策略、技术、技艺等。从法、术、势的角度看，术有政治手段、权术、心术、道术等义。术业就是学术、学问的意思。韩愈在《师说》中提出"闻道有先后，术业有专攻"[①]，虽然这句话是在比较弟子与老师之间各有专长的情况下说的，但极具普遍性，强调每个人都有自己专攻的方向，也就是尺有所短、寸有所长的辩证法。

对青年来说，术业专攻就是强调必须具备深厚的专业素养和扎实的技能基础。这与前面强调博览群书是相辅相成的，没有博不可能有真正的专，没有专的博也不过是图书文字的搬运工。在学科分化越来越细密的今天，要在某个领域有所建树，就必须对该领域的最新研究成果有所了解，而要了解就必须花费大量的时间进行广泛阅读和深入思考。只有在某领域表现出色，或许才能够成为该领域的专家，或成为某行业的领袖，也才能够体现专业优势和核心竞争力，从而在激烈的竞争中脱颖而出。即便如此，也存在隔行如隔山的现象，甚至因为没有及时了解某种思想观点而出洋相。为了避免外行领导内行现象发生，居于一定职位的人就必须对相关领域有所涉猎，比如财务、法律等，才能进行有效管理而不是老说外行话。

华罗庚凭借自身勤奋和对数学的浓厚兴趣，自学成才，成为享誉国内外的数学巨匠。13岁进入江苏金坛县初级中学就读，因其新颖独特的解题思路，被数学老师王维克等人发现并激发了数学天赋，从而打开数学世界的大门。初中毕业之后，因家境贫寒，放弃升入高中

[①] 屈守元、常思春主编《韩愈全集校注》，四川大学出版社，1996年，第1509页。

而选择就读于上海中华职业学校,后来还是不得不中途辍学。但华罗庚对数学的热爱和兴趣从未减少,他一边帮助父亲照料杂货店,一边自学数学,仅靠一本《大代数》、一本《解析几何》以及一本50页的《微积分》,每天自学10个小时以上,用了5年时间将高中三年和大学低年级的全部数学课程自学完成。19岁时因染上瘟疫卧床半年,在其夫人悉心照顾下奇迹般康复,但因长期卧床而肌肉萎缩,左腿关节变形弯曲导致终身残疾。在人们都认为他会一蹶不振的时候,他不但没有气馁,反而坚定了与命运斗争的决心,并为自己找到了专攻的方向——数学。因数学论文在学术界崭露头角,21岁的华罗庚被清华大学数学系破格录取,但因学历缘故只能做数学系助理,担任图书管理员。由于对数学领域的专攻,他取得了丰硕的学术成果,被破格提拔为助教,24岁正式升任讲师。他在清华用一年半时间便攻下了数学系全部课程,还自学了英文、德文和法文,并在各国数学杂志上发表了十几篇关于数论方面的论文,引起了国外数学家的关注。1936年夏,华罗庚赴英国剑桥大学学习。在剑桥期间,他为学问而不为学历,热忱投身学术研究,先后就华林问题、他利问题、奇数的哥德巴赫问题等发表了18篇高水平论文,提出了"华氏定理",受到国际数学界一致称赞。[1]1982年4月1日,胡耀邦在给华罗庚的信中提到:"科学的门路非常广阔,但科研功夫必须非常坚实。我们这些门外汉并不反对有些同志继续作纯理论性的研究,去探索还没有为人类认识的新领域、新原理。但我们希望更多的同志投身到新技术、新工艺攻关的行列中去,从而把我国的四个现代化推向前进。"[2]这是党和国家领导人对一名科研工作者的肺腑之言,也是国家和民族将美好的未来寄托于中国科学工作者的良苦用心。

---

[1] 参见胡明艳、白英慧《华罗庚:创造自主的数学研究》,《学习时报》2022年6月8日。
[2] 《文献和研究》(一九八三年汇编本),人民出版社,1984年,第187—188页。

如何实现术业专攻？对于青年来说，首先是选定领域，这可根据自己的兴趣和特长，选择一个适合自己的专业领域。当然这些领域可以是自己在高校所学的专业，也可以是自己的特长爱好，也可以是国家急需拓展和推进的领域。但都必须以真诚和由衷的感情投入其中，因为只有在有兴趣的领域，或者有专长的领域，才会永葆学习的热情，以及在习惯中形成持续的动力。这正是确保青年有所建树有所创新的关键所在。因为热情在推动着青年随时阅读、积极思考、大胆请教、不断实践。

钱穆在《学龠》一书中认为，进入学问的步骤有四："第一步应是专门之学。专读一书，专治一人、一家、一派，此均可谓之是专门之学。""第二步是博通。从此专门入，又转入别一专门，只此便是博通。""第三步则仍为专门。""第四步始是成家而化。既专门，又博通。循此渐进，可入化境，将其所学皆在他一家中化了。"[①]这就是通过不断扩大认知半径，从而明确能力半径，进而缩小行动半径，在"专"的领域内钻进去。

青年要做到术业专攻，还要避免因沉迷于短视频、直播等内容带来快速满足欲望的短暂的视觉盛宴，过度依赖电子产品极易忽视思考和阅读等有益活动，从而导致思维变得狭隘，缺乏创新和想象力，继而失去了人生的目标。据科学实验，快节奏的娱乐方式会刺激多巴胺加速分泌，让人持续感到精神上愉悦，可一旦离开这些带来快感的东西，人就会感到极不适应，甚至出现焦虑和空虚。

（三）观其大略

观其大略是一种读书和学习的方法，对于拓展认知半径具有重要意义。读书学习不仅要抓细节，更要善于从宏观上把握整体框架和脉

[①] 《钱宾四先生全集》第24卷，联经出版事业股份有限公司，1998年，第181页。

络，跳出细节把握本质，这样才能更好地理解和应用所学知识。从这个意义上说，观其大略就是一种整体思维、系统思维在学习中的具体运用。1915年6月25日，毛泽东在致湘生的一封信中就谈到了他的治学之道："从前拿错主意，为学无头序，而于学堂科学，尤厌其繁碎。今闻于师友，且齿已长，而识稍进。于是决定为学之道，先博而后约，先中而后西，先普通而后专门。"关于拓展知识半径的方法，毛泽东信中举康有为、梁启超为例：康有为"四十岁以前，学遍中国学问；四十岁以后，又吸收西国学问之精华"；梁启超"先业词章，后治各科"[1]。此乃观其大略之具体方法。

　　观其大略是一种大智慧。《三国志·诸葛亮传》注引《魏略》曰："亮在荆州，以建安初与颍川石广元、徐元直、汝南孟公威等俱游学，三人务于精熟，而亮独观其大略。每晨夜从容，常抱膝长啸，而谓三人曰：'卿三人仕进可至刺史郡守也。'三人问其所至，亮但笑而不言。"[2]后来，石广元等三人果然只做到刺史郡守职位，而诸葛亮则官拜丞相、位极人臣。这个注里提出了两个词："务于精熟"与"观其大略"。"务于精熟"是当时为学者的主流治学方法，崇尚微言大义，但因易陷入主观随意而空洞无物。诸葛亮从章句中解脱出来，博览博学博贯，举大义而不守章句，把握精髓与实质，对细节尤其是章句文字不过多纠缠，从而实现了多家思想的交融。比如诸葛亮《诫子书》原文："夫君子之行，静以修身，俭以养德，非澹泊无以明志，非宁静无以致远。夫学须静也，才须学也，非学无以广才，非志无以成学。淫慢则不能励精，险躁则不能治性。年与时驰，意与日去，遂成枯落，多不接世，悲守穷庐，将复何及！"[3]道家经典《文子》（又名《通玄真经》）系老子弟子所作，其《上仁篇》记载老子言论："君

---

[1]　《毛泽东年谱》第1卷，中央文献出版社，2023年，第18页。
[2]　陈寿：《三国志》，裴松之注，中华书局，2011年，第759—760页。
[3]　段熙仲、闻旭初编校《诸葛亮集》，中华书局，2012年，第27—28页。

子之道，静以修身，俭以养生""非淡漠无以明德，非宁静无以致远，非宽大无以并覆，非正平无以制断"①。从这里我们能够看到，诸葛亮观其大略，将古文经学与黄老哲学结合起来，既做到经世致用，又做到静以养身，体现了"穷"与"达"的辩证法。

晋代陶渊明在《五柳先生传》中说："闲静少言，不慕荣利。好读书，不求甚解，每有会意，便欣然忘食。"②这里的"不求甚解"，并非浅尝辄止。不求甚解着眼于思想和宏观的把握，而浅尝辄止则是不愿深入实践。青年面对古今中外的信息知识，在读书的时候，第一步就要学会将"厚书变薄"，即具备提炼文章要旨的能力，也就是观其大略。

观其大略还要处理好"大"与"小"的辩证关系。2013年5月2日，习近平总书记在给北京大学考古文博学院2009级本科团支部全体同学的回信中提到"得其大者可以兼其小"这句话。这一理念源自北宋时期著名文学家欧阳修的《经旨·易或问三首》，"得其大者可以兼其小，未有学其小者而能至其大者也"③，意思是说，学习《易经》应该首先理解其基本原理和大义，然后再深入学习具体的卦象和细节，这样可以从根本上掌握《易经》的精髓，从而更好地理解各个部分。"得其大者可以兼其小"意味着首先抓住事物的核心和根本，然后才能更好地理解和处理其他细节。在更广泛的意义上，这句话鼓励人们树立远大的志向和目标，只有有了明确的方向和大的格局，才能更好地处理生活中的具体事务和挑战。青年只有把人生理想融入国家和民族的事业中，才能最终成就一番事业，因此在学习、工作和生活的各个方面，都要有整体观念，都要有大局意识，都要注重长远规划，从长计议。

---

① 《文子校释》，李定生、徐慧君校释，上海古籍出版社，2004年，第380—382页。
② 《陶渊明全集》，陶澍注，龚斌点校，上海古籍出版社，2015年，第152页。
③ 《欧阳修全集》，李逸安点校，中华书局，2001年，第301页。

四、善于发问与质疑

一部哲学史也是一部问题史。正是无数问题成就了无数哲学家，也成就了哲学和其他一切学科，也成就了人类文明。大家知道，能够解决的问题，不叫问题，难以解决的问题，才是问题。或者说，难题才是问题。善于发现难题并且善于解决难题的人，才是能够引领时代的佼佼者。强烈的问题意识是传承、发展和创新的基础。从这个意义上说，坚持问题导向既是世界观，又是方法论。坚持问题导向，一方面要善于发现问题，见微知著，叶落知秋；另一方面还要善于发问和质疑，于"确定无疑"处看到背后的隐患，于风平浪静中看到其中的波澜。俗话说，世事洞明皆学问。学问学问，既要学又要问。青年在知识的海洋中探索未知、拓展视野、锻炼思维时，要把发问和质疑当成引领前行的灯塔，作为推动进步的引擎。这是因为，发问本身是获取知识的重要方式，只有提出疑问，才能更为深入地理解。同时，发问还是锻炼思维的重要方式。青年通过独立思考，对既有观点进行质疑和反思，既做到了具体问题具体分析，又能够更好地把握问题的本质。在此基础上提出的解决方案自然也就是合规律性与合目的性的统一。青年要把善于发问和质疑作为一种学习方法和工作方法，做一个好学深思善问的新时代青年。

（一）勤于思考

人非生而知之，乃学而知之，故不学则不成。然如不勤于思考，则学必不固。《论语·为政》记载孔子之言："学而不思则罔，思而不学则殆。"朱熹解释说，"不求诸心，故昏而无得。不习其事，故危而不安"。程子进而说："博学、审问、慎思、明辨、笃行五者，废其一，非学也。"[①] 只学

[①] 朱熹：《四书章句集注》，中华书局，2011年，第58页。

不习，知识不扎实；只思不学，则会陷入独断。因此，学与思的关系，是硬币的两面，相互成就，不可或缺，不可偏废，要做到既学且思，边学边思，常学常思，在不断扩大学习范围的同时进行思考，在深入思考的同时广泛涉猎。这便是学与思的辩证法。

怀疑是通向真理的有效途径。师以质疑，友以析疑。李四光说："不怀疑不能见真理，所以我希望大家都取怀疑的态度，不要为已成的学说所压倒。"[①]外国地质学家根据陆相沉积不能产生石油的理论，曾断言中国是个贫油国。李四光对此不以为然，认为外国地质学家判断的依据不具有根本性、普遍性，因为石油的产生关键看有没有生油和储油的条件，关键不在"海相"还是"陆相"，并在此基础上经过深入调查研究，预言我国石油储藏量必然非常丰富。后来随着大庆油田（1959年）、大港油田（1964年）、胜利油田（1964年）等相继发现开采，证实了李四光怀疑的科学性和预见性。

人类认识客观世界、把握客观规律的过程，就是不断思考、不断怀疑、不断突破的过程，这就是怀疑的认识论价值。由于认识主体的局限性和认识客体的复杂性，直接关系到对真理的无限迫近而无法达到真实。青年马克思以"怀疑一切"为座右铭，从黑格尔哲学的"合理内核"和费尔巴哈哲学的"基本内核"中创造性地提出唯物辩证法，这就是怀疑的成果。

于无疑处生疑。这里涉及到疑与不疑的辩证法。人们认识事物总是从无知到有知，从知之甚少到熟知、深知。这个过程就是从疑到不疑再到疑的矛盾运动过程。明末清初的方以智提出要做一个"善疑者"，这是逐步深入逐步具体的过程，他说："疑何疑？谁非可疑？又谁可疑乎？善疑者，不疑人之所疑，而疑人之所不疑。善疑天下者，其所疑，决之以不疑；疑疑之语，无不足以生其至疑。新可疑，旧亦可疑，险可疑，平更可疑。为

---

① 赵庭：《"不怀疑不能见真理"》，《科学大众》1999年第8期。

其习常，故诡激以疑之。诡诡成习，习为喁噱，故不如自然疑之至险至新也。旧而新者，新遂至于无可新；平而险者，险遂至于无可险，此最上善疑者。入此谓之正疑。"①这彰显了科学的怀疑精神，也为如何思考另辟蹊径，并提出了何为善问者。《礼记·学记》中说："善问者，如攻坚木，先其易者，后其节目，及其久也，相说以解；不善问者反此。善待问者，如撞钟，叩之以小者则小鸣，叩之以大者则大鸣，待其从容，然后尽其声；不善答问者反此。"②这里把善问与善答以伐木和撞钟为例进行了思辨，说的是善于提问的人，如同砍伐坚硬的大树，先砍伐平易的地方，最后砍伐疙里疙瘩纹理不顺的地方，时间长了，根干自然脱离分解。同时还指出善于答问和不善于答问的情况，并用撞钟作比喻，用小力敲打，响声就小，用大力敲打，响声就大，敲打得从容不迫，钟才缓缓尽其余音。

为此，青年要养成独立思考习惯，要把握无疑与有疑的辩证法。朱熹曾言："读书无疑者，须教有疑；有疑者，却要无疑，到这里方是长进。"③只有勤于思考敏于发问，才能让原来有疑问之处成为确凿无疑的，这也就为有效地运用奠定了基础。勤于思考体现为一种探索精神，敢于挑战传统，善于深究事物的本质和内在规律，不盲目，不跟风，不人云亦云，始终保持独立思考能力和判断鉴别能力。勤于思考还体现为一种挑战权威，不满足于被动地接受，而是要敢于提出疑问和困惑，敢于表达见解和主张，这也是推动国家、民族、社会历史进步的重要一环。

（二）小心求证

胡适在《清代学者的治学方法》中将清代学者的治学方法概括为两点："（1）大胆的假设。（2）小心的求证。假设不大胆，不能有新发明。

---

① 方以智：《东西均注释》，庞朴注释，中华书局，2001年，第266页。
② 《礼记译解》，王文锦译解，中华书局，2016年，第467页。
③ 黎靖德编《朱子语类》第1册，岳麓书社，1997年，第167页。

证据不充分，不能使人信仰。"①科学方法有两个要素，一个是假设，一个是实验。胡适还指出："欧洲科学发达了二三百年，直到于今才有比较的圆满的科学方法论。这都是因为高谈方法的哲学家和发明方法的科学家向来不很接近，所以高谈方法的人至多不过能得到一点科学的精神和科学的趋势；所以创造科学方法和实用科学方法的人，也只顾他自己研究试验的应用，不能用哲学综合的眼光把科学方法的各方面详细表示出来，使人了解。哲学家没有科学的经验，决不能讲圆满的科学方法论。科学家没有哲学的兴趣，也决不能讲圆满的科学方法论。"②这就要求青年要将哲学的兴趣与科学的经验结合起来，这样才算是科学的方法。也就是说，科学方法由假设和实验两部分组成。胡适通过对古今中外史实研究认为自然科学与社会科学在科学方法上具有共通性，并概括为"大胆的假设，小心的求证"。

大胆假设，就是要有勇气和智慧去挑战未知，敢于发挥想象力和创造力，提出有利于历史进步和时代发展的想法和观点。这些假设也许是"多虑"，也许是"弯道"，但决不是毫无边际的海阔天空，也不是梦中臆测，更不是不切实际地盲目冒进，从归纳和演绎的基本理路看，都是可能性和现实性的统一，都是需要去证实或证伪的。小心求证，就是以冷静、客观的心态对假设进行严谨的分析和论证，以求证实想法和观点的正确性和可行性。求证的过程就是收集证据的过程，就是运用科学的方法进行不断试错的过程。

1996年正式启动的夏商周断代工程是"九五"计划中的一项国家重点科技攻关项目，也是世纪之交一项轰动国际的系统工程，该工程以自然科学与人文社会科学相结合的方法，来研究中国历史上夏、商、周三个历史时期的年代学的科学研究项目，也是一次多学科交叉联合攻关的实践。关

---

① 《胡适全集》第1卷，安徽教育出版社，2003年，第388页。
② 《胡适全集》第1卷，安徽教育出版社，2003年，第364页。

于夏代纪年资料主要有东周时期的史料、汉晋学者的整理资料、西晋初出土的《古本竹书纪年》以及宋代学者的整理资料等。现存夏商周三代年代学文本主要有：《竹书纪年》《史记·鲁周公世家》《汉书·律历志》。这些文本因年代更迭，佚文多散落，存在版本之间错讹现象。这就存在一个矛盾，即对夏商周年代准确性的要求的呼声越来越高，现有史料不充足，而考古又有个过程，非立竿见影。这里面就涉及到小心求证的精神和方法，也是负责任的学者的正当行为。虽然课题最终形成了《夏商周断代工程1996—2000年阶段成果报告（简本）》，但5年时间很难完全确定夏代、商代前期的具体年代，商朝后期王年也多缺略。其中很多推证涉及到文献数据的选取，既要避免随意性，又要注意权威性。

比如，《竹书纪年》西周王年显示，武王为公元前1027—前1026年，而工程西周王年为公元前1046—前1043年。按西周武王、成王、康王、昭王、穆王、共王、懿王、孝王、夷王、厉王、共和、宣王、幽王排序，13个时代中，除宣王、幽王，以及懿王元年外，没有一处吻合。这就涉及论证的方法问题。如何处理文献记载与考古成果、科技测年、金文材料之间的矛盾？既不能简单否定文字史料和文献记载，也不能盲目相信实验测算，要认真对待何谓误差允许范围之内。以考古验证古史年代，对于数万年前遗物进行样品测试，可以提供相对较为准确的年代数据，但若要弄清楚具体年代的细节，就要结合多种方式，不能拘泥于考古这一方式。诚然，现代考古成就为古史研究提供了关键证据，但在证据面前，要坚持一分证据说一分话，没有证据，自然不能肯定，但也不能全然否定。但如果仅以文明需要有城市、文字记载以及礼仪建筑等依据就认为中华文明3700多年，也显得草率和不负责任，甚至是荒诞的。

青年要有质疑的胆量，更要有求证的担当，切不可耍嘴皮子，而不脚踏实地。其实凡是小心求证的，都会谨言慎行，因为在求证的过程中，必然经常遇到失败，需要有在哪里跌倒就从哪里爬起来的勇气，而且还要有善于总结经验，不断拓展视野和思维的志向。

（三）敢于批判

批判性思维是一种反思性思维，在人们认识世界和改造世界的过程中非常有必要，其核心是培养一种能够独立思考、理性分析、严谨求真的思维方式，以适应时代发展要求。无论是古希腊时期，还是春秋战国时期，这种批判性思维都得到广泛运用。虽然对现代意义上的批判性思维进行系统论述其概念、特点、培养方法等的时间不长，但批判作为一种认知方式，在实践中以多种形式呈现。因此，青年不要轻易相信假的东西，也不要轻易否定暂时缺乏充分证据的东西。正如鲁迅在《呐喊》自序中，针对是否唤醒昏睡在绝无窗户而万难破毁的铁屋子的人们，在听到钱玄同说"然而几个人既然起来，你不能说决没有毁坏这铁屋的希望"后说，"是的，我虽然自有我的确信，然而说到希望，却是不能抹杀的，因为希望是在于将来，决不能以我之必无的证明，来折服了他之所谓可有"①。

批判性思维的培养十分迫切。听话、顺从似乎是家庭中晚辈对待长辈、单位中下级对待上级的必然行为。其实这是等级观念和思想在作祟。《礼记·曲礼上》中有大量的"规矩"，如"将即席，容毋怍""正尔容，听必恭"等，但同时又说"毋勦说，毋雷同"②。说的就是要有主见，发言不要抄袭成说，不要随声附和，不要人云亦云。2021年5月28日，习近平总书记在中国科学院第二十次院士大会、中国工程院第十五次院士大会和中国科学技术协会第十次全国代表大会上的讲话中指出："培养创新型人才是国家、民族长远发展的大计。当今世界的竞争说到底是人才竞争、教育竞争。要更加重视人才自主培养，更加重视科学精神、创新能力、批判性

---

① 《鲁迅全集》第1卷，人民文学出版社，2005年，第441页。
② 《礼记译解》，王文锦译解，中华书局，2016年，第12页。

思维的培养培育。"[1]这为我们培养创新人才，努力造就一批具有世界影响力的顶尖科技人才，指明了方向、提供了遵循。作为人力资源大国、智力资源大国，走好人才自主培养之路，必须建设一支规模宏大、结构合理、素质优良的创新人才队伍，特别是批判性思维的培养培育尤为重要，这是激发各类人才创新活力和创造潜力的关键。

要坚持破立并举。坚持建设性和批判性相统一是一种十分重要的工作方法。2019年3月18日，习近平总书记在学校思想政治理论课教师座谈会上的讲话中指出："要坚持建设性和批判性相统一，传导主流意识形态，直面各种错误观点和思潮。"[2]青少年阶段是人生的拔节孕穗期。由于知识体系不够完善、社会阅历还不充分、价值观塑造尚未定型，青少年在面对纷繁复杂的社会表象和错误思潮时，理想信念往往容易受到影响而产生困惑。因此，思政课在传播真理、讲清道理、传导主流价值观念的同时，还要善于继承马克思主义批判性传统，将马克思主义的立场、观点、方法贯穿到教学全过程，旗帜鲜明地批判各种错误观点和思潮，通过对与错、善与恶的直观对比，增强学生对思想政治理论的认识理解。当今时代，思想文化领域的交流交融交锋愈加频繁，各种思想观点、价值取向、文化主张多种多样。譬如，拜金主义、享乐主义、极端个人主义等消极思想沉渣泛起，历史虚无主义、"普世价值"等错误思潮杂音不断，这更加凸显了思政课改革创新的重要性和紧迫性。我们党百年奋斗征程中的每一个历史事件、每一位英雄人物、每一件革命文物背后所蕴含的故事，都生动昭示着中国共产党为什么能、马克思主义为什么行、中国特色社会主义为什么好的历史逻辑、理论逻辑和现实逻辑；进入新时代，脱贫攻坚、抢险救灾、冬奥亚运等一系列我们现实生活中的大事件，更是为广大思政课教师提供了鲜活的课程内容，有助于青年学生在具体实践中消除思想

---

[1] 《习近平著作选读》第 2 卷，人民出版社，2023 年，第 474 页。
[2] 《习近平谈治国理政》第 3 卷，外文出版社，2020 年，第 331 页。

困惑，提高明辨是非对错的能力。因此，作为落实立德树人根本任务的关键课程，思想政治理论课要通过帮助广大青少年解决好思想观念上"坚持什么、反对什么"的关键问题，引导青年树立正确的世界观、人生观、价值观。

敢于批判的同时还要敢于接受别人的评判。这就要求具备开放的心态和开阔的胸怀。《韩诗外传》卷九第十七章记载：

> 孟子妻独居，踞。孟子入户视之，白其母曰："妇无礼，请去之。"母曰："何也？"曰："踞。"其母曰："何知之？"孟子曰："我亲见之。"母曰："乃汝无礼也，非妇无礼。《礼》不云乎：'将入门，问孰存。将上堂，声必扬。将入户，视必下。'不掩人不备也。今汝往燕私之处，入户不有声，令人踞而视之，是汝之无礼也，非妇无礼也。"于是孟子自责，不敢去妇。①

在这则故事中，孟子看到妻子独自一人在屋里箕坐，极为不雅，就认为妻子不讲礼仪，准备休妻。孟母通过连续责问后指出，是孟子没有遵照进入厅堂的礼仪，私自闯入让妻子措手不及、无所防备。孟子听后认识到自己的错误。纵然是一代圣人，也有批判偏颇的时候。孟子受教这个故事告诉我们，在评判别人的时候，要看看是不是自己出了问题。这种反躬自省的批判方式，是对批判性思维的升华。从文中孟母的雄辩也可以看出孟子成为一代圣贤的缘由了。

具有批判思维的青年，不会盲目接受任何观点或信息，而是会进行独立思考，分析其中的逻辑、证据和合理性，不会轻易被外界的舆论所左右，也不会被表面的现象所迷惑。

---

① 韩婴：《韩诗外传集释》，许维遹校释，中华书局，1980年，第322页。

五、勤于实践运用

实践的突出特性就是主体性。实践作为人的感性活动，是有意识有目的的改造世界的能动过程，而不是像自然界物质运动那样的纯粹客观的过程。古人说："纸上得来终觉浅，绝知此事要躬行。"理论知识是基础，但仅仅停留在书本上是不够的，只有通过实践，才能真正理解和掌握知识，才能将其转化为实际能力和素质。知识要转化为能力，必须躬身实践。因此，青年要高度重视实践，要善于把理论与实践结合起来，勤于实践，敢于走出舒适区，尝试新事物、拓展新领域，只有这样才能发现自己的不足和短板，才能不断调整和完善自己。实践也是锻炼意志和毅力的过程，只有通过不断尝试和克服困难，才能培养出坚韧不拔的品质。同时，通过实践，青年能够更好地培养团队协作和沟通交流的能力。

（一）实践是检验真理的标准

1978年5月10日中共中央党校《理论动态》第60期《实践是检验真理的唯一标准》一文开篇就指出："检验真理的标准是什么？这是早被无产阶级的革命导师解决了的问题。"检验真理的标准只能是社会实践。这里的解决指的是理论上的解决，实现了理论的系统性和完整性。但实践在不断变化，能够一直坚持这个标准就很难了。正如一个人做一件好事并不难，难的是一辈子只做好事而不做坏事。实事求是是思想路线，是活的灵魂，但能够时时处处做到实事求是并不容易，或者说这样的人已经属圣贤行列了。但《实践是检验真理的唯一标准》这篇文章引发的关于真理标准问题的讨论，为我们党冲破"两个凡是"的严重思想束缚、重新确立马克思主义的思想路线奠定了理论基础。

关于真理标准问题，早在1845年，马克思《关于费尔巴哈的提纲》中就指出:"人的思维是否具有客观的真理性,这不是一个理论的问题,而是一个实践的问题。人应该在实践中证明自己思维的真理性,即自己思维的现实性和力量,自己思维的此岸性。关于思维——离开实践的思维——的现实性或非现实性的争论,是一个纯粹经院哲学的问题。"[1]这告诉我们,一个理论是否正确反映了客观实际,是不是真理,只能靠社会实践来检验。

1937年7月,毛泽东在《实践论》中指出:"判定认识或理论之是否真理,不是依主观上觉得如何而定,而是依客观上社会实践的结果如何而定。真理的标准只能是社会的实践。实践的观点是辩证唯物论的认识论之第一的和基本的观点。"[2]1940年1月,毛泽东在《新民主主义论》一文中再次强调:"真理只有一个,而究竟谁发现了真理,不依靠主观的夸张,而依靠客观的实践。只有千百万人民的革命实践,才是检验真理的尺度。"[3]

习近平总书记要求:"全党同志首先是各级领导干部必须坚持马克思主义的发展观点,坚持实践是检验真理的唯一标准,发挥历史的主动性和创造性,清醒认识世情、国情、党情的变和不变,永远要有逢山开路、遇河架桥的精神,锐意进取,大胆探索,敢于和善于分析回答现实生活中和群众思想上迫切需要解决的问题,不断深化改革开放,不断有所发现、有所创造、有所前进,不断推进理论创新、实践创新、制度创新。"[4]党的领导人高度重视检验真理的标准,其实是对马克思主义立场、观点、方法的重申和强调,也是对实践的高度重视。可以说,没有实践,一切知识和理论都是停留在半空中,并没有落地落实。

---

[1] 《马克思恩格斯文集》第1卷,人民出版社,2009年,第500页。
[2] 《毛泽东选集》第1卷,人民出版社,2006年,第284页。
[3] 《毛泽东选集》第2卷,人民出版社,2006年,第663页。
[4] 《习近平著作选读》第1卷,人民出版社,2023年,第81—82页。

正是因为实践是检验真理的唯一标准,实践也就必然是青年成长的必经之路。只有通过实践,青年才能真正理解并将所学应用于实际工作和生活之中。只有通过实践,青年才能发现自身的不足和缺陷,进而不断完善自己、提升自己,实现自我超越。从这个意义上说,实践是青年锻炼自身能力和水平、培养意志品质和心态的最好方式,也正是实践为青年提供了面对各种复杂问题和挑战的机会,让青年在获取知识的同时,能够形成正确的人生观和价值观。实践架起了主体与对象之间的桥梁。

(二)坚持学以致用

理论的价值在于指导实践,学习的目的全在于运用。青年学习更应该坚持学以致用,只有通过深入基层、深入群众,在改革开放和社会主义现代化建设的大熔炉中,在社会的大学校里,掌握真才实学,增益其所不能,才能成为可堪大用、能担重任的栋梁之才。周恩来于1917年写下气势豪迈的诗:"大江歌罢掉头东,邃密群科济世穷。面壁十年图破壁,难酬蹈海亦英雄。"[①]表现了周恩来青年时代力图"破壁而飞"的凌云壮志和献身救国事业的革命精神。如果以"面壁"代指苦练本领,也即学习,那么"破壁"则是实践,则是学以致用。

学以致用也是一种读书方法。中国哲学非常重视体用结合、体用贯通问题,用是实现目标的重要环节,是将学转化为实效的实践过程。学习马克思主义理论的根本目的就在于运用,要运用就要经常读、重点读、反复读,对于经典只有常读才能常新,只有常读才能印象深刻,才能转化为运用的自觉。1939年底,毛泽东在延安对一位进马列学院学习的同志说:"马列主义的书要经常读,当然不必要一律都精读,而是遇到实际问题,就去请教马列主义,时常翻阅,从理论上进行分析。"[②]毛泽东读《共

---

① 《周恩来青年时代诗集》,中央文献出版社,2008年,第13页。
② 莫志斌等编《跟毛泽东学读书写作》,红旗出版社,2009年,第10页。

产党宣言》不下一百遍，遇到问题就翻阅，有时只阅读一两段，有时全篇都读，每阅读一次都有新的启发。这个翻阅的过程就是在用。

学以致用说到底还是要在事上练，就是要做到知行合一。王阳明反复强调知行合一，知行不能分开，知而不行只是未知，他将良知与行动融为一体，形成了致良知这一哲学范畴，并强调良知即是天理，阐释了知与行的辩证关系。在听到门人徐爱解释古人将知和行分开功夫始有下落时，王阳明说："此却失了古人宗旨也。某尝说知是行的主意，行是知的功夫；知是行之始，行是知之成。若会得时，只说一个知，已自有行在；只说一个行，已自有知在。"①对青年来说首先是学，但学了未必知，熟知了未必是真知，当真学了，真知了，真行了，也便是真的做到了学以致用了。事上练是一种实践方式，体现在具体事务中锻炼自己，通过实际操作来体验和学习，而体验又是一种身心共鸣的过程。青年在日常的生活和工作中，要时刻保持清醒的头脑和敏锐的观察力，从细微之处发现生活的真谛，从而更好地指导自己的行为和决策。

苏格拉底说："不经考查的生活是不值得过的。"②同样，没有在事上磨练的人生是不值得过的。没有在事上磨练的人生，就像一块未经雕琢的玉石，虽然内在蕴含着珍贵的质地，但外表却显得粗糙而平凡，只有经过研磨锻造这个过程，才能散发出璀璨的光芒。青年如何做到学以致用呢？关键是两点：一是不要想当然，要实地调查研究；二是不要自以为是，要合乎逻辑和规律。这两个方面统一起来就是要深入实际深入实践。

从学生时代开始，毛泽东就喜读"无字之书"，注重从实践中学习，经常深入实践开展调查。观察、访问、座谈（开调查会）、表格调查等，都是青年毛泽东在社会调查中常用的方法。关于调查研究，毛泽东提出许多

---

① 《王阳明全集》（上），上海古籍出版社，2012年，第4页。
② 《柏拉图对话集》，王太庆译，商务印书馆，2004年，第50页。

精辟论断，至今依然振聋发聩，如"没有调查，没有发言权"[①]，"做领导工作的人要依靠自己亲身的调查研究去解决问题"[②]，"调查就像'十月怀胎'，解决问题就像'一朝分娩'。调查就是解决问题"[③]，"我的经验历来如此，凡是忧愁没有办法的时候，就去调查研究，一经调查研究，办法就出来了，问题就解决了。打仗也是这样，凡是没有办法的时候，就去调查研究"[④]，"要有正确的措施，就要做调查研究工作"[⑤]，"教条主义这个东西，只有原理原则，没有具体政策，是不能解决问题的，而没有调查研究，是不能产生正确的具体政策的"[⑥]，"今天需要我们调查，将来我们的儿子、孙子，也要作调查，然后，才能不断地认识新的事物，获得新的知识"[⑦]，等等。

党的十八大以来，习近平总书记在不同场合多次强调调查研究工作的重要性，作出了一系列重要论述，形成了一整套关于调查研究工作的方法论，这些重要论述为新时代全党大兴调查研究之风、扎实做好各项工作提供了根本遵循。如，习近平总书记在2021年秋季学期中央党校（国家行政学院）中青年干部培训班开班式上的讲话中指出："坚持从实际出发，前提是深入实际、了解实际，只有这样才能做到实事求是。同样，只有有实事求是的态度才能重视深入实际、了解实际。要了解实际，就要掌握调查研究这个基本功。"[⑧] 随后，中央印发了《关于在全党大兴调查研究的工作方案》，明确指出开展调查研究的重要性和紧迫性，特别是面临世界百年未有之大变局加速演进，不确定、难预料因素增多，国内改革发展稳定面

---

① 《毛泽东选集》第1卷，人民出版社，1991年，第109页。
② 《毛泽东文集》第8卷，人民出版社，1999年，第253页。
③ 《毛泽东选集》第1卷，人民出版社，1991年，第110—111页。
④ 《毛泽东文集》第8卷，人民出版社，1999年，第261页。
⑤ 《毛泽东文集》第8卷，人民出版社，1999年，第257页。
⑥ 《毛泽东文集》第8卷，人民出版社，1999年，第262页。
⑦ 《毛泽东农村调查文集》，人民出版社，1982年，第21页。
⑧ 《习近平关于调查研究论述摘编》，党建读物出版社、中央文献出版社，2023年，第46页。

临着的深层次矛盾躲不开绕不过，各种风险挑战和困难问题比以往更加严峻复杂，因此，迫切需要通过调查研究把握事物的本质和规律，找到破解难题的办法和路径。

（三）梦想是干出来的

通过学习，青年树立并不断巩固世界观、人生观和价值观。通过实践，青年又不断把梦想变成现实。从这个意义上说，梦想是干出来的，是通过不断实践探索出来的。那些臆想天上能够掉馅饼、正义不费吹灰之力即能如阳光般普照，那些以为不用辛勤努力和付出汗水就可以实现梦想，那些以为敲锣打鼓就能够实现民族复兴等的想法，不仅显得天真，而且十分幼稚。习近平总书记在庆祝改革开放40周年大会上的重要讲话中指出："古人说：'事者，生于虑，成于务，失于傲。'伟大梦想不是等得来、喊得来的，而是拼出来、干出来的。"[①]中华民族伟大复兴，绝不是轻而易举就能实现的，其中必然会遇到这样或那样的困难和问题，也会遭受内部和外部各种压力和阻力，必须充分意识到要准备付出更为艰巨、更为艰苦的努力。我们从这句话中读出了青年在新时代要以怎样的精神状态继续把改革开放进行到底！新时代，梦在前方，路在脚下，干在当下。

实现伟大梦想，青年要有"踏石留印、抓铁有痕"的意识。其关键在于真抓实干。古人云："道虽迩，不行不至；事虽小，不为不成。"任何一项事业的成功都需要实干精神，需要一步一个脚印去完成。一项工作、一份事业，唯有真抓实干、埋头苦干才能真正得到落实，取得理想成效。

实现伟大梦想，要有"桥"和"船"的理念。青年要善于从没有路的地方开路。鲁迅先生说过："什么是路？就是从没路的地方践踏出来的，

---

① 习近平：《在庆祝改革开放40周年大会上的讲话》，人民出版社，2018年，第41—42页。

从只有荆棘的地方开辟出来的。"①实现伟大梦想离不开"桥"和"船"。如果把实现伟大梦想比作"过河",那么"干"就是"桥"和"船"。找到了"桥"和"船",也不能等同于已经"过河",还得在"干"里头做文章。所谓"干",就是一步一动地做,一砖一瓦地添,一棒一棒地传递。袖手旁观,坐等靠要,到不了实现伟大梦想的彼岸;盲目蛮干,方向不对头,也到不了实现伟大梦想的彼岸;畏首畏尾,畏葸不前,半途而废,浅尝辄止,同样到不了实现伟大梦想的彼岸。只有不忘初心、牢记使命,持之以恒,撸起袖子、甩开膀子,才能更快抵达实现伟大梦想这个伟大目标。青年在实际工作中要力避那些只说不做、言不由衷的现象,力避雷声大雨点小、轰轰烈烈搞形式、认认真真走过场的言和行。

实现伟大梦想,要有"拼"与"搏"的干劲。伟大的事业需要拼搏苦干的精神。拼是一种决心、一种精神。焦裕禄同志面对兰考自然灾害的肆虐和贫困落后的实际,敢教日月换新天,一开始就立下雄心壮志:"拼上老命大干一场,决心改变兰考面貌。"②他走到哪里,实干苦干的标杆就树到哪里。每当风沙最大时,他都带头下去查风口、探流沙;每当雨下得最大时,他都带头下去冒雨涉水、观看洪水流势和变化。他得知自己病情很重时还豪迈地说:"活着没有治好沙丘,死了也要看着把沙丘治好。"③这种不怕困难、不怕牺牲的奋斗精神,生动体现了他对事业和责任的担当。东山岛曾是风沙比人跑得快的荒岛,如今已经成为人们眼中的绿岛。而海岛播绿者谷文昌,1950年5月随军渡海解放东山岛,先后担任城关区委书记、县委组织部部长、县长、县委书记。刚解放的东山是个贫困、落后、荒凉的海岛,狂风一起,飞沙滚滚,遮天蔽日,移动沙丘顺着风势向村舍步步进逼。据县志记载,解放前近百年间,飞沙埋没了13个村庄,一千

---

① 《鲁迅全集》第1卷,人民文学出版社,2005年,第386页。
② 习近平:《做焦裕禄式的县委书记》,中央文献出版社,2015年,第40页。
③ 习近平:《做焦裕禄式的县委书记》,中央文献出版社,2015年,第41页。

多间民房，三万多亩耕地。解放后，农民分到土地，却种不出粮食。面对严酷的现实，谷文昌忧心如焚，他说："不把人民拯救出苦难，共产党来干什么？"他立下了誓言："如果治不了风沙，就让风沙吞埋我。"[1]谷文昌带着东山人民一起干，经过8年努力，终于找到在沙地上种活树苗的办法，从而彻底将荒岛变成了绿岛，实现了东山再起。

---

[1] 钟山编《加强党的先进性建设读本》，人民出版社，2006年，第216页。

第三章

扣好人生第一粒扣子

我为什么要对青年讲讲社会主义核心价值观这个问题？是因为青年的价值取向决定了未来整个社会的价值取向，而青年又处在价值观形成和确立的时期，抓好这一时期的价值观养成十分重要。这就像穿衣服扣扣子一样，如果第一粒扣子扣错了，剩余的扣子都会扣错。人生的扣子从一开始就要扣好。[①]

——2014年5月4日，习近平总书记在北京大学师生座谈会上的讲话

[①] 《习近平谈治国理政》第1卷，外文出版社，2018年，第172页。

青年在认识世界和改造世界的过程中必须坚守真理这一标准、尺度和原则，让主观符合客观，在实践的基础上达到合规律性和合目的性的统一，从而在正确的方向上前行。青年时期是塑造品行、积累学识、锤炼能力的关键阶段，是个人的价值观、人生观形成并不断巩固时期，这个时期最容易受到各种思想影响。理念是行动的先导。有什么样的理念，便会指引向什么方向前行。人生就像扣扣子，青年时期要扣好人生的第一粒扣子，就是要在树立价值观、养成习惯上下功夫。"如果第一粒扣子扣错了，剩余的扣子都会扣错。人生的扣子从一开始就要扣好。"[①]正如一个人如果既想当官又想发财，那么他"第一粒扣子"就扣错了，以后必然会一错再错，最终走向不归路。青年要扣好第一粒扣子，就要着力于"信"，如信念、信仰、信心、信任等方面，通过勤学、修德、明辨、笃实的逻辑进路，从现在做起，从小事做起，从自己做起，把社会主义核心价值观作为自己言行举止的基本遵循，通过自己的身体力行来影响周边的人，循序渐进，久久为功，从而形成阳光开朗、健康向上的青年群体形象和氛围。

一、坚定理想信念

理想指引人生方向，信念决定事业成败。习近平总书记说："理想信念是共产党人精神上的'钙'，理想信念坚定，骨头就硬；没有理想信念，或理想信念不坚定，精神上就会'缺钙'，就会得'软骨病'。"[②]中国梦是全国各族人民的共同理想，也是青年一代应该牢固树立的远大理想。中国

---

① 《习近平著作选读》第 1 卷，人民出版社，2023 年，第 243 页。
② 《习近平著作选读》第 1 卷，人民出版社，2023 年，第 133 页。

特色社会主义是我们党带领人民历经千辛万苦找到的实现中国梦的正确道路，也是广大青年应该牢固确立的人生信念。青年理想远大、信念坚定，是国家和民族无坚不摧的前进动力。青年志存高远，就能激发奋进潜力，青春岁月就不会像无舵之舟漂泊不定。为此，青年要坚持用马克思主义基本原理武装头脑，把理想信念建立在对科学理论的理性认同上，建立在对历史规律的正确认识上，建立在对基本国情的准确把握上，不断增强道路自信、理论自信、制度自信、文化自信。新时代青年要树立对马克思主义的信仰、对中国特色社会主义的信念、对中华民族伟大复兴中国梦的信心，到人民群众中去，到新时代新天地中去，让理想信念在创业奋斗中升华，让青春在创新创造中闪光！

（一）传承红色基因

红色基因是中国共产党领导人民在长期革命、建设、改革实践中形成的宝贵精神财富，它承载着革命先烈的信仰、意志和品质，是激励青年不断前进的强大动力。以毛泽东、周恩来、邓小平等为代表的老一辈革命家，不仅以其毕生的精力为实现国家富强、民族振兴和人民幸福建立了不朽功勋，同时也以其崇高的人格风范构筑了中国共产党和中华民族的道德丰碑。青年要深刻感悟中国共产党老一辈革命家的人格风范，有责任也有义务肩负起传承红色基因、弘扬革命精神的重要使命。

传承红色基因，要深入学习党的历史和革命传统。事非经过不知难。只有深入了解党的光辉历程和伟大成就，置身于波澜壮阔的革命洪流中，才能切身领悟革命先烈的崇高精神和无私奉献，才能不断增强自己的历史责任感和使命感，才能有传承的自觉和自信。将红色基因融入日常生活和工作中是最好的传承方式。具体说来，就是不论在学习上、工作上还是生活中，青年都要发扬革命精神，保持艰苦奋斗的作风，勇于担当、不惧艰辛、敢于创新，在实践中不断磨砺自己，不断提高自己的综合素质和能力水平。

青年要传承坚定信仰并始终不渝的精神品格。1936年，毛泽东在与美国记者埃德加·斯诺的数次谈话中提到："我一旦接受了马克思主义对历史的正确解释以后，我对马克思主义的信仰就没有动摇过。"[1]周恩来在确立共产主义信仰之时说："我认的主义一定是不变了，并且很坚决地要为他宣传奔走。"[2]从1927年3月至1928年上半年，全国有31万余人牺牲在国民党反动派的屠刀之下，其中有2.6万余名共产党员，包括罗亦农（1928年）、赵世炎（1927年）、陈延年（1927年）、陈乔年（1928年）、李启汉（1927年）、萧楚女（1927年）、邓培（1927年）、向警予（1928年）、夏明翰（1928年）、张太雷（1927年）等革命家在内。这期间，有不少人退党，但有更多人入党。

青年要传承敢于担责并抛却私心杂念的高尚品格。1945年抗战结束，蒋介石几次电邀毛泽东赴重庆谈判。党内一些同志担心毛泽东的安全，不同意他去，但毛泽东以国家和民族利益为重，将生死置之度外，义无反顾地去了重庆，就国家未来的前途和命运进行了历史性会谈，让中国人民看到了和平、民主、团结的曙光。1948年初，针对当时土改中出现的"左"倾错误，时任西北局书记的习仲勋3次致信党中央和毛泽东，主张尽快纠正土改中的"左"倾错误，受到党中央和毛泽东的高度重视，在党史上被传为佳话。1948年，中央3次命令粟裕率部过长江，粟裕鉴于当时的形势，经慎重考虑，向中央进言延缓过长江，并亲赴城南庄面见毛泽东等中央领导。最后中央采纳了他的建议，调整战略部署，粟裕为淮海战役的胜利立下了"第一功"。新中国成立后不久，当美国把朝鲜战争的战火烧到鸭绿江边的危急时刻，中共中央毅然作出"抗美援朝、保家卫国"的战略决策，彭德怀临危受命，出任中国人民志愿军司令员兼政治委员。这一桩

---

[1] 埃德加·斯诺：《西行漫记》，董乐山译，东方出版社，2005年，第147页。
[2] 金冲及主编《周恩来传》，人民出版社，1989年，第58页。

桩一件件都是老一辈革命家出以公心、无私无我的典范。

青年要有强烈的大局意识和全局观念。《党章》第十条第（一）项规定："党员个人服从党的组织，少数服从多数，下级组织服从上级组织，全党各个组织和全体党员服从党的全国代表大会和中央委员会。""四个服从"对于青年党员来说至关重要，要内化于心、外化于行。老一辈革命家对中央作出的决定或决议，即使与个人看法不一致或个人受到委屈仍要服从。在井冈山、瑞金时期，由于"左"倾错误路线的推行，毛泽东多次受到不公正对待，但他每次都能做到服从组织决定。1932年10月在宁都会议上，毛泽东被剥夺红一方面军总政委的职务，他尊重集体决定，严格遵守党的纪律，坚决维护党的团结统一，表示"什么时候需要我回来，我就回来"[1]。与此同时，他通过组织程序，进行耐心细致的工作，说服教育了一部分受"左"倾错误影响的同志。后来，遵义会议纠正了"左"倾军事路线，挽救了中国共产党和中国革命。

青年要养成简朴自律的习惯。中华优秀传统文化中的俭以养德传统已经深入人心。中国共产党的成长史就是一部简朴自律的历史。大多数共产党员都是能够做到节约、简朴、自律的。这方面的例子比比皆是。同时简朴自律已经成为一种风气、一种文化。如，李大钊提倡简易生活，指出"然则简易生活，实罪恶社会之福音也"[2]。许光达不受"镜匾"，罗荣桓高风让贤，刘伯承坚持撤换"标语"等，都是对待名利的典范。周恩来拒礼附通知，陶铸"不准请客，不准迎送，不准送礼"，黄克诚"来者必拒"等，都反映了老一辈革命家在此问题上的坚决态度和"拒礼"艺术。周恩来身体力行"活到老，学到老，改造到老"[3]。自律是一种特殊的自我改造。

以革命先烈为镜，不忘初心。毛泽东指出："无数革命先烈为了人民

---

[1] 沈传亮主编《百年大党的17个关键词》，人民出版社，2021年，第83页。
[2] 《李大钊文集》（上），人民出版社，1984年，第463页。
[3] 《周恩来统一战线文选》，人民出版社，1984年，第360页。

的利益牺牲了他们的生命，使我们每个活着的人想起他们就心里难过，难道我们还有什么个人利益不能牺牲，还有什么错误不能抛弃吗？"[1]邓小平说过："自我评论，我不是完人，也犯过很多错误，不是不犯错误的人，但是我问心无愧，其中一点就是从来不搞小圈子。"[2]在庆祝中国共产党成立100周年大会上，习近平总书记提出"三个不代表"，是新时代共产党员无私无我为民为公的宣誓，即"中国共产党始终代表最广大人民根本利益，与人民休戚与共、生死相依，没有任何自己特殊的利益，从来不代表任何利益集团、任何权势团体、任何特权阶层的利益"[3]。这"三个不代表"是中国共产党红色基因的鲜明底色。

（二）弘扬五四精神

发生于100多年前的五四运动，孕育了以爱国、进步、民主、科学为主要内容的伟大五四精神，其核心是爱国主义精神。五四运动前期是以反封建的文化革命为主要内容，而后期则是马克思主义在中国的广泛传播。五四运动中展现出来的忧国忧民、热爱祖国、积极创新、探索科学的精神，是彻底的、不妥协的、反帝反封建的爱国精神。青年弘扬五四精神，首先要了解那段爆发于民族危难之际的波澜壮阔、震惊中外的划时代事件。

第一次世界大战爆发之初，北洋政府宣布局外中立，1914年8月6日公布《中华民国局外中立条规》以及《大总统袁世凯关于严守中立令》等。此时日本借英日同盟以维护远东和平为借口对德宣战，出兵青岛，攫取了德国在山东的权益。北洋政府面对日本的侵略行径不

---

[1] 《毛泽东选集》第3卷，人民出版社，1991年，第1097页。
[2] 《邓小平文选》第3卷，人民出版社，1993年，第301页。
[3] 《习近平著作选读》第2卷，人民出版社，2023年，第482页。

断发出抗议但毫无结果,遂寄希望于战后和平解决。1917年2月,德国宣布实行无限制潜水艇战略,美国借机宣布与德断交,并劝告其他中立国与其采取一致行动。此时日本正极力想获得代表中国讲话权,北洋政府只有对德断交才有可能在战后议和会上取得独立地位。美国驻华公使芮恩施(Paul Samuel Reinsch)力劝北洋政府追随美国采取行动,在国内外诸多因素的影响下,北洋政府于1917年8月14日正式对德宣战,加入协约国阵营。1918年11月,历时4年的第一次世界大战以协约国的胜利而宣告结束。

次年1月,战后和平会议在巴黎开幕,中国出席开幕式的全权代表是陆征祥、王正廷。随着日本代表在和会上要求继承德国在山东的权益,引发中日代表的激烈辩论,国内舆论极为关注。由于中国代表据理力争,获得普遍同情,日本代表在和会上辩论失败,转而通过驻华公使以未事先接洽即对外宣布中日密约可随时发表于外交惯例不符为由向北洋政府施压并进行外交恫吓,实则是恶人先告状。北洋政府最初态度是坚持在和会上尽量避免与日本发生冲突,随着事态发展,全国舆论沸腾,社会各界纷纷呼吁政府坚决抵制日本的无礼要求。北洋政府外交部于2月10日发表正式声明:"各国代表在巴黎会议席上,顾本国之利益,为正确之主张,为今日国家独立自存应有之义,他国绝无干涉之理。"[①] 中国代表在和会上提出废除外国在中国的势力范围、撤退外国在中国的军队等七项希望和取消"二十一条"及换文的陈述书。会议拒绝了中国的合理要求,反而把德国在山东的特权全部转交给日本。北洋军阀政府屈服于帝国主义列强的压力,准备在和约上签字。消息传到国内,中国人民积聚已久的愤怒终于像火山一样爆发了。

1919年5月4日,北京学生3000余人集聚天安门举行示威,提出

[①] 王芸生编《六十年来中国与日本》第7卷,生活·读书·新知三联书店,1981年,第272页。

"外争主权、内除国贼""取消二十一条""还我青岛""诛卖国贼曹汝霖、章宗祥、陆宗舆"等口号，冲破军警阻挠，举行抗议集会，五四运动爆发了。具体经过见本书"青年引领时代之风"部分。迫于群众压力，6月28日，中国代表没有出席巴黎和约签字仪式。

五四运动以全民族的力量高举起爱国主义的伟大旗帜。爱国主义是中华民族精神的核心，是中华民族团结奋斗、自强不息的精神纽带。五四运动时，面对国家和民族生死存亡，一批爱国青年挺身而出，全国民众奋起抗争，誓言"国土不可断送、人民不可低头"（《北京全体学界通告》），奏响了浩气长存的爱国主义壮歌。五四运动以全民族的行动激发了追求真理、追求进步的伟大觉醒。五四运动前后，我国一批先进知识分子和革命青年，在追求真理中传播新思想新文化，勇于打破封建思想的桎梏，猛烈冲击了几千年来的封建旧礼教、旧道德、旧思想、旧文化。

（三）践行社会主义核心价值观

核心价值观是社会或组织中最重要的价值观念，是指导其成员判断是非的标准。社会主义核心价值观是社会主义核心价值体系的内核，体现社会主义核心价值体系的根本性质和基本特征，反映社会主义核心价值体系的丰富内涵和实践要求，是社会主义核心价值体系的高度凝练和集中表达。富强、民主、文明、和谐是国家层面的价值目标，自由、平等、公正、法治是社会层面的价值取向，爱国、敬业、诚信、友善是公民个人层面的价值准则，这24个字是社会主义核心价值观的基本内容。

青年践行社会主义核心价值观，要在勤学上下功夫。知识是树立社会主义核心价值观的重要基础。没有知识就难以实现感性认识与理性认识的相互成就，更难以实现理论的飞跃和升华。而不下苦功夫，难得真学问。人非生而知之，才能才干不是天生的，都是后天学习实践得来的。青春时光对于每个人来说都只有一次，应当好好珍惜。而为学的要义贵在勤奋、贵在钻研、贵在有恒。鲁迅先生说过："哪里有天才，我是把别人喝咖啡的工夫都用在工作上的。"①青年要勤于学习、敏于求知，注重把所学知识内化于心，形成自己的见解，既要专攻博览，又要关心国家、关心人民、关心世界，学会担当社会责任。

青年践行社会主义核心价值观，要在道德实践上下功夫。社会主义核心价值观需要青年自觉加强道德修养，而道德实践是道德修养的必经阶段。蔡元培先生说过："若无德，则虽体魄智力发达，适足助其为恶。"②道德之于个人、之于社会，都具有基础性意义，做人做事第一位的是崇德修身。这就是党的用人标准为什么是德才兼备、以德为先，因为德是首要、是方向，青年只有明大德、守公德、严私德，其才方能用得其所。修德，既要立意高远，又要立足平实。青年要立志报效祖国、服务人民，这是大德，养大德者方可成大业。同时，青年还得从做好小事、管好小节开始起步，"见善则迁，有过则改，所谓心诚求之，不中不远"③，踏踏实实修好公德、私德，学会劳动、学会勤俭，学会感恩、学会助人，学会谦让、学会宽容，学会自省、学会自律。

青年践行社会主义核心价值观，要在明辨是非上下功夫。善于辨别是非、决断选择，是青年逐步走向成熟的标志。是非明，方向清，道路正，人们付出的辛劳才能结出果实。面对世界的深刻复杂变化，面对信息时代各种思潮的相互激荡，面对纷繁多变、鱼龙混杂、泥沙俱下的社会现象，面对学业、情感、职业选择等多方面的考量，青年一时有些疑惑、彷徨、失落，是正常的人生经历，关键是要学会思考、善于分析、正确抉择，做到稳重自持、从容自信、坚定自励。为此，青年要树立正确的世界观、人

---

① 转引自习近平《论党的青年工作》，中央文献出版社，2022年，第76页。
② 转引自习近平《论党的青年工作》，中央文献出版社，2022年，第77页。
③ 《陆九渊集》，钟哲点校，中华书局，1980年，第38页。

生观、价值观，掌握了这把总钥匙，再来看社会万象、人生历程，一切是非、正误、主次，一切真假、善恶、美丑，自然就洞若观火、清澈明了，自然就能作出正确判断、作出正确选择。

青年践行社会主义核心价值观，要在求真务实上下功夫。青年要有笃实的精神，在做事上要扎扎实实，在做人上要踏踏实实。从人的自然属性看，人与人之间并无不同，没有高低贵贱之分，都是具有生理欲求的物质体。人与人之间在先天气质上也并无善恶之别，具有天赋的平等性。正如清初思想家颜元说："圣人亦人也，其口鼻耳目与人同，惟能立志用功，则与人异耳。故圣人是肯做工夫庸人，庸人是不肯做工夫圣人。"[①] 人与人之间的区别主要在于人的自我选择与后天的努力。青年有着大好机遇，关键是要迈稳步子、夯实根基、久久为功。心浮气躁，朝三暮四，学一门丢一门，干一行弃一行，无论为学还是创业，都是最忌讳的。成功的背后，永远是艰辛的付出和持续的努力。青年要把艰苦环境作为磨练自己的机遇，把小事当作大事干，一步一个脚印往前走。滴水可以穿石，绳锯可以断木。只要坚韧不拔、百折不挠，成功就一定在前方等着你。

二、正确对待得失

得与失皆来自主体的认识程度和判断标准，是对象之于主体的实现程度和效能。青年在成长和奋斗过程中，收获成功和喜悦是必然的，遭受困难和挫折也是必然的。没有谁会一直顺境，或者一直逆境。因此，青年对此要有清醒的认识，失败和挫折是暂时的，不可气馁而轻言放弃，要处优而不养尊，受挫而不颓废，使顺境逆境都成为人生的财富而不是人生的包袱。

---

① 《颜元集》，王星贤等点校，中华书局，1987年，第628页。

（一）得失辩证看

人生不如意事，十常八九，把个人得失看淡点，才能涵养浩然正气。《孟子·告子下》记载："故天将降大任于是人也，必先苦其心志，劳其筋骨，饿其体肤，空乏其身，行拂乱其所为，所以动心忍性，曾益其所不能。"①在实际工作中，有一些干部沾染了争功诿过的不良风气，对于职务和待遇明争暗抢，面对急难险重任务却拈轻怕重、推三阻四，有的擅长推责推诿，干工作浮于表面，出问题要么向上推，要么向下推，总之就是一味往外推，从认识不到自己的问题，缺乏自我反省和正确的自我认知，背离了担当作为的基本要求。真正的纯粹的人总是倾心于干事创业，对个人得失计算少，对工作效果计算多，把国家、民族、人民的利益放在最高位置。

"塞翁失马，焉知非福"已经成为成语而家喻户晓，其核心是强调好事与坏事在一定的条件下会相互转化，这其中转化的基础是"祸福相依"的辩证法。因而，辩证看待得失是一种理智之举，明智之举。自我否定有时既体现胸怀又彰显勇气和自信。毛泽东从不避谈党存在的不足，他说："我们的党是一个伟大的党，光荣的党，正确的党。这是必须肯定的。但是我们还有缺点，这个事实也要肯定。不应该肯定我们的一切，只应该肯定正确的东西；同时，也不应该否定我们的一切，只应该否定错误的东西。在我们的工作中间成绩是主要的，但是缺点和错误也还不少。因此我们要进行整风。我们自己来批评自己的主观主义、官僚主义和宗派主义，这会不会使我们的党丧失威信呢？我看不会。相反的，会增加党的威信。""共产党是不怕批评的，因为我们是马克思主义者，真理是在我们方面，工农基本群众是在我们方面。"②青年要善于用辩证的方法对前进

---

① 朱熹：《四书章句集注》，中华书局，2011年，第325页。
② 《毛泽东著作选读（甲种本）》，人民出版社，1965年，第372页。

道路上的问题进行分析，在听到恭维和奉承时，要常思己过，而不是欣然领受。

"鱼和熊掌不可兼得""忠孝不可两全"讲的也是得与失的问题。在追求正当目的的过程中，手段也应该是正当的，否则必然害人害己，得不偿失。青年的人生之路既漫长又急促，漫长指的是仰望中年老年时，急促指的是回望少年时，因此要看到得与失是孪生的，是相互成就的。有时看似得到了一些东西，却可能失去了更多的东西；有时看似失去了一些东西，却可能因此获得更多的东西。如果痴迷于所见所得，就会陷于短视的境况。

成功和失败是相互转化的，即便在英语世界，也存在这样的情形。某高校毕业生在毕业典礼上说："恨"（hate）有4个字母，但"爱"（love）也有；"敌人"（enemies）有7个字母，但"朋友"（friends）也有；"撒谎"（lying）有5个字母，但"真相"（truth）也有；"失败"（failure）有7个字母，但"成功"（success）也有；"哭泣"（cry）有三个字母，但"喜悦"（joy）也有；"消极"（negativity）有10个字母，但"积极"（positivity）也有。人生总是有选择的，要选择更好的一面，从今天起，向自己发起挑战，走出去，为改变世界、变得更好而努力，永远不要忘记，失败是成长的催化剂，是改造"小我"最好的教材。

（二）立场永不变

立场是认识和处理问题时所处的地位和所抱的态度。立场永不变指的是始终站在人民的立场上，全心全意为人民服务的立场不变，并始终坚守这样的信仰和价值观，不被所谓的时尚潮流所左右，不被眼前得失所影响。坚定人民立场，就是要牢记为人民服务的宗旨，始终保持与人民群众的密切联系，倾听人民的声音，关注人民的需求，为人民的福祉而奋斗。只有这样，青年才能赢得人民的信任和支持，成为人民的贴心人、知心人、自己人。

在1931年党的六届四中全会上,以王明为代表的"左"倾冒险主义占据了中共中央的统治地位,而创建了中央红军和中央苏区的毛泽东则遭受排挤和打击。党的六届四中全会之后,中共中央就派了以刚刚回国不久的留苏学生为主要成分的中央四中全会代表团到中央苏区来,毛泽东批评他们搞"本本主义",他们说毛泽东是"狭隘经验论",甚至声称"山沟子里出不了马克思主义"[①]。当毛泽东根据当时的军事形势强调生存第一时,从博古到中央局的大多数则极力鼓吹攻打大城市的"进攻路线",指责毛泽东是"等待主义"和"纯粹防御路线"。在1931年11月的赣南会议上,毛泽东被撤销了中共苏区中央局代理书记和红一方面军临时总前委书记职务。在1932年10月的宁都会议上,博古等人又明确主张取消毛泽东的军权。政治上的打击和罹患严重的疟疾,让毛泽东在福建长汀医院休养了半年多。1933年春夏之交,毛泽东回到瑞金,为了避免授人以柄,毛泽东几乎不与人主动交往。

据武健华回忆,毛泽东曾讲述亲身经历:

> 我就受过压、受过三次大的处分。被开除过党籍[②]、撤掉过军职,不让我指挥军队,不让我参加党的领导工作。我就在一个房子里。两三年一个鬼也不上门。我也不找任何人,因为说我搞宗派主义,什么邓、毛、谢、古。其实我连邓小平的面也没有见过。后来说在武汉见过,但是我一点印象也没有,可能见过面没有谈过话吧!那时,给我戴的帽子就多了。说什么山上不出马列主义,他们城里才出马列主义。可是他们也不调查研究,我又不是生来在山上的,我也是先在城

[①] 金冲及主编《毛泽东传(1893—1949)》,中央文献出版社,2004年,第334页。

[②] 1928年3月初,湖南省委特派员、湘南特委军事部长周鲁来到井冈山传达1927年临时政治局扩大会议精神,由于当时环境恶劣,文件不能随身携带,把"开除毛泽东临时政治局候补委员"的处分误传为"开除党籍"。

市里,后来才到山上来的。说实在的,我在山上搞了几年,比他们多了点在山上的经验。他们说我一贯右倾机会主义、狭隘经验主义、枪杆子主义等等。那时候我没有事情做,走路坐在担架上,做什么?我看书![1]

即便被误传"开除党籍",毛泽东依然坚定革命立场。解放后在党的八大预备会第二次全体会议上,毛泽东还云淡风轻地谈起此事:

> "开除党籍"了又不能不安个职务,就让我当师长。我这个人当师长,就不那么能干,没有学过军事,因为你是个党外民主人士了,没有办法,我就当了一阵师长。你说开除党籍对于一个人是高兴呀,我就不相信,我就不高兴。井冈山时期一个误传消息来了,说中央开除了我的党籍,这就不能过党的生活了,只能当师长,开支部会我也不能去。后来又说这是谣传,是开除出政治局,不是开除党籍。啊呀,我这才松了一口气![2]

毛泽东忍辱负重,甚至开始长征随军的名册中都没有毛泽东的名字。长征之初,毛泽东40岁,双颊深陷,憔悴消瘦,黑发长得几乎齐肩,两眼炯炯发光,颧骨高耸,看上去很难受。他患疟疾,经常复发,一病数月。尽管教会医院出身的傅连暲医生使尽了浑身解数,他还是处在半恢复状态,感到虚弱和乏力。虽然处在一生中的至暗时刻——远离决策中心、无人理睬、身体虚弱、疾病缠身,但他从来没有改变立场,而是始终考虑党和红军的前途命运。因此,青年任何时候都要坚守道德底线,这是保持立场不变的根本保障,任何变节或墙头草都是不会被接受的。

---

[1] 曲琪玉等主编《忠诚:在毛泽东身边的日子》,中央文献出版社,2015年,第83页。
[2] 《毛泽东文集》第7卷,人民出版社,1999年,第105页。

（三）向榜样看齐

《论语·里仁》载孔子说："见贤思齐焉，见不贤而内自省也。"这是君子之道，始终向善向上。2013年5月4日，习近平总书记在同各界优秀青年代表座谈时指出："广大青年要把正确的道德认知、自觉的道德养成、积极的道德实践紧密结合起来，自觉树立和践行社会主义核心价值观，带头倡导良好社会风气。要加强思想道德修养，自觉弘扬爱国主义、集体主义、社会主义思想，积极倡导社会公德、职业道德、家庭美德。要牢记'从善如登，从恶如崩'的道理，始终保持积极的人生态度、良好的道德品质、健康的生活情趣。要倡导社会文明新风，带头学雷锋，积极参加志愿服务，主动承担社会责任，热诚关爱他人，多做扶贫济困、扶弱助残的实事好事，以实际行动促进社会进步。"[①]一个民族的文明素养很大程度上体现在青年一代的道德水准和精神风貌上。

青年提高道德水准和精神风貌的途径之一就是要向榜样看齐。榜样是引领青年前行的灯塔，向榜样看齐，不仅仅是模仿他们的行为和言论，更是要深入理解他们的精神内涵和品质修养。青年要学习他们坚韧不拔、勤奋努力的精神，学习他们团结协作、无私奉献的品质。青年要学习英雄人物、先进人物、美好事物，在学习中养成好的思想品德追求。中国历史上有很多英雄故事，在中国共产党领导人民进行的革命、建设、改革事业中也涌现了大批英雄。中国特色社会主义进入新时代，各行各业都有很多值得青年学习的榜样，包括航天英雄、奥运冠军、大科学家、劳动模范、青年志愿者，还有很多助人为乐、见义勇为、诚实守信、敬业奉献、孝老爱亲的好人，等等。榜样的力量是无穷的。从革命走向建设和改革，涌现出如张思德、白求恩、焦裕禄、廖俊波等优秀榜样和时代楷模，青年要把他

---

① 《习近平谈治国理政》第1卷，外文出版社，2018年，第52—53页。

们立为心中的标杆，向他们看齐，像他们那样追求美好的思想品德和高尚的道德生活。

焦裕禄40岁被调到河南省兰考县担任县委书记，开始带领全县人民进行封沙、治水、改地的斗争，42岁因肝癌不幸病逝。他被誉为"县委书记的榜样""党的好干部""人民的好公仆"。他经常深入农村，深入农户，深入最穷最苦的地方，带领县委委员到火车站看望逃荒的灾民，在大雪封门的时候还要求县委干部走出办公室到农民家里去发现情况，解决问题。他经常一头钻进农民低矮的茅屋，坐在农民的床头，自称是农民的儿子。广为流传的是他的那把破了大窟窿的藤条椅子：每当肝疼袭来时，焦裕禄就用茶缸靠在藤椅上，紧紧地顶在痛处，时间长了，藤椅就被硬生生顶出一个大洞。

1990年7月15日，37岁的习近平创作了《念奴娇·追思焦裕禄》：

> 魂飞万里，盼归来，此水此山此地。百姓谁不爱好官？把泪焦桐成雨。生也沙丘，死也沙丘，父老生死系。暮雪朝霜，毋改英雄意气！　　依然月明如昔，思君夜夜，肝胆长如洗。路漫漫其修远矣，两袖清风来去。为官一任，造福一方，遂了平生意。绿我涓滴，会它千顷澄碧。

这首词发自肺腑、饱含深情、意境开阔、天地动容，体现了新一代中国共产党员向老一辈奉献者的真诚致敬，是继往开来者与披荆斩棘人的心灵感应和魂魄沟通，也体现了新时代青年面对漫漫征途的精神标高与榜样追求。

三、善积尺寸之功

功之论尺寸，言功之可累积。李斯在《谏逐客书》中说，"地广者粟多，国大者人众，兵强则士勇。是以泰山不让土壤，故能成其大；河海不择细流，故能就其深；王者不却众庶，故能明其德"。积沙成塔、积水成渊、集腋成裘，不积一寸便难成一尺之功。青年要有积累之意识，要有接续之精神。积累和接续分别彰显了空间之延展性和时间的持续性。尺寸之功虽然只有短短四个字，但其蕴含着唯物辩证法和唯物史观的深刻要义，具有极其丰富的哲学内涵。质量互变规律告诉我们，事物之运动变化发展皆是由量变到质变的过程。重视质变，喜欢突破，寻求跨越，固然不错，但若没有足够量变作为基础，质变不可能发生，或者这种发生只存在于想象之中。庄子有言："且夫水之积也不厚，则其负大舟也无力。覆杯水于坳堂之上，则芥为之舟，置杯焉则胶，水浅舟大也。风之积也不厚，则其负大翼也无力。故九万里则风斯在下矣，而后乃今培风；背负青天而莫之夭阏者，而后乃今将图南。"[1]中华民族复兴事业十分伟大，绝非唾手可得，强国建设也绝非一日之功，如无足够的累积，无接续的奋斗，宏伟目标恐怕难以企及。尺寸之功精神贯穿了以人民为中心的价值追求。尺寸之功本身就是人民之功，倡导尺寸之功精神，就是要大力弘扬以人民为中心的发展思想。发展为了人民是立场，发展依靠人民是方法。进入新时代，在共同富裕的道路上，需要每个人努力奋斗、接续奋斗、有效奋斗，虽然功成不必在我，但功成定当有我，因为功力必不唐捐。

（一）工匠精神

工匠原指手艺工人，《庄子·马蹄》中这样记载工匠一词："夫残朴以为器，工匠之罪也；毁道德以为仁义，圣人之过也。"[2]工匠喜欢不断雕琢产品，不断改善工艺，对细节要求高，追求完美和极致。概言之，那些专注于某一领域、针对该领域的产品研发或加工过程全身心投入，精益求

---

[1] 《庄子注疏》，郭象注，成玄英疏，曹础基等点校，中华书局，2011年，第4—5页。
[2] 《庄子注疏》，郭象注，成玄英疏，曹础基等点校，中华书局，2011年，第186页。

精、一丝不苟地完成整个工序的每一个环节的人都可以成为工匠。后来人们就把敬业、精益、专注、创新精神称为工匠精神。由此可见，工匠精神是一种职业精神，集职业道德、职业能力、职业品质于一体，是从业者的一种职业价值取向和行为表现。

大国工匠和高技能人才是高质量发展的重要推动者，是突破"卡脖子"技术瓶颈的重要贡献者。工匠精神集中体现在专和精上。2020年11月24日，习近平总书记在全国劳动模范和先进工作者表彰大会上的讲话中指出："在长期实践中，我们培育形成了爱岗敬业、争创一流、艰苦奋斗、勇于创新、淡泊名利、甘于奉献的劳模精神，崇尚劳动、热爱劳动、辛勤劳动、诚实劳动的劳动精神，执着专注、精益求精、一丝不苟、追求卓越的工匠精神。"[①]如何培养具有工匠精神的人才呢？要突出思想政治引领，加强理想信念教育、职业精神和职业素养教育，组织开展各级各类技能竞赛活动，为广大技能人才提供展示精湛技能、相互切磋技艺的平台，提升其职业荣誉感和获得感，营造学习工匠、争当工匠的社会氛围。由全国总工会和中央广播电视总台联合举办，自2018年6月开始启动的大国工匠年度人物评选，每次10人，现已举办5次。

2018年大国工匠年度人物：中国航天科技集团有限公司第一研究院首席技能专家高凤林，中车长春轨道客车股份有限公司首席焊工李万君，中国电子科技集团公司第五十四研究所高级技师夏立，国网山东省电力公司检修公司带电作业工王进，安徽省地质矿产勘查局313地质队高级工程师朱恒银，中国广核集团核燃料操作师乔素凯，中国工程物理研究院机械制造工艺研究所高级技师陈行行，潍柴动力股份有限公司首席技师王树军，中国石油集团西部钻探公司高级技师谭文

---

① 习近平：《在全国劳动模范和先进工作者表彰大会上的讲话》，人民出版社，2020年，第4页。

波，敦煌研究院修复师李云鹤。

2019年大国工匠年度人物：中国电子科技集团有限公司第十四研究所班组长胡胜，天津航天长征火箭制造有限公司总装车间特级技师崔蕴，中国一重集团有限公司锻铸钢事业部水压机锻造厂锻造班长刘伯鸣，中信重工机械股份有限公司班长杨金安，中国科学院深海科学与工程研究所工人周皓，大连船舶重工集团有限公司军品总装二部钳工班长戴振涛，一汽铸造有限公司产品技术部模具制造车间班长李凯军，福建腾晖工艺有限公司高级工艺美术师郑春辉，中国人民解放军第5713工厂工人孙红梅，浙江省海港集团、宁波舟山港集团宁波北仑第三集装箱码头有限公司桥吊班大班长竺士杰。

2021年大国工匠年度人物：湖南华菱湘潭钢铁有限公司焊接顾问艾爱国，中国航天科技集团九院7107厂数控铣工刘湘宾，中交一航局第三工程有限公司工程测量工陈兆海，中国兵器淮海工业集团有限公司十四分厂工具钳工周建民，中国航发黎明工装制造厂数控车工洪家光，北京金隅天坛家具股份有限公司龙顺成公司工艺总监刘更生，内蒙古第一机械集团有限公司焊工卢仁峰，中国航天科技集团有限公司四院7416厂班组长徐立平，广州海格通信集团股份有限公司无线电通信设计师张路明，大庆油田有限责任公司第二采油厂第六作业区48队采油工刘丽。

2022年大国工匠年度人物：航空工业哈尔滨飞机工业集团有限责任公司数控铣工秦世俊，广西汽车集团有限公司钳工郑志明，天津港集团第一港埠有限公司港口内燃装卸机械司机成卫东，中国中铁隧道局集团盾构操作工母永奇，中国航天科技集团有限公司第六研究院西安航天发动机有限公司数控车工何小虎，中国水利水电第四工程局有限公司机电安装分局桥式起重机司机田得梅，国网山东省电力公司超高压公司电气试验工冯新岩，中国商飞上海飞机制造有限公司飞机装配工周琦炜，徐工集团徐州重型机械有限公司数控车工孟维，四川广汉三星堆博物馆文物修复师郭汉中。

2023年大国工匠年度人物：汉王科技股份有限公司高级工程师彭菲，哈电集团汽轮机厂公司数控铣工、特级技师董礼涛，上海城投污水处理有限公司白龙港污水处理厂高级技师杨戌雷，中国铁建重工集团股份有限公司正高级工程师张帅坤，东方电气集团东方电机有限公司水轮机装配特级技师崔兴国，荆州文物保护中心研究馆员吴顺清，国家气象中心（中央气象台）首席预报员许映龙，南方电网云南昆明供电局变电修试所继电保护工、特级技师李辉，特变电工股份有限公司新疆变压器厂工艺技术员、特级技师张国云，金川集团铜贵有限公司贵金属冶炼工、特级技师潘从明。

2024年1月，全国总工会印发了《大国工匠人才培育工程实施办法（试行）》，计划每年培育200名左右大国工匠，示范引导各地、各行业每年积极支持培养1000名左右省部级工匠、5000名左右市级工匠，形成大国工匠带头引领，工匠人才不断涌现，广大职工积极走技能成才、技能报国之路的良好局面。

（二）危机意识

危机意识就是一种忧患意识，简言之就是居安思危、防患未然。生于忧患、死于安乐，更是直接把忧患、危机与生死联系起来。"忧患"一词最早出现于《易传·系辞下》："《易》之兴也，其于中古乎？作《易》者，其有忧患乎？"[1]同时该辞还提出了危、亡、乱三者之间的辩证法："危者，安其位者也；亡者，保其存者也；乱者，有其治者也。是故君子安而不忘

---

[1] 王弼：《周易注校释》，楼宇烈校释，中华书局，2012年，第252页。

危，存而不忘亡，治而不忘乱，是以身安而国家可保也。"[1]危机意识、忧患意识，才是促使人们不断锐意进取的巨大力量。

危机和困难从来都是存在于发展过程之中的。新时代，我国正处于一个大有可为的历史机遇期，发展形势总体是好的，大局是稳定的。但我国面临的风险也是多方面的，有外部风险，也有内部风险；有一般风险，也有重大风险。重大风险既包括国内的经济、政治、意识形态、社会风险以及来自自然界的风险，也包括国际经济、政治、军事等风险。各种威胁和挑战联动效应明显，各种矛盾风险挑战源、各类矛盾风险挑战点相互交织、相互作用。为此，青年要善于在危机和困难中捕捉和创造机遇。

准确识变是化危为机的前提。危机感就是意识到已经存在或即将发生的问题或困难的感觉。对于青年来说，尤为重要的就是要有本领恐慌的危机感。中国共产党在革命、建设、改革各个历史时期都遇到了种种艰难险阻，每个阶段事业的成功都是经过艰辛探索、艰苦奋斗取得的。可以预见，在今后的前进道路上，来自各方面的困难、风险、挑战肯定还会不断出现，关键看我们有没有克服它们、战胜它们、驾驭它们的本领。随着形势和任务不断发展，如果不抓紧增强本领，久而久之，就难以胜任当前的繁重任务。很多青年有做好工作的真诚愿望，也有干劲，但缺乏新形势下做好工作的本领，面对新情况新问题，由于不懂规律、不懂门道，缺乏知识、缺乏本领，还是习惯于用老思路老套路来应对，蛮干盲干，结果是虽然做了工作，有时做得还很辛苦，但不是不对路子，就是事与愿违，甚至搞出一些南辕北辙的事情来。青年都要有本领不够的危机感，要努力增强本领，甚至是一刻不停地增强本领。

科学应变是化危为机的关键。科学应变如何"应"，检验着是否做好

---

[1] 王弼：《周易注校释》，楼宇烈校释，中华书局，2012年，第250页。

了较长时间应对外部环境变化的各项准备。面对危机困难，要把创新发展放在突出位置。加快科技发展，推动产业优化升级，瞄准世界科技前沿，以提高发展质量和效益为中心，以支撑供给侧结构性改革为主线，把提高供给体系质量作为主攻方向，推动经济发展质量变革、效率变革、动力变革，显著增强我国经济质量优势。具体来说，就是要围绕新质生产力和高质量发展进行创新，坚定自主创新发展之路，坚持科技创新和制度创新"双轮驱动"，同时深度参与全球科技治理。

主动求变是化危为机的动力。主动性是主体的本质属性。直面问题是勇气，迎难而上是精神。人类历史告诉我们，有问题不可怕，可怕的是不敢直面问题，找不到解决问题的思路。青年要坚持有什么问题就解决什么问题，什么问题难就重点解决什么问题，什么问题突出就着力攻克什么问题。无论解决什么问题，都要综合分析、举一反三，使每项措施、每次努力取得实实在在的效果。青年要无私无畏，做到面对矛盾敢于迎难而上，面对危险敢于挺身而出，面对失误敢于承担责任。从大历史观视野看，随着经济社会不断发展壮大，遇到的阻力和压力会越来越大，青年在各自的岗位上要有下好先手棋、打好主动仗的自觉，想好了、想定了就要决断，不然就可能与历史机遇失之交臂，甚至可能付出更大代价。

（三）再坚持一下

"天行健，君子以自强不息"的生生哲学既是中华民族生生不息的写照，也是在告诉青年，要时刻永葆自强不息的意志品格，要有坚定的信念和目标，不要轻易言弃。毛泽东在《抗日游击战争的战略问题》中说："往往在敌人十分起劲自己十分困难的时候，正是敌人开始不利，自己开始有利的时候。往往有这种情形，有利的情况和主动的恢复，产生于'再坚持一下'的努力之中。"[1]

美国华盛顿山的一块岩石上立有一个标牌，告诉后来的登山者，那里曾经是一个登山者躺下死去的地方。当时这名登山者正在寻觅名叫登山小屋的庇护所，很不幸，他没有找到就倒在了距登山小屋只有100米的地方。人们都无不遗憾地说，他如果能多撑100米，或许就能活了下来，而这只是步行一分钟的时间而已。很可惜，这名登山者没能再坚持一分钟。我们在顿足惋惜的同时，或许也会对自己说一声，倒下之前请再撑一会儿，下一站就是艳阳高照。想来，胜利者往往就是那个能比别人多坚持一分钟的人，再坚持一分钟，或许就在你想放弃的前一秒，成功已经站在你的面前，微笑伸手，准备迎接你。所以，青年一定要切记，在放弃之前，一定要多做最后一次的尝试。再坚持一分钟，或许下一秒就能迎来奇迹。

"中国女足最后一分钟绝杀荷兰，用坚持创造一个奇迹"，这是2015年6月11日各大媒体上最大最醒目的一组标题，一分钟创造了一个奇迹，她们就是中国女足。6月11日，在加拿大埃德蒙顿英联邦体育场举行的第七届国际足联女足世界杯A组小组赛中，中国女足在第二场比赛中以1∶0击败荷兰队。第91分钟，久攻未果的中国队终于将优势转化为胜利，谭茹殷从中场送出精准长传，王丽思右路插上推射破网，给了对手致命一击。这是中国女足时隔8年之后的世界杯首胜，这场胜利，也为中国队小组晋级推开希望之窗。

毛毛虫蜕变成蝴蝶，是一个艰难而痛苦的过程，但它并没有因此而放弃，而是凭着坚持不懈的精神，最终赢得了美丽。蚌的壳里钻进了一粒细小的沙粒，使它不断地分泌汁液，这个过程是一种折磨，更是一种煎熬，但它并没有向困难低头，而是凭着坚持不懈的精神，一层一层地包裹

---

[1] 《毛泽东选集》第2卷，人民出版社，1991年，第412页。

着这粒细小的沙，最终孕育出了绚丽夺目的珍珠。事实证明，无论多么艰难的事情，只要你有坚持不懈的精神，你就一定会战胜困难，收获成功的硕果。太多像愚公移山、精卫填海这样的励志故事，都是告诉我们一个道理——坚持就是胜利，坚持可以让我们离成功更近。

四、投身强国伟业

韩愈在《龊龊》诗中说："大贤事业异，远抱非俗观。报国心皎洁，念时涕汍澜。"[1]青年要有远大抱负，不可同流合污；要立志为民服务，不要与民争利，不要瞎折腾。2018年5月2日，习近平总书记在北京大学师生座谈会上的讲话中给广大青年提出了爱国、励志、求真、力行的希望。爱国，不能停留在口号上，而是要把自己的理想同祖国的前途、把自己的人生同民族的命运紧密联系在一起，扎根人民，奉献国家。要励志，立鸿鹄志，做奋斗者。对新时代中国青年来说，热爱祖国是立身之本、成才之基。当代中国，爱国主义的本质就是坚持爱国和爱党、爱社会主义高度统一。新时代中国青年要听党话、跟党走，胸怀忧国忧民之心、爱国爱民之情，不断奉献祖国、奉献人民，以一生的真情投入、一辈子的顽强奋斗来体现爱国主义情怀，让爱国主义的伟大旗帜始终在心中高高飘扬！

（一）强国事业在召唤

党的二十大报告明确了全面建成社会主义现代化强国的总的战略安排，即分两步走：从2020年到2035年基本实现社会主义现代化；从2035年到本世纪中叶把我国建成富强民主文明和谐美丽的社会主义现代化强国。关于第一步，也就是这15年我国发展的总体目标是：经济实力、科

---

[1] 《韩愈诗集编年笺注》，方世举笺注，郝润华等整理，中华书局，2019年，第32页。

技实力、综合国力大幅跃升，人均国内生产总值迈上新的大台阶，达到中等发达国家水平；实现高水平科技自立自强，进入创新型国家前列；建成现代化经济体系，形成新发展格局，基本实现新型工业化、信息化、城镇化、农业现代化；基本实现国家治理体系和治理能力现代化，全过程人民民主制度更加健全，基本建成法治国家、法治政府、法治社会；建成教育强国、科技强国、人才强国、文化强国、体育强国、健康中国，国家文化软实力显著增强；人民生活更加幸福美好，居民人均可支配收入再上新台阶，中等收入群体比重明显提高，基本公共服务实现均等化，农村基本具备现代生活条件，社会保持长期稳定，人的全面发展、全体人民共同富裕取得更为明显的实质性进展；广泛形成绿色生产生活方式，碳排放达峰后稳中有降，生态环境根本好转，美丽中国目标基本实现；国家安全体系和能力全面加强，基本实现国防和军队现代化。而第二步则是在基本实现现代化的基础上继续奋斗，到本世纪中叶，把我国建设成为综合国力和国际影响力领先的社会主义现代化强国。

世上没有从天而降的英雄，只有挺身而出的凡人。强国建设的目标如此宏大，又如此让人振奋，作为青年要有报效祖国的远大志向，胸怀强烈的历史使命感和责任感，认识到自己肩负着中华民族伟大复兴的重任，自觉将个人理想与国家发展紧密结合起来，不断提升自身素质和能力，勇于担当和奉献。

强国事业在向青年招手。青年要有远大的抱负和追求，这个远大抱负，不能停留在当多大的官、赚多少的钱上面，而是要将个人抱负放到强国建设的伟大事业中，因为这是关乎社会进步、民族发展的重大课题。青年应该将自己的个人理想与国家的发展、民族的复兴紧密相连，投身于科学研究、技术创新、文化艺术、社会服务等领域，为推动中国式现代化贡献自己的力量。习近平总书记指出："无数人生成功的事实表明，青年时代，选择吃苦也就选择了收获，选择奉献也就选择了高尚。青年时期多经历一点摔打、挫折、考验，有利于走好一生的路。"①因此，青年要历练宠辱不惊的心理素质，坚定百折不挠的进取意志，保持乐观向上的精神状态，化压力为动力，变挫折为勇气，用从挫折中吸取的教训启迪人生，使人生获得升华和超越。

（二）中华儿女天行健

"自强不息、厚德载物"是清华大学的校训。这句话出自《周易》之《乾》《坤》两卦《大象传》："天行健，君子以自强不息"和"地势坤，君子以厚德载物"。校训是1914年11月梁启超应邀来清华作题为"君子"的演讲中提出的。梁启超指出："周易六十四卦，言君子者凡五十三，乾坤二卦所云尤为提要钩元。"②也就是说《周易》中多处谈及君子，但唯有《乾》《坤》二卦所论最为简要。对于《乾·象》，他重点解释"自强"二字。学者需要立大志，勉强向学，坚忍强毅，克服一切学问道路中的困难，面对一切外在的诱惑与障碍。真正的"强"是战胜私欲，战胜自己人性中的弱点。对于《坤·象》，他突出"自厚"的意思，依据《论语》"躬自厚而薄责于人"之说，认为君子首先应勤于反省自律，略于责怪他人。"自厚"的根本在于容己之德才，不因自己在德才、名利上占据优势而侮慢乃至讥讽他人。"自厚"的君子之风自然影响他人，促成敦厚的社会风俗。最后，他特意强调："纵观四万万同胞，得安居乐业，教养其子若弟者几何人？读书子弟能得良师益友之薰陶者几何人？清华学子，荟中西之鸿儒，集四方之俊秀，为师为友，相蹉相磨，他年遨游海外，吸收新文明，改良我社会，促进我政治，所谓君子人者，非清华学子，行将焉属？虽然，君子之德风，小人之德草，今日之清华学子，将来即为社会之表率，语默作止，皆为国民所仿效，设或不慎，坏习惯之传行急如暴雨，则

---

① 《十八大以来重要文献选编》（上），中央文献出版社，2014年，第282页。
② 《梁启超全集》第15集，中国人民大学出版社，2018年，第93页。

大事偾矣。深愿及此时机，崇德修学，勉为真君子，异日出膺大任，足以挽既倒之狂澜，作中流之砥柱，则民国幸甚矣。"①

中华优秀传统文化源远流长、博大精深，是中华文明的智慧结晶，其中蕴含的天下为公、民为邦本、为政以德、革故鼎新、任人唯贤、天人合一、自强不息、厚德载物、讲信修睦、亲仁善邻等，是中国人民在长期生产生活中积累的宇宙观、天下观、社会观、道德观的重要体现。中华儿女都要做到"天行健"。"天行健"就是意味着要像天空一样自强不息、永不停歇地追求进步和提高。对于中华儿女来说，做到"天行健"不仅是一种责任和义务，更是一种信仰和追求。自古以来，中华民族就强调个人的自我修养和不断进取的精神。其中，"天行健"这一词汇，更是成为了代表中华民族精神的重要象征。在投身强国建设的伟业中，青年不仅体现在个人的奋斗与拼搏上，更体现在整个民族的团结与奋进上。面对各种挑战，中华民族始终团结一心，众志成城，展现出强大的凝聚力和战斗力。这种精神力量，是中华民族生生不息、繁荣昌盛的重要支撑。中国特色社会主义进入新时代，青年站在新的历史起点上，面临着前所未有的机遇与挑战，因此要继续发扬自强不息、勇往直前的精神，为实现中华民族伟大复兴的中国梦而努力奋斗，为谱写中国式现代化新篇章而携手共进。

（三）人生出彩在今朝

毛泽东《沁园春·雪》中一句"数风流人物，还看今朝"，以自信雄健、豪气干云的语言，抒发了在中国共产党的领导下，全国人民团结一心、建立抗日民族统一战线，定能取得抗战胜利的坚定信念，以及洋溢在心中的胜利喜悦。习近平同志在十二届全国人大一次会议上的讲话中指出："中国梦是民族的梦，也是每个中国人的梦。只要我们紧密团结，万

---

① 《梁启超全集》第15集，中国人民大学出版社，2018年，第94页。

众一心，为实现共同梦想而奋斗，实现梦想的力量就无比强大，我们每个人为实现自己梦想的努力就拥有广阔的空间。生活在我们伟大祖国和伟大时代的中国人民，共同享有人生出彩的机会，共同享有梦想成真的机会，共同享有同祖国和时代一起成长与进步的机会。"[1]这里以恢宏的画卷展现了新时代的青年投身强国事业现在和未来的场景。

有梦想，有机会，有奋斗，一切美好的东西都能够创造出来。1917年，高尔基在写给罗曼·罗兰的信中说："我们的目的是要鼓舞青年热爱生活，对生活满怀信心。我们要在人们身上培养英雄主义精神。必须使每一个人明白：他是世界的创造者和主人，他对地球上的一切不幸负有责任，而争取生活中的一切美好事物的荣誉，也都是属于他的。"[2]当青年主体性建立起来的时候，也就是青年真正成为创造世界的主人的时候。

人生出彩不仅体现为物质上的富足和成功，更体现为精神上的追求和成长。青年应该注重自我修养和内在素质的提升，不断充实自己的知识和技能，开拓自己的视野和思维。这是青年能够在激烈的竞争中脱颖而出、实现自己人生价值的必经阶段。青年也要看到人生出彩需要付出努力和汗水。成功不是一蹴而就的，需要经历无数的磨难和挫折。青年需要有坚韧不拔的毅力和不屈不挠的精神，勇于面对困难和挑战，不断超越自我，才能够实现自己的人生目标。

青年要认识到，社会主义是干出来的，新时代是奋斗出来的。强国建设需要每个人脚踏实地地奋斗。青年要努力在平凡的岗位上创造出不平凡的业绩，以实际行动诠释中华民族具有的伟大创造精神、伟大奋斗精神、伟大团结精神、伟大梦想精神。

人民是历史的创造者，青年是主力军。青年要加强政治理论学习，加强党史、新中国史、改革开放史、社会主义发展史、中华民族发展史学

---

[1] 《习近平谈治国理政》第1卷，外文出版社，2018年，第40页。
[2] 《高尔基论青年》，中国青年出版社，1956年，第3页。

习，自觉做中国特色社会主义的坚定信仰者、忠实实践者。青年要发扬优良传统，承担历史使命，把党和国家确定的奋斗目标作为自己的人生目标，以民族复兴为己任，自觉把人生理想、家庭幸福融入国家富强、民族复兴的伟业之中，做新时代的追梦人。青年要立足党和国家各项事业发展全局，增强历史使命感和责任感，深刻认识到国家好、民族好大家才会好，正确处理个人和集体、当前和长远、局部和整体的利益关系，自觉维护大局、服务大局。

五、自信赢得未来

价值观念是人们关于基本价值的信念、信仰、理想等的系统。这里的人们，具体来说就是本书中的青年，就是价值观念的主体。依据价值观念的结构和体系，主体的自我意识是首要的，其次才涉及关于社会秩序、社会规范、社会实践、价值认定等诸方面。自信是主体自我定位的基础和条件。自信对于青年来说尤为重要。自信是青年迈向成功的第一步，它来源于对自己能力的肯定，对未来发展的乐观预期。青年如同航行在广阔海洋上的船只，自信就是青年心中的指南针，引导青年乘风破浪、勇毅前行。一个自信的青年，会勇敢地接受挑战，不畏困难，不怕失败。他们知道，每一次的尝试都是一次学习的机会，每一次的失败都是通往成功的铺路石。他们敢于梦想，敢于实践，因为他们相信，只要努力，就一定能够实现自己的目标。

（一）有志气

志存高远是成就伟业的不竭动力，也是目标导向的科学内涵。古人说，志不立则天下无可成之事，又言，志不强者智不达，说的就是这个道理。现在的青少年绝大多数在不愁吃穿的环境中长大，培养青年的责任感、坚强意志、吃苦耐劳精神需要比过去付出更多努力。青年要明白，无论任何时候奋斗精神都不能丢，鸿鹄之志不能丢，要想创造出彩人生，就必须树立高远志向，做奋斗者，历练敢于担当、不懈奋斗的精神，涵养勇于奋斗的精神状态、乐观向上的人生态度，以行求知，以知促行，真正做到知行合一。

新中国成立后，党中央高度重视科学技术，特别是尖端武器的发展，不断提出新任务和新目标。1964年10月16日，西北戈壁滩上的第一朵蘑菇状烟云，标志着我国在核武器研制方面已经取得了重大突破。随后不久毛泽东又指示："原子弹要有，氢弹也要快，管他什么国，管他什么弹。原子弹、氢弹我们都要超过他们。"[①]周恩来要求二机部集中力量搞好氢弹的理论研究，提出加快氢弹研制的计划。聂荣臻同有关方面研究以后，确定力争在1968年进行氢弹装置爆炸试验。1965年5月，聂荣臻召集国防科委、二机部等单位的有关同志，研究氢弹试验的准备工作，强调研究氢弹要像研制原子弹那样，坚定不移地走自己的路。1967年6月17日上午8点20分，由徐克江机组驾驶的轰六甲型战机在新疆罗布泊上空投下一个降落伞。伴随着一声巨响，中国第一颗氢弹空投爆炸试验成功。从第一颗原子弹试验成功到第一颗氢弹试验成功，我国只用了2年8个月。

中国氢弹之父于敏当时就是一位有志气的青年。

在于敏35岁那年，钱三强找他谈话，让他转行，加入氢弹原理研究。在原子弹的研制上，苏联本来是援助中国的，但是研究到一半，中苏之间有了矛盾，苏联将所有专家撤走，一张图纸都不留。此刻的中国正站在危险的边缘，不只有美国苏联这样的大国在虎视眈眈，更有原子弹和氢弹这样的核武器在威胁。杜鲁门和艾森豪威尔都赤裸裸

---

① 《聂荣臻军事文选》，解放军出版社，1992年，第531页。

地说,不能让中国搞氢弹,在中美关系一度紧张的情况下,美国竟然派军舰带着核武器到我国近海来示威。于敏正是在这样一个时间点,接到了这样一次谈话,他清楚即将压在身上的担子有多重,35岁的于敏说:"是可忍孰不可忍,我过去学的东西都可以抛掉,一定要全力以赴搞出来!"[①]虽然搞氢弹牵扯到科学技术、工程各个方面,也会涉及很多学科,而且也不符合他的兴趣,但是,此刻在于敏的心中,爱国主义压过一切,他不在乎过去创造的成绩和荣誉,也不考虑兴趣爱好,他知道,国家利益高于一切。他后来曾在一篇回忆录中写道:"这次变化、改变、决定了我的一生。三十年中,我一直深入实际,昼夜思虑,全力以赴。中华民族不欺侮旁人,也决不受旁人欺侮,核武器是一种保障手段。这种朴素民族感情、爱国思想一直是我的精神动力。"[②]

于敏朴实无华的语言,却字字落地有声,他放弃了在原子核理论研究上的巅峰成绩,带着一颗科学救国的赤子心,投身氢弹零起步的理论研究,造就自信中的志气。

(二)有骨气

骨气是一种内在的力量,源于对祖国的热爱,对民族的自豪,对文化的传承。青年要将这种骨气融入日常的工作、学习和生活中,让它成为青年前行的动力,成为青年克服困难的支撑。鲁迅恨透了对他造谣诬蔑的文化特务,厌恶甘当帮闲的苍蝇蚊子,他说:"要骂就骂吧,我就是硬骨头,骂不倒我;我就是要用杂文同他们战斗。"[③]毛泽东评价鲁迅说:"鲁迅的骨

---

① 孟红:《愿将一生献宏谋——记共和国勋章获得者于敏》,《党史文汇》2023年第5期。
② 郑绍唐:《氢弹功勋 于敏传略》,《现代物理知识》2015年第1期。
③ 孙淑、汤淑敏主编《瞿秋白与他的同时代人》,南京大学出版社,1999年,第336页。

头是最硬的,他没有丝毫的奴颜和媚骨。这是殖民地半殖民地人民最宝贵的性格。鲁迅是在文化战线上,代表全民族的大多数,向着敌人冲锋陷阵的最正确、最勇敢、最坚决、最忠实、最热忱的空前的民族英雄。鲁迅的方向,就是中华民族新文化的方向。"①

闻一多在重新阅读鲁迅的作品后,看到了鲁迅的伟大人格和硬骨头。这时,他想起自己年轻时,虽然也计划在文学活动上争取鲁迅的支持,在鲁迅逝世时也参加过追悼会表示哀悼,但是后来却走上了与鲁迅不同的道路。为此,他感到深深的内疚。1944年在鲁迅逝世8周年纪念会上,闻一多说:"从前我们在北平骂鲁迅,看不起他,说他是海派,现在,我们要向他忏悔,我们骂错了。鲁迅对,我们错了,海派为什么就要不得?我们要清高,清高弄到国家这步田地。当时如果我们都有鲁迅那样的骨头,那怕只有一点,中国也不至于这样了。"②

鲁迅去世前半年在给曹白的信中写道:"人生现在实在苦痛,但我们总要战取光明,即使自己遇不到,也可以留给后来的。"③两个月后,宋庆龄特地写信慰问鲁迅,但鲁迅以抱病之躯在有限的时间里加紧工作。据许广平回忆:"或者知道病入膏肓,无法挽救,索性在有限的光阴中,加紧工作,因而对工作和病体,都采取战斗式的罢。我时常替他到医生处取药,或因事外出,回来后,多晓得他曾偷偷地做工,而在我的预定回家时间前停止。使一面达到自己目的,一面免我责劝,这样的精神是可怕的,而且后来连病中预计的夜间休息也不大做得到,拿起笔来了。我说,你不是夜里不打算做事了吗?他说,做一些些。后来就连睡眠的时间也延迟了。一个战士的爱惜身躯,是如

---

① 《毛泽东选集》第2卷,人民出版社,1991年,第698页。
② 《闻一多纪念文集》,生活·读书·新知三联书店,1980年,第412页。
③ 《鲁迅全集》第14卷,人民文学出版社,2005年,第57页。

同爱惜子弹一样的，然而勇敢的战士当负伤时，却是仍然力疾起来，不惜最后的极力掷出手榴弹。"①到了当年9月5日，鲁迅先生预感到死亡或许将要来临，提笔写下了《死》。一个多月后鲁迅先生病逝了，这篇《死》也就被视为鲁迅先生的遗言。在《死》中，鲁迅重点交代了七件事："一，不得因为丧事，收受任何人的一文钱。——但老朋友的，不在此例。二，赶快收殓，埋掉，拉倒。三，不要做任何关于纪念的事情。四，忘记我，管自己生活。——倘不，那就真是胡涂虫。五，孩子长大，倘无才能，可寻点小事情过活，万不可去做空头文学家或美术家。六，别人应许给你的事物，不可当真。七，损着别人的牙眼，却反对报复，主张宽容的人，万勿和他接近。"②鲁迅坦荡的一生再次彰显了他的傲骨。

向死而生、临终体验，都能够让一个人在无限接近死亡时，更为深切地体会生的意义，从而更为坚强地直面死亡，进而摆脱对死亡的焦虑和生活的琐碎。鲁迅的一生是反抗的一生、是战斗的一生，不惧权势、不畏死亡。瞿秋白把鲁迅精神概括为"韧"的战斗，这是对鲁迅向旧势力斗争的精神特征的高度凝练。鲁迅不愧是中华民族的脊梁，他那"韧"的战斗代表着中华民族的一种硬骨头精神。青年要树牢世界观、人生观、价值观，做有韧劲、有骨气的人，一个脊梁不直、心理扭曲的人，做人就没有骨气，做事就没有硬气，而这种脊梁、这种骨气从根本上讲不能完全靠外部约束，而要靠自觉自律。

（三）有底气

人无底气浑身无力。底气来自于对自我价值的认同和自信，来自于对

---

① 许广平：《欣慰的纪念》，人民文学出版社，1981年，第175—176页。
② 《鲁迅全集》第6卷，人民文学出版社，2005年，第635页。

国家和民族的认同感和责任感，来自于对世界的认知和开放的心态。习近平总书记指出，要"教育引导群众特别是青少年更好认识和认同中华文明，增强做中国人的志气、骨气、底气"①。对中华文明的深度认同，需要有对中华文明的深刻认识，特别是要有对中华文明的优秀品质、历史作用、重大贡献，以及中华文明对人类文明新形态实践意义的深刻认识。

中华民族拥有5000多年的悠久历史和灿烂文化，中华优秀传统文化是我们民族的根和魂，也是中国人自信的底气。文化自信是自我认同的基础，对文化的认同是"自我认同"的重要内容。一个青年如果在文化上不自信，妄自菲薄，而倾向于对别的强势文化进行认同，那么就等于放弃了"自我"和"自我"价值，也就失去了"主体性"。而这种文化"主体性"缺失的现象在青年中表现得相当普遍。日常可以看到一些司空见惯的现象，比如一件在中国制造的商品，如果在国内卖，值不了多少钱，但如果"出口转内销"，以国外品牌的面目摆放在货架上，则会身价倍增。其中的原因就在于，人们的消费在很大程度上看重的不是商品的使用价值，而是它的社会价值。

推动经济社会高质量发展，关键是培育新质生产力。新质生产力作为先进生产力的具体体现形式，是马克思主义生产力理论的中国创新和实践，是科技创新交叉融合突破所产生的根本性成果。坚持用先进科学技术启智赋能，在实践锤炼中厚植做中国人的底气。青年要树牢科技报国志，刻苦学习钻研，勇攀科学高峰，在推进强国建设、民族复兴伟业中绽放青春光彩。当今时代，科技创新日新月异，知识更新周期加快，深刻影响着人类社会的生产生活。作为强国复兴的生力军，青年是抢占世界科技竞争和未来发展制高点的有生力量，是实现中国梦的重要力量。青年要走出校园"象牙塔"，走进社会"大课堂"，投身高质量发展"主战场"，致力于

---

① 习近平：《把中国文明历史研究引向深入 增强历史自觉坚定文化自信》，《求是》2022年第14期。

研究和解决世界科技前沿、国家重大战略需求等真命题，坚持知行合一、学以致用，努力把论文写在祖国大地上。

底气不是与生俱来的，要经受严格的思想淬炼、政治历练、实践锻炼，在复杂严峻的斗争中经风雨、见世面、壮筋骨，才能真正锻造成为烈火真金。青年要学懂弄通做实党的创新理论，掌握马克思主义立场观点方法，夯实敢于斗争、善于斗争的思想根基，理论上清醒，政治上才能坚定，斗争起来才有底气、才有力量。为此，青年要坚持在重大斗争中磨砺，越是困难大、矛盾多的地方，越是形势严峻、情况复杂的时候，越能练胆魄、磨意志、长才干。与此同时，青年要主动投身到各种斗争中去，在大是大非面前敢于亮剑，在矛盾冲突面前敢于迎难而上，在危机困难面前敢于挺身而出，在歪风邪气面前敢于坚决斗争，以自信充盈着志气、骨气、底气。

第四章
养成积极健康的心态

要把文化自信融入全民族的精神气质与文化品格中，养成昂扬向上的风貌和理性平和的心态。[①]

——2023年6月2日，习近平总记在文化传承发展座谈会上的讲话

[①] 习近平：《在文化传承发展座谈会上的讲话》，《求是》2023年第17期。

在青年这一主体的内心世界中，既有生存发展的欲望，也有追求真善美的希望，还有知情意统一的期望。"实践是以一定知识和创造性思维为基础、被一定欲望和情感所驱动、受一定意志所支配的人的有目的的改造世界的活动，实践本身就体现了人的主体性。"[1]这里的心态属于知情意的"情"和"意"。马克思曾经说过，一个人应该：活泼而守纪律，天真而不幼稚，勇敢而不鲁莽，倔强而有原则，热情而不冲动，乐观而不盲目。这就是青年应该具有的健康心态。心态是心理状态的简称，包括情感（心境和激情）、注意（集中性和分心）、意志（信心和无信心）、思维（疑难）等方面的表现。这一概念说明心理事实是相对稳定性的东西。有人将心理状态分为无意识状态、朦胧状态、觉醒状态、注意状态、弥漫状态、矛盾状态、紧张状态、应激状态等。也有人把青年的内心世界分为性心理、社交心理、择偶心理、失恋心理、婚姻心理、情绪心理、挫折心理、性格心理、思维心理、意志心理、创造心理、品德心理、审美心理、变态心理、犯罪心理、性别差异心理等。笔者这里把心态简单划分为积极健康心态和不健康心态。青年要养成积极健康的心态，同时克服和摒弃不健康的心态。积极健康的心态能够让人在面对困难和挑战时保持乐观和坚毅，对可能出现的结果能够从容应对，是青年成长成才成功的必由之路和基础条件。对于青年来说，积极健康的心态尤为重要。青年时期是人生观和价值观形成的关键时期，积极健康的心态可以帮助青年更好地认识自己、理解世界，积极向上、健康向上的人生观和价值观是青年个人成长和社会发展的重要因素。在面对工作和生活中的挑战时，积极健康的心态可以让青

---

[1] 萧前等：《唯物主义的现代形态：实践唯物主义研究》，中国人民大学出版社，2012年，第1页。

年更加专注、更加投入，从而更好地完成任务，还可以激发青年的创造力，让他们在面对问题时能够提出更加新颖、更加有创意的解决方案；同时，积极健康的心态可以帮助青年更好地调节自己的情绪，避免过度焦虑和抑郁等心理问题，增强青年的心理韧性，在面对挫折和失败时能够更快地恢复过来。具体说来，养成积极健康的心态，就是要拥有革命乐观主义精神，要有向上向善心态，要培养劳动之自觉，要常怀感恩之心，要致良知。

一、革命乐观主义精神

革命乐观主义精神是革命者对革命的前途充满信心、对前进路上的障碍坦然面对并持续精进的风貌。革命乐观主义精神是一种积极向上的生活态度和精神追求。这种精神和态度源于对革命事业的历史必然性的深刻把握。在面对无法避免的困难和挑战时，革命乐观主义精神能够帮助人保持平静和乐观的心态，让人相信未来是充满希望和机遇的，只要不断努力，就一定能够实现自己的梦想，从而更有信心和勇气去克服困难，实现自己的人生价值。古往今来，凡胸怀大志、目标笃实者，虽身处困境险境甚至绝境，依然能泰然处之，积极应对，绝不退缩。

（一）面对挫折不气馁

俗话说，未曾清贫难成人，不经打击老天真。自古英雄出炼狱，从来富贵入凡尘。痛苦之于人生的重要性已经是老生常谈，但痛苦的价值和意义认识得越早，对于个人成长的正向力便越大。痛苦不会长久，正如幸福感并非永恒，关键在于坚持，坚韧不拔之志至关重要，为了理想坚持不懈，才能创造无愧于时代的人生。

曾被马克·吐温称为19世纪两个了不起的人物之一的海伦·凯勒，

面对挫折并战胜挫折，是青年的榜样。她的乐观使她在遭遇任何痛苦的时候，都能感知到主宰宇宙的力量——"善"正在包围着她。

海伦·凯勒出生后19个月便患上了猩红热，重病夺走了她的听力和视力，同时嘴巴也发不出声音来。这聋、哑、盲其中之一被任何人碰到都会自怨自艾，但她并没有埋怨自己的命苦，凭借出众的禀赋和安妮·苏利文老师的教导，从7岁开始，经过几年的努力，她学会了读书和说话，学会了英、法、德、拉丁、希腊5种文字，完成了大学课程。她24岁大学毕业后主要从事写作和演讲，走遍美国各地，以及世界很多国家，为聋盲人的教育和福利事业奔波和呼吁。活了88岁、经历两个世纪的海伦·凯勒在纽约病逝，没有留下遗嘱。一位曾受海伦·凯勒精神鼓舞从事残疾人运动的人，为表达对海伦·凯勒的怀念和感激，拿出一半的钱捐给海伦·凯勒慈善基金会，并向社会征集海伦·凯勒遗嘱。来自世界各地的一万多份"遗嘱"中，有一份被加州以法律的形式定为海伦在加州留下的遗嘱，从而成为世界上第一份以投票的方式确定下来的遗嘱。这份遗嘱中有几句话是这样说的："在这个世界上，只有那些从不幸中崛起的人，才配得上命运的垂青和馈赠，也只有他们才真正和命运会过面；至于遭受点打击，就一蹶不振的人，他们根本就没有命运。他们所拥有的，只不过是几个小小的不幸而已。"[1]

在俄罗斯的历史长河中，乃至在人类历史中，列宁的名字都如同一颗耀眼的星辰，不仅因为他的政治成就，更因为他那不屈不挠的革命精神和对理想的坚定追求。

---

[1] 刘燕敏：《海伦·凯勒的"遗嘱"》，《才智》2007年第11期。

列宁的父亲是一名教育家，母亲是一名医生，他的一生是对抗压迫、追求自由而不懈斗争的一生。列宁走上革命之路，是从他对专制制度的憎恨和对被压迫者的同情开始的。他的哥哥因参与刺杀沙皇而被处决，这一事件深深地影响了列宁，激发了他对社会不公的反思和对革命的渴望。他开始研读马克思主义著作，逐渐确立了自己的政治立场。在喀山大学法律系学习期间，列宁积极参与反对专制制度的学生运动，因此被学校开除并遭到逮捕。这段经历并没有打击他的意志，反而更加坚定了他的革命信念。1900年，流放结束后的列宁转赴西欧，他在德国创办了《火星报》，这是俄国社会民主工党的第一张机关报。通过这一平台，列宁传播马克思主义理论，批评俄国工人运动中的民粹主义，为俄国的社会主义运动注入了新的活力。1903年，俄国社会民主工党的分裂为列宁主义的形成提供了契机。列宁领导的布尔什维克主张无产阶级在民主革命中的领导权，以列宁命名的列宁主义，对俄国乃至世界社会主义运动产生了深远的影响。1917年，列宁领导的十月革命，成功推翻了沙皇政府，建立了苏维埃政权。这一伟大的历史性变革，不仅改变了俄国及俄国人民的命运，也为世界社会主义运动开辟了新的道路，提供了新的选择。

毛泽东一生遭遇无数惊涛骇浪，但他却始终能够从容应对，化险为夷。

1927年秋收起义遭遇挫折后，毛泽东在湖南浏阳文家市里仁学校操场上向全师指战员宣布改变行动方向的决定，并满怀信心地说："现代中国革命没有枪杆子不行，有枪杆子才能打倒反动派。这次武装起义受了挫折，算不了什么！胜败乃兵家之常事。我们当前力量还小，还不能去攻打敌人重兵把守的大城市，应当先到敌人统治薄弱的农村，去保存力量，发动农民革命。我们现在好比一块小石头，蒋介石反动派好比一口大水缸，但总有一天，我们这块小石头，一定要打烂蒋介石那口大水缸！"①毛泽东的讲话有效鼓舞了刚刚受挫的起义将士。

1935年1月至5月，在国民党军10倍于红军的情况下，毛泽东四渡赤水，巧妙地指挥红军在国民党重兵围堵之间穿插迂回，彻底粉碎了蒋介石企图围歼红军于川黔滇边境的计划，红军取得了战略转移中具有决定意义的重大胜利。

长征时期，毛泽东创作了《十六字令三首》《忆秦娥·娄山关》《七律·长征》《念奴娇·昆仑》《清平乐·六盘山》《六言诗·给彭德怀同志》等多首诗词，其中的"雄关漫道真如铁，而今迈步从头越"，"红军不怕远征难，万水千山只等闲。五岭逶迤腾细浪，乌蒙磅礴走泥丸。金沙水拍云崖暖，大渡桥横铁索寒。更喜岷山千里雪，三军过后尽开颜"等都充满热情、执着、坚毅的革命乐观主义精神，对长征中的红军指战员起到了巨大的鼓舞激励作用。

珍爱生命，在任何时候都不灰心丧气。陀思妥耶夫斯基面对暴政和死亡，没有丝毫怯懦和苟且偷生，而是始终保持革命乐观主义精神，即便与小偷和杀人犯同处4年，依然不改初衷。

1849年春天，陀思妥耶夫斯基被捕后进行了为期四个月的隔离审查，随后是持续一个半月的审讯，最后被判处死刑。尽管沙皇尼古拉一世3天后将判决改为在西伯利亚做4年苦役和数年兵役，但陀思妥耶夫斯基并不知情，直到行刑前的那一刻才被告知获得赦免。在获

---

① 金冲及主编《毛泽东传（1893—1949）》，中央文献出版社，2004年，第159页。

释的那天晚上他给哥哥米哈伊写信："我的哥哥,我并未感到灰心丧气。生命无处不在。生命在我们自身之中而不是在我们自身之外。在我的旁边还有人们,重要的是,无论多么不幸,都不要绝望,不要倒下——这就是生活的目标,这就是它的目的。我现在认识到了这一点。这种思想已经进入到我的肉体和血液之中……生命是一个礼物;生命是幸福,它的每一分钟都可能是永恒的幸福。哥哥,我向你发誓,我不会丧失希望,我将保持我的精神和心灵的纯粹。"[1]

人类的美好理想,从来都不是唾手可得的,从来都需要筚路蓝缕的艰苦奋斗。中华民族数千年的传承靠的就是这种顽强拼搏、自强不息的奋斗精神、自我牺牲精神。2016年12月7日,习近平总书记在全国高校思想政治工作会议上的讲话中指出:"把远大志向变成现实,既要求得到真学问、练就真本领,又要有锲而不舍、自强不息的奋斗精神,从一点一滴做起。"[2]没有一番寒彻骨,哪得梅花扑鼻香。青年面对挫折不要退缩,要敢于闯出新路、创造新业,不断开辟事业发展新天地。如今挫折对于青年成长的意义,特别是生活条件越来越优渥的独生子女这一代,越来越得到认同,近年来很多高校在毕业典礼上也把关键词从"理想""期望"变成了"打击"和"挫折",这就显得更加客观,更为科学。

(二)敢于善于斗争

《说文解字》释"敢"为"进取也"。星云大师曾撰文《敢,很重要》,他回想自己的一生,生于贫寒,长于战乱,之所以能对佛教对人间有一点儿作为,正是因为在"敢"的驱使下,言所当言,为所当为。同样是血肉之躯,有些人虽然平凡低微,却能成就丰功伟业,彪炳人寰;有些人尽管

---

[1] 安德森:《陀思妥耶夫斯基》,马寅卯译,中华书局,2014年,第29页。
[2] 《习近平著作选读》第1卷,人民出版社,2023年,第543页。

资源丰富，却显得千头万绪，一筹莫展。究其缘由，他认为，敢是最关键的因素之一，"敢，才有力量，才会成功"①。孙中山敢于向专制的清政府挑战，最终建立民国；黄花岗七十二烈士敢于牺牲，终于诞生了民国。新时代青年要为了公平正义，在金钱、名利、刀枪之前敢于说不。党的二十大报告指出："全党同志务必不忘初心、牢记使命，务必谦虚谨慎、艰苦奋斗，务必敢于斗争、善于斗争。"②这"三个务必"是新时代新征程青年必须遵循的重要原则和基本工作方法。

中国共产党的百年历史就是在斗争中成长和壮大起来的历史，斗争精神贯穿于革命、建设和改革的各个时期。1942年3月30日，毛泽东在中央学习组会议上发表题为《如何研究中共党史》的讲话，明确指出："研究中共党史，应该以中国做中心，把屁股坐在中国身上。世界的资本主义、社会主义，我们也必须研究，但是要和研究中共党史的关系弄清楚，就是要看你的屁股坐在哪一边，如果是完全坐在外国那边去就不是研究中共党史了。我们研究中国就要拿中国做中心，要坐在中国的身上研究世界的东西。我们有些同志有一个毛病，就是一切以外国为中心，作留声机，机械地生吞活剥地把外国的东西搬到中国来，不研究中国的特点。不研究中国的特点，而去搬外国的东西，就不能解决中国的问题。如果不研究中国共产党的历史的发展，党的思想斗争和政治斗争，我们的研究就不会有结果。"③可以说，如果不从党的思想斗争和政治斗争来分析中国共产党的历史发展，就难以得出令人信服的、科学的结论。这是具有方法论意义的重大论断，也是抓主要矛盾和矛盾的主要方面的具体运用。

近代以来，在列强侵略下，民族危在旦夕，中国共产党就是在这种使命感召下诞生的，并自诞生之日起不断进行反帝反封建的斗争，正是敢于

---

① 星云大师：《放下：快乐之道》，中华书局，2010年，第130页。
② 《习近平著作选读》第1卷，人民出版社，2023年，第2页。
③ 《毛泽东文集》第2卷，人民出版社，1993年，第407页。

斗争和善于斗争才取得了新民主主义革命的伟大胜利。在敌强我弱、力量对比悬殊的情况下，党和人民以不惧强权压迫、不惧威胁挑战，始终以敢于斗争的气概和巨大的斗争勇气将革命进行到底。毛泽东在《论持久战》中说："战争力量的优劣本身，固然是决定主动或被动的客观基础，但还不是主动或被动的现实事物，必待经过斗争，经过主观能力的竞赛，方才出现事实上的主动或被动。在斗争中，由于主观指导的正确或错误，可以化劣势为优势，化被动为主动；也可以化优势为劣势，化主动为被动。"① 正如1965年5月毛泽东作《水调歌头·重上井冈山》中所说，因"久有凌云志"，故"可上九天揽月，可下五洋捉鳖"，这种敢同恶鬼争高下、不向霸王让寸分的英雄气概，是何等壮观，又是何等精神！

有人反对或持不同意见并不是坏事，这是极具辩证思维的认知。早在1939年5月，毛泽东就指出被敌人反对是好事而不是坏事，他说："我认为，对我们来说，一个人，一个党，一个军队，或者一个学校，如若不被敌人反对，那就不好了，那一定是同敌人同流合污了。如若被敌人反对，那就好了，那就证明我们同敌人划清界线了。如若敌人起劲地反对我们，把我们说得一塌糊涂，一无是处，那就更好了，那就证明我们不但同敌人划清了界线，而且证明我们的工作是很有成绩的了。"② 这其中存在着沟通是否畅通的问题，存在着是否善于将主观与客观结合起来的问题，等等。一些人身处重要岗位、关键部门却尸位素餐、不作为，原因很多，其中主观上有个重要的问题就是怕得罪人，担心做得多错得多，害怕别人提出反对意见，这种恐慌是不自信的表现。

在面对世界百年未有之大变局和中华民族伟大复兴的战略全局这样充满变革和机遇的时代，有反对声有异议是正常的，异口同声反而是可疑的。作为挑大梁的主体，青年要有这个意识，更要有这个自觉，那就是敢于直面

---

① 《毛泽东选集》第2卷，人民出版社，1991年，第491页。
② 《毛泽东著作选读（甲种本）》，人民出版社，1965年，第115页。

问题，不怕困难，不畏挫折，勇往直前，锤炼敢于斗争和善于斗争的意志品格，唯此，方能在新时代人生的道路上越走越宽广，越挫越勇毅。

（三）坚定必胜之信心

"星星之火，可以燎原"这一著名论断，就鲜明地揭示了中国革命的必然趋势和客观规律，既体现革命者坚定必胜之信心，同时也教育一代代革命者要坚定必胜的信念，对前进方向不动摇。坚定必胜之信心是一种无畏的力量，是推动社会进步的重要动力。历史发展反复证明，青年有着炽热的激情和坚定的信念，对于未来的挑战充满信心和决心，这也就必然决定着国家和民族的发展走向。

> 在中国革命史上，毛泽东一家为革命牺牲过6位亲人；徐海东家族有70多人牺牲；何长工为革命牺牲了家人及同族亲人40余人；贺龙宗亲有名有姓的烈士就有2050人；红一方面军的开国上将韦国清的220多位亲人族人牺牲；红四方面军的开国大将王树声全族全村317个青壮男女皆参加革命，新中国成立后只剩3人；红二方面军的任弼时家族有47位烈士……据不完全统计，从1927年蒋介石发动"四一二"反革命政变到1928年上半年，被国民党反动派杀害的共产党员和革命群众就达31万多人；在土地革命时期，红军由长征前的39万多人减少到长征后的不足3万人；在抗日战争时期，中国军民伤亡3500万人以上；在解放战争中，我军民共牺牲上百万人。从1921年到1949年，英勇牺牲的有名有姓的共产党员多达370多万人，比新中国成立时300万党员总数还多。正是因为有着一颗必胜之心，支撑着革命的火种传播下去，最后取得伟大的胜利。
>
> 年仅26岁的《挺进报》特支书记陈然被捕后受尽种种酷刑和死亡威

胁，但都始终大义凛然，从不屈服，视死如归。1948年4月，他以浩然正气写下了《我的"自白"书》：

> 任脚下响着沉重的铁镣，任你把皮鞭举得高高，我不需要什么"自白"，哪怕胸口对着带血的刺刀！人，不能低下高贵的头，只有怕死鬼才乞求"自由"；毒刑拷打算得了什么？死亡也无法叫我开口！对着死亡我放声大笑，魔鬼的宫殿在笑声中动摇；这就是我——一个共产党员的"自白"，高唱凯歌埋葬蒋家王朝！

在党的二十大报告中，习近平总书记深刻指出："中国人民的前进动力更加强大、奋斗精神更加昂扬、必胜信念更加坚定，焕发出更为强烈的历史自觉和主动精神，中国共产党和中国人民正信心百倍推进中华民族从站起来、富起来到强起来的伟大飞跃。"[①]新时代十多年来的砥砺奋进，我国发展具备了更为坚实的物质基础、更为完善的制度保证，实现中华民族伟大复兴进入了不可逆转的历史进程。奋进新征程，向强国建设和民族复兴的目标奋进，青年一代应该更有信心更有能力不断夺取中国式现代化的新的伟大胜利。

在中国共产党历史展览馆中，"不获全胜、决不收兵"的脱贫攻坚责任状，见证了我们党直面全面建成小康社会最艰巨最繁重任务，带领人民群众历史性解决绝对贫困问题的责任担当。当前，我国经济社会发展仍处于战略机遇和风险挑战并存、不确定难预料因素增多的时期，外部环境堪忧，经济社会领域风险隐患依然存在，但要看到中国是世界第二大经济体，有14亿人口的大市场，有960多万平方公里的国土，中国经济是一片大海，而不是一个小池塘，正是因为是大海，自然就会有风平浪静的

---

① 《习近平著作选读》第1卷，人民出版社，2023年，第13页。

时候，也会有惊涛骇浪的时候。2018年11月5日，习近平总书记在首届中国国际进口博览会开幕式上的主旨演讲中指出："大海有风平浪静之时，也有风狂雨骤之时。没有风狂雨骤，那就不是大海了。狂风骤雨可以掀翻小池塘，但不能掀翻大海。经历了无数次狂风骤雨，大海依旧在那儿！经历了五千多年的艰难困苦，中国依旧在这儿！面向未来，中国将永远在这儿！"[1]依然在这里，就是一种必胜信念，就是一种打不倒的意志品格。

青年是国家和民族伟大事业的实干者、担当者、奋斗者。新时代，青年应有"路漫漫其修远兮，吾将上下而求索"的坚定信念，应有"人生自古谁无死，留取丹心照汗青"的坚定信仰，应有"长风破浪会有时，直挂云帆济沧海"的坚定信心，应有"雄关漫道真如铁，而今迈步从头越"的豪迈情怀，要始终保持如磐石般的信念、坚定的信仰、必胜的信心，知重负重、敢为善为，以勇立潮头的英雄之姿勇赴时代新征程。

二、积极向上向善心态

积极向上地追求善良和美好，是人类始终不渝的奋斗方向。2013年11月，习近平总书记在山东曲阜考察时指出："必须加强全社会的思想道德建设，激发人们形成善良的道德意愿、道德情感，培育正确的道德判断和道德责任，提高道德实践能力尤其是自觉践行能力，引导人们向往和追求讲道德、尊道德、守道德的生活，形成向上的力量、向善的力量。"[2]"自强不息"便是奋发向上的精神，"厚德载物"便是崇德向善的精神。向上向善的方向，与青年成长的方向同频共振，青春代表向上向善，青年永葆向上向善之心态是青年的内在要求，积极迎接前进道路上的各种挑战和困难，是青年内在的外化，青年明是非、识善恶、知美丑、不折腾、进退有

---

[1] 《习近平著作选读》第2卷，人民出版社，2023年，第218页。
[2] 《习近平关于社会主义精神文明建设论述摘编》，中央文献出版社，2022年，第180页。

时，是青年在向上向善追求的实践过程中达到的状态和要求。

（一）弘扬志愿精神

志愿服务是主体主动自觉给予服务的行动，包括正式志愿服务和非正式志愿服务，其区别在于是否有组织性。在志愿服务过程中，志愿者以实际行动接受社会的评价并升华自我价值。志愿精神是一种互帮互助、无私奉献、不求回报的精神。志愿精神，是雷锋精神，是实践精神，也是主人翁精神，兼具人民创造历史的主体意识和人的主动精神两个方面。2013年12月5日，习近平总书记给华中农业大学"本禹志愿服务队"的回信中说："希望你们弘扬奉献、友爱、互助、进步的志愿精神，坚持与祖国同行、为人民奉献，以青春梦想、用实际行动为实现中国梦作出新的更大贡献。"[1]党的二十大报告提出要"完善志愿服务制度和工作体系"。我们看到，在城市交通管理中，志愿者越来越多了，在各类公益活动中，志愿者参加的积极性越来越高了，在疫情防控期间，在奥运会期间，志愿者的身影随处可见。

在西方，志愿服务源自于宗教性的慈善服务，早在19世纪初即已出现，是在救济贫民的基础上发展起来的，并由教会推动。1818年，纽约救贫协会对志愿人员的服务行为规定："把城市划分为许多个小社区，然后指定志愿人员到不同的小社区去从事服务工作，通常是一个社区有二至三名志愿者。志愿服务者的任务是要熟悉所负责的社区居民情况，经常访问那些处境困难的贫穷家庭，帮助他们克服困难和改善环境，指导他们从事合适的经营和工作，并教育和培训他们的孩子，使之能掌握一定的工作技能。"随着资本主义社会经济的周期性危机，社会福利和保障越来越受到政府和各界的重视，很多福利方案都需要动员和征募大量的志愿人员投

---

[1] 《习近平书信选集》第1卷，中央文献出版社，2022年，第27页。

身其中，美国前总统里根就自认为他的重要政绩之一是"鼓舞了美国人民巨大的志愿精神"。第二次世界大战后，志愿服务工作逐渐制度化规范化专业化，如德国政府要求所有的中学生在毕业后如不入伍服役，都必须参加一定量的社会服务实践，如到医院、社区、福利机构从事一定的无报酬服务，当这种服务达到规定要求后，可以享受被大学优先录取的待遇。德国青年在职业工作、专业再教育和社会志愿服务这三方面都得到兼顾和重视。20世纪80年代中期，美国121所院校联合制定协议，使学生参加志愿活动规范化和制度化，如有半数以上会员学校提供各种形式的志愿活动，约1/4的会员学校将志愿活动作为学生取得毕业证书的条件。志愿者活动能够帮助学生认识到，他们不仅是自主的个人，而且是他们对之负有责任的一个更大的公共社会的成员。[①]志愿服务工作增强了志愿者本人的社会责任感，一定程度上也建立了人与人之间的更为融洽更易于沟通交流的关系。

中国自古就有助人为乐、悬壶济世、克己复礼、奉献牺牲精神。新中国成立后，政府层面也开展了多种形式的志愿式活动：

> 1952年1月28日，《中央人民政府政务院关于加强老根据地工作的指示》明确"采取发动群众义务劳动为主、国家出资为辅的办法，有计划地修好老区主要的交通干线如公路、大车路、驮骡路、人行路以及河道等"；1954年初，在北京建设苏联展览馆工地上，出现了一支不怕苦累、有钻研精神、能攻克难关的青年突击队，胡耀邦听了汇报后认为这种形式就很好地体现了照顾青年特点、开展独立活动的要求，1955年，随着中央提出垦荒、移民、扩大耕地增产粮食的初步意见，胡耀邦认为，垦荒事业正是青年们的广阔用武之地，要动员一部

[①] 张敏杰：《欧美志愿服务工作考察》（上），《青年研究》1997年第4期。

分城市未就业的初中、高小毕业生及其他失业青年参加垦荒事业。同年8月，北京市郊区的杨华、李秉衡、庞淑英、李连成、张生等5名青年向团北京市委申请组织垦荒队去黑龙江，团市委批准了他们的请求，并从报名青年中选出60人组成北京青年志愿垦荒队。胡耀邦会见了杨华等5名青年，充分肯定了他们这种可贵的爱国热情，并且亲切地询问了他们是否完全出于自愿，还有什么困难和要求。[①]随后各地纷纷组建青年志愿垦荒队赴各地垦荒。

改革开放后，产生了现代意义上的志愿服务。当代中国志愿服务的发展，"从1987年广州诞生第一条志愿者热线电话，1989年天津市诞生第一个社区志愿组织，1990年深圳市诞生第一个注册志愿者社团"[②]开始，先后经历了爱心人士自发探索阶段、共青团中央和民政部组织推动阶段、多部门与机构竞相发展阶段、全民参与和普及阶段等。

改革开放后的志愿服务，是将党的为人民服务宗旨、中华慈善互助传统、"学雷锋"活动与借鉴西方国家志愿服务理念相结合，是同社会实践、社会调查活动密切结合起来的，如响应"振兴中华，从我做起，从现在做起""学雷锋，送温暖""百村调查""社会实践活动周"等活动号召，由校园扩展到社会。北京市在20世纪八九十年代主要是配合共青团中央开展青年志愿服务。1987年，深圳借鉴香港、澳门等地"义工组织"的经验方法，将学到的知识与"学雷锋"活动结合起来，开展志愿服务活动。

随后，志愿服务逐步规范化起来。1991年7月5日，中国社会工作者协会第一次会员代表大会暨成立大会召开，下设志愿者工作委员会，在全国范围内发动社区志愿者的建设，成立中国最大的志愿者门户中国社区志愿者网站，搭建中国志愿服务支持平台，为志愿服务发展募集社会资源。

---

① 唐非：《胡耀邦传》第1卷，人民出版社、中共党史出版社，2005年，第243页。
② 谭建光：《志愿服务：理念与行动》，人民出版社，2014年，第4页。

1993年12月19日，在中国共产主义青年团的号召下，两万余名青年亮出"青年志愿者"旗帜，在京广线开展为旅客送温暖志愿服务，标志着中国青年志愿者行动正式启动。1994年12月5日，中国青年志愿者协会成立大会在人民大会堂举行。随后全国各省级协会也逐步建立起来。紧接着，启动了青年志愿者行动第一个长期项目——中国青年志愿者扶贫接力计划试点，首届研究生支教团组建，广东省通过国内第一部《青年志愿服务条例》等。新时代，志愿服务进入深化拓展阶段，实现了从自发到自觉的历史性变化，逐步发展成为一项具有广泛公众基础的社会事业。

（二）发扬利他精神

《道德经》关于"道"部分第八章不同版本表述有异，但无论是"上善治水""上善如水""上善若水"，还是"水善利万物而有静""水善利万物而不争"，都强调的是"利万物"，真正的大道，就是利万物，也就是利他的精神。利他的人，有精神上的大格局，有灵魂上的高度，因愿与人分享，也有了周围人帮助他的一切可能性。反之，如果只是为自己的私欲所蒙蔽，看问题、做事情始终离不开自己的欲望，只注重"小我"的得失，看的是短期收益，那永远只能是井底之蛙，让周围的人敬而远之，遁而避之。水之所以被推崇，很重要的一个原因就是水包含了利他精神。这个世界上，什么人才能真正的无敌？那就是利他者。

有个故事流传很广，虽然版本很多，但讲述的都是先有利他才有利己。说的是一个小和尚请教长老，何为地狱，何为天堂。长老讲了个故事，说的是一群人手里拿着一米长的筷子，围在直径为一米的大锅周围，准备吃锅里的食物。如果每个人都想着把筷子夹到的食物往自己嘴里放，必然出现互相争抢、互相碰撞的局面，结果自然是混乱的场面，甚至可能会大打出手。但如果围在锅边的人用一米长的筷子夹起食物，让锅对面的人先吃，那么换来的必然是对方的感谢和报答。前者是地狱，后者便是天堂。当然这只是一个故事,是特例,但其中的道理则具有普遍性,也就是如果没有一颗利他之心,自私自利,处处为自己考虑,结果必然是野蛮状态,与人类向上向善的期待背道而驰。

兼相爱交相利是墨子思想的核心概念,讲的是每个人都应当对他人施以爱和利益。墨子的兼爱利他思想是基于人的理性选择的结果,是利己与利他的有机统一。一般认为,如果行为是为一己之利,完全从自己出发的,那就是利己主义的伦理观;如果行为是为别人的、公利的,谋求有利于他人以及集体、团体、民族、国家的利益的,就是利他主义的伦理观。墨子的兼爱就是既爱人又爱己,"夫爱人者,人亦从而爱之;利人者,人亦从而利之;恶人者,人亦从而恶之;害人者,人亦从而害之"[①]。凡是利人的,人也随即利他,也就是回到自身。这就是兼爱利他思想的基础。

毛泽东就号召大家学习白求恩毫无自私自利之心的精神,并认为这是检验一个人是否成为有利于人民的人的重要标准,他指出:"一个人能力有大小,但只要有这点精神,就是一个高尚的人,一个纯粹的人,一个有道德的人,一个脱离了低级趣味的人,一个有益于人民的人。"[②]因为利他,因为没有自私自利,一个人的人格也就升华了,一个人的境界也就自然提升了。

老子《道德经》第七章说:"天长地久,天地之所以能长且久者,以其不自生也,故能长生。"[③]天地之所以能够长久的存在,主要是因为天地不是为了自己生存,所以都能长久地存在。不为了自己的利他心态,才是能够长久立得住的根本。稻盛和夫将中国古代"以德配天""敬天""畏人"等理念,融合阳明心学和佛学思想,提出了经营者应当思善行善、开展利他经营的哲学理念,利他精神在民营企业中得到很好的弘扬。

---

① 《墨子》,方勇译注,中华书局,2011年,第129页。
② 《毛泽东选集》第2卷,人民出版社,1991年,第660页。
③ 《帛书老子校注》,高明撰,中华书局,1996年,第250页。

稻盛和夫出生在一个贫寒的家庭，年轻时体弱多病，升学考试时多次失败，作为一名普通毕业生，第一份工作是在一家小公司做工，27岁创业，创立京都陶瓷株式会社（现名京瓷）和第二电信电话公司（DDI）两家世界500强企业，78岁时出山拯救日本航空。能够取得如此成就，正是因为他一直秉持积极向上向善的心态，坚持不断精进、利他，为了员工物质、精神双幸福而付出不亚于任何人的努力。20世纪80年代，稻盛和夫出于利他之心，创建DDI。在电波频率分配上，京瓷和另外两家公司都想拿下东京首都圈的业务权，僵持不下。向来以大局为重的稻盛和夫，退出核心区和中部地区的业务竞争，自己只得到北海道等偏远地方，市场规模不及对手一半。在明显不利的情况下，稻盛和夫又将话费降低了30%，开发小手机。这些不同凡响的举动，得到了索尼等大公司的资助和日本国民的赞誉。稻盛和夫认为，自己的人生不由其他任何人决定，完全由自己决定，"把'让对方高兴''帮上了对方的忙'这样的事看作自己最高的喜悦。达到这样的精神水准时，人就能感受到真正的幸福。这种人还能获得天助，自己也能取得成功。这就似乎佛教中所说的'自利利他'的精神"[①]。

（三）时常换位思考

中国共产党是为人民服务的政党，始终做到立党为公、执政为民，始终做到权为民所用、利为民所谋，始终做到想人民之所想、急人民之所急、办人民之所需。这是从立场和理念角度看的，如果从方法论角度看，可以概括为"换位思考"。所谓换位思考，就是设身处地为他人着想。换位思考是青年应当具备的基本的思维方式。只有站在别人的角度去思考问

---

① 稻盛和夫：《思维方式》，曹寓刚译，东方出版社，2018年，第185页。

题，尝试去理解对方的想法和感受，才能真正了解他人的真正需求和真实感受，也才能真正做到有效沟通而避免误解和冲突。

换位思考是做好群众工作的关键。2010年12月，习近平同志深入重庆市渝中区、江北区、沙坪坝区和两江新区调研，特别关注如何做好新形势下的群众工作问题，他在沙坪坝区曾家镇白林村同基层党员、大学生村官和村民代表亲切座谈，嘱咐当地干部牢固树立群众观点，切实改进工作方法，坚持眼睛向下看，身子往下沉，拿出更多的时间和精力到基层去、到一线去，在联系群众、服务群众中培养和增进爱民、亲民、为民的感情，提高做群众工作的本领。在江北区建北大社区，他来到居民田家翠家中关切询问工作和生活情况，要求有关方面继续把解决民生问题放在突出位置，他特别指出："做群众工作要注意换位思考，设身处地为群众着想。只有将心比心，才能换取真心，才能找到解决问题、推动工作的良策。"[1] 换位思考作为一种思维方法，一直被使用和传承。"己所不欲，勿施于人""推己及人""以心换心""将心比心"等词语，已经深入中国人的骨髓之中。换位思考说到底，就是自觉跳出固有立场的界限，从更高维度去审视主客体之间的关系，也即从主体这个中心转到以客体或对象为中心，从而实现具象化转变，做到感同身受。做到换位思考，就是要善于设身处地为他人着想，善于身临其境处理问题，善于做到将心比心，让对方真切感受到关心关爱。

换位思考是正确认知的基础。改造世界的前提是认识世界，而准确认识世界是作出正确判断的前提。我们看到，很多重大决策在执行过程中，要么中途夭折，要么结果变样，要么阻力重重，虽然与工作推进的方法和问题本身的实现难度有关，但尤为重要的是对问题本身的认知。如果看不到问题本身的形成过程以及问题实现的可能性，回到问题本身去换位思

---

[1] 《深入贯彻落实党的十七届五中全会精神 促进经济平稳较快发展和社会和谐稳定》，《人民日报》2010年12月9日。

考，很难达到一定的高度，也很难实现正确的认知。以对社会主义市场经济的认知为例，在实行社会主义市场经济初期，普遍存在的问题是，从事经济工作和从事政治工作的人，总是从各自的角度出发考虑市场经济的运作和存在的问题，但总是找不到合适的方法来解决问题，原因就在于双方对彼此的工作都不了解，发现不了对方的优势甚至对一个涉及双方的共同问题的认识也难以达成共识，更难以将认识上升到新的高度。习近平同志曾举例说道："资本运营是市场经济的一种先进的经营方式，但由于经济学家和企业家们只从经济角度来认识和运用这一方式，而政治工作者们对这一经营方式又不甚了解，因而有些人在对外合资中只看到了钱和物——流动资本和固定资本，没有看到企业还有一些既不属于流动资本、又不属于固定资本的无形资产，诸如企业的驰名商标、先进的管理制度和经验等等。有些人虽然看到了这些无形资产，也进行了资产评估，但对于同属于企业无形资产的长期形成的优良精神、坚强的企业党组织、卓有成效的思想政治工作等等无形政治资产，却很少有人看得见、想得到，从而造成了企业无形资产的大量流失。"[1] 从这个意义上说，资本运营并不是最先进的经营方式，而包括企业政治资产等无形资产在内的资产运营，应是比资本运营更为先进的经营方式，也是更能适应社会主义市场经济需要的经营方式。但对于那些不善于从政治角度来观察经济问题的人来说，是不可能掌握好这种经营方式的。因此，无论是从事管理工作的政府官员，还是从事学术工作的科研人员，都要自觉养成换位思考的习惯，善于从并非自己专长的角度出发，来观察和思考问题。建立和大力发展社会主义市场经济的新形势、新任务，要求我们的经济学家、企业家和经济工作的领导人不能仅从经济角度来认识经济问题，还必须善于从政治角度来观察经济问题。同时，也要求我们的政治家们和广大政治工作者也要在从政治角度观察政

---

[1] 习近平：《对发展社会主义市场经济的再认识》，《东南学术》2001年第4期。

治问题的同时,善于从经济角度来观察政治问题。这不是过分的苛求,而是新时代发展提出的必然要求。

把换位思考运用到极致的,要数"塞翁失马"的故事。在别人看到眼前的得与失的时候,塞翁能够看得更远,因为通过换位,不只是眼前的立场,更是长远的预判。青年遇事要多从对方的角度考虑取舍,一个人能够这样,必然表现得对人宽,对己严,避免一些无谓的争执,从而建立起正常的人际交往关系。只有设身处地为对方着想,"我如果处在那个位置会怎么样?""如果是我遭遇这种情况应当如何办?"就会避免一些不负责任的承诺和评价,从而使群众对问题的处理感到满意。

三、培养劳动自觉

人世间的一切幸福都需要靠辛勤的劳动来创造。劳动是人类所特有的实践性活动,是人之所以为人的本质规定,是人与自然之间的物质交换,是人的生命的实现形式。马克思在《资本论》中说:"(劳动)只是指人借以实现人和自然之间的物质交换的人类一般的生产活动,它不仅已经脱掉一切社会形式和性质规定,而且甚至在它的单纯的自然存在上,不以社会为转移,超越一切社会之上,并且作为生命的表现和证实,是尚属非社会的人和已经有某种社会规定的人所共同具有的。"[1]劳动是创造价值的源泉,只有通过劳动才能满足人的各种需要。毛泽东继承了马克思主义关于人类生产劳动对认识发展具有决定性作用的立场和观点,他在《实践论》中指出:"人的认识,主要地依赖于物质的生产活动,逐渐地了解自然的现象、自然的性质、自然的规律性、人和自然的关系;而且经过生产活动,也在各种不同程度上逐渐地认识了人和人的一定的相互关系。一切这些知识,

---

[1] 《马克思恩格斯文集》第7卷,人民出版社,2009年,第923页。

离开生产活动是不能得到的。"①习近平总书记从实现中华民族伟大复兴的战略高度，围绕新时代劳动的价值、内涵、特征等内容作出一系列重要论述，如劳动是一切幸福的源泉，提倡并弘扬劳动精神、劳模精神、工匠精神等，其根本目的就是要培养劳动自觉。

（一）劳动最光荣

劳动是光荣的事业，也是英勇的事业，不管是在机关、企事业单位中的劳动，还是在工厂、农田，或其他职业中的劳动均如此。法国18世纪空想共产主义者和战斗的无神论者让·梅叶说："谁想成为具有完善品质的人，必须劳动出众，因为流汗是道德之源，而劳动是光荣之本，绝不可游手好闲，过乞讨生活。"②这样就把劳动认为是一种美德，并把劳动教育与德育结合起来。

纵观人类历史，从石器时代到铁器时代，从蒸汽时代到电气时代，直到现在的信息时代，劳动一直推动着历史的车轮不断前进，滋养着人类的精神世界。正如马克思在致路德维希·库格曼的信中所说："任何一个民族，如果停止劳动，不用说一年，就是几个星期，也要灭亡，这是每一个小孩子都知道的。"③李大钊在《马克思的经济学说》《"少年中国"的"少年运动"》等文中多次喊出了"劳动神圣"④"劳工神圣"⑤的口号。邓小平在党的八大上作的《关于修改党的章程的报告》中提出："在我们的时代里，一切光荣都是劳动的产物，不劳动而剥削他人的劳动，对于人民群众说来，乃是最大的耻辱。"⑥习近平同志在同全国劳动模范代表座谈时指出：

---

① 《毛泽东选集》第1卷，人民出版社，1991年，第282—283页。
② 让·梅叶：《遗书》第2卷，何清新译，商务印书馆，1960年，第99页。
③ 《马克思恩格斯文集》第10卷，人民出版社，2009年，第289页。
④ 《李大钊选集》，人民出版社，1959年，第373页。
⑤ 《李大钊选集》，人民出版社，1959年，第301页。
⑥ 《邓小平文选》第1卷，人民出版社，1994年，第242页。

"劳动是推动人类社会进步的根本力量","劳动是财富的源泉,也是幸福的源泉"[1]。这样把劳动这个实践方式与目的和追求结合起来,对培养劳动自觉起到重要意义。

时传祥15岁时从山东逃荒到北京城郊,当上掏粪工,一干就是20多年。新中国成立后,37岁的时传祥加入了北京市崇文区(现属东城区)清洁队,继续从事城市清洁工作。随着北京清理运输粪便制度改革,崇文区清洁队于1958年改用汽车运粪。为了改进工作方法、提高工作效率,时传祥和队友们钻研技术,把过去7个人的大班改为5个人的小班,由过去每人每班背50桶粪增加到80桶,他自己则背90桶,最多每班掏粪背粪达5吨。他经常说:"我们的工作尽管脏一点、累一点,搞好了,居民就会不脏、不臭,干干净净。"[2]1955年,时传祥被评为"清洁工人先进生产者",1956年当选为崇文区人大代表,同年6月加入中国共产党。1959年被评为全国劳动模范,同年10月26日,时传祥作为代表参加了在北京召开的全国群英大会,时任国家主席刘少奇握着他的手,亲切地说:"你就是掏粪工人时传祥同志吧!你辛苦了!""你掏大粪是人民勤务员,我当国家主席也是人民勤务员。这只是革命分工不同,都是革命事业不可缺少的一部分。"[3]时传祥听着这番话,感受到了职业的平等性并受到尊重,心中油然而生阵阵温暖,并继续弘扬"工作无贵贱,行业无尊卑,宁愿一人脏,换来万家净"的职业奉献精神。1995年7月时传祥获首届"中国雷锋"荣誉称号,2009年9月入选100位新中国成立以来感动中国人物名单,2019年9月入选"最美奋斗者"名单。

---

[1] 《习近平著作选》第1卷,人民出版社,2023年,第116、118页。
[2] 刘颖:《时传祥:"宁愿一人脏,换来万家净"》,《党建》2021年第10期。
[3] 王玉强:《刘少奇》,中央文献出版社,2010年,第123页。

天上从来不会掉馅饼！如果真有，那必定是陷阱。青年要认识到劳动创造价值的道理，也要认识到，只有通过劳动才能实现自身的价值。青年培养劳动最光荣的劳动自觉，就是要从小树立起辛勤劳动、诚实劳动、创造性劳动的观念，不要养成贪吃懒做、好逸恶劳、游手好闲、刮老啃老、投机取巧、坐享其成等错误观念。人生就是如此，不吃苦头，就要栽跟头，或者吃大亏。而劳动是最能够让人少栽跟头的。生活靠劳动创造，人生也靠劳动创造。青年不要怕多干活，不要拈轻怕重，自己的事自己做，他人的事帮着做，公益的事争着做，通过劳动播种希望、收获果实，也通过劳动磨练意志、锻炼自己。广大青年要树立以辛勤劳动为荣、以好逸恶劳为耻的劳动观，自觉把自己培养成为热爱劳动、勤于劳动、善于劳动的高素质劳动者。

（二）务必艰苦奋斗

艰苦奋斗是艰苦和奋斗的结合，说的是不畏艰难困苦，坚持英勇顽强的斗争，并通过奋勇抵抗压力，克服重重障碍，实现奋斗的目标。简单说，艰苦奋斗就是在艰难困苦的条件下竭尽全力去工作或斗争。中国共产党的成长过程就是不断奋斗的过程，就是在艰难困苦中崛起的过程。正如毛泽东在《中国革命战争的战略问题》中所说："中国共产党以自己艰苦奋斗的经历，以几十万英勇党员和几万英勇干部的流血牺牲，在全民族几万万人中间起了伟大的教育作用。""没有中国共产党在过去十五年间的艰苦奋斗，挽救新的亡国危险是不可能的。"[①]这里的艰苦奋斗，自然就是在艰难的条件下顽强拼搏。

1949年3月5日，在新中国成立前夕，在全国胜利在望之际，毛泽东看到了党内可能存在的问题，这些问题不是因为失败引起的，而是因为胜

---

① 《毛泽东选集》第 1 卷，人民出版社，1991 年，第 184—185 页。

利引起的，比如党内可能会滋长骄傲情绪，以功臣自居的情绪，停顿起来不求进步的情绪，贪图享乐不愿再过艰苦生活的情绪等，于是他醍醐灌顶地向党内讲明白，"务必使同志们继续地保持谦虚、谨慎、不骄、不躁的作风，务必使同志们继续地保持艰苦奋斗的作风"①。这里的艰苦奋斗，是继续保持的艰苦奋斗，虽然如今各方面情况与过去已经不可同日而语了，但是青年仍要继续艰苦奋斗，不要贪图安逸，不要惧怕困难，不要怨天尤人，要凭借勤劳和汗水开辟中国式现代化新局面。

艰苦奋斗包含两个方面的含义。一是在艰苦的条件下也要全力去工作，要奋发图强、艰苦创业；二是艰苦奋斗要求不要贪图享乐，不要搞奢靡之风，而是要勤俭节约，即便是条件好了，也要认识到艰苦奋斗的重要性。党的二十大报告再次发出了"务必谦虚谨慎、艰苦奋斗"的号召。艰苦奋斗精神集中体现了党的性质、宗旨、初心及使命，深刻揭示了党过去为什么能够成功、未来怎样才能继续成功的基因密码。胡锦涛也曾要求全党必须牢记："一个政党过去先进不等于现在先进，现在先进不等于永远先进；党的领导核心地位不是一劳永逸的，过去拥有不等于现在拥有，现在拥有不等于永远拥有。"②虽然这里强调的初衷是要有忧患意识，但忧患意识的实现路径之一便是艰苦奋斗。面对世界百年未有之大变局和民族复兴的战略全局，世界不确定性、难以预料因素明显增加，国内绕不开、躲不过的深层次矛盾以及党的建设存在的顽固性、多发性问题值得关注，青年要继续传承和弘扬好艰苦奋斗精神，这对于党永葆马克思主义政党政治本色，奋力走好新时代的"赶考之路"，创造新的伟业具有重大意义。

中国共产党是靠艰苦奋斗起家的，也是在艰苦奋斗中发展壮大的，党向前迈进的每一步，都离不开艰苦奋斗。艰苦奋斗、勤俭节约，不仅是中国共产党一路走来发展壮大的重要精神支撑，也是中华人民共和国继往开

---

① 《毛泽东选集》第4卷，人民出版社，1991年，第1438—1439页。
② 《胡锦涛文选》第3卷，人民出版社，2016年，第11页。

来、再创辉煌的重要保证，也是一个人持续保持精进、一个家庭维持良好家风的关键。在全面建设社会主义现代化强国新征程中，青年必须大力传承和弘扬艰苦奋斗精神，不断锤炼个人品行，不断磨练个人意志，永葆革命本色，勇于自我革命，不断将党和国家事业、中国式现代化推向新的历史高度。

（三）坚持自立自强

自立就是独立自主，依靠自己；自强就是自我勉励、奋发图强。自立自强指的就是将自身作为依靠力量，不受他者支配，凭借自身力量立足并且不断让自己变得强大。自立自强对于个人或组织都具有决定性、恒久性意义。胡适说："自由平等的国家不是一群奴才建造得起来的！"[1]

1945年8月13日，毛泽东在延安干部会议上就抗日战争胜利后的时局和我们的方针发表的讲演中正式提出了"自力更生"的概念，他说："我们的方针要放在什么基点上？放在自己力量的基点上，叫做自力更生。"[2]这里要排除先入为主地将自力更生片面地理解为"关起门来搞建设"的历史虚无主义观点，毛泽东强调的自力更生是综合自身发展需要和客观的历史环境的。比如，延安时期"自己动手、丰衣足食"的大生产运动是因为受到国民党的经济封锁；新中国成立初期搞"两弹一星"是因为遭受美苏的技术封锁。以习近平同志为核心的党中央提出要实现科技的自立自强，也是因为受到西方国家在高科技领域"卡脖子"等客观因素影响。

1956年1月14日至20日，党中央召开了关于知识分子问题会议，1279人参加会议，周恩来作了关于知识分子的报告。会议最后一天，毛泽东到会讲话指出："技术革命、文化革命，没有知识分子是不行的，中国

---

[1] 《胡适全集》第4卷，安徽教育出版社，2003年，第663页。
[2] 《毛泽东选集》第4卷，人民出版社，1991年，第1132页。

应当有大批的知识分子。"①会上发出了"向科学进军"的号召。同年3月14日,根据中央知识分子会议精神,国务院正式成立了科学规划委员会,以陈毅为主任,领导编制我国历史上第一个科学技术发展规划——《1956年至1967年科学技术发展远景规划纲要》以及若干方面的具体计划,确定了57项重点任务,其中特别强调发展原子能、火箭等新兴技术。1964年12月,毛泽东说:"我们不能走世界各国技术发展的老路,跟在别人后面一步一步地爬行。我们必须打破常规,尽量采用先进技术,在一个不太长的历史时期内,把我国建设成为一个社会主义的现代化的强国。"②这里提出了实现现代化强国目标的根本路径,就是要自立自强,走出一条独特的发展道路。

习近平总书记非常重视科技自立自强,将实现高水平科技自立自强作为进入创新型国家前列的标志,并提出"面向世界科技前沿、面向经济主战场、面向国家重大需求、面向人民生命健康"③,让科技自立自强更加具象化。

培养自立自强,还是在劳动过程中强化主体性的表现。每个青年都应当建立起自身的主体意识。没有这样的意识,就不可能形成符合于主体要求的人生理想,就不可能发挥主体所应有的主动性和创造性,就不可能实现人类的主体性价值。个人只有建立起主体意识,才能做到自爱、自重、自立、自强;发现自己不符合主体性要求的思想和行动,才会产生愧悔、内疚、自责之念。这是从自身而言。从社会总体来说,社会作为人类在一定历史阶段的具体存在形式,也应当尊重每个个人的主体性质,为个人发挥主体的价值作用创造和提供必需的条件。

---

① 郭建荣主编《中国科学技术纪事(1949—1989)》,人民出版社,1990年,第57页。
② 《毛泽东年谱》第8卷,人民出版社,2023年,第447页。
③ 《习近平著作选读》第1卷,人民出版社,2023年,第29页。

四、常怀感恩之心

感恩，既是一种传统美德，更是个人必不可少的品质。古人常说，滴水之恩当涌泉相报。懂得感恩是衡量一个人品行的关键要素。不懂得知恩图报、忘恩负义都是为人所不齿的。君子之道，就是善于反躬自省，懂得感恩。《孟子·尽心上》说："万物皆备于我矣。反身而诚，乐莫大焉。强恕而行，求仁莫近焉。"[①]意思是说，一切事物的根本原理我都具备了。反躬自省，只要觉得自己真实无妄，就是最大的快乐。尽力按恕道去做，是追求仁的最近的道路。而感恩是恕道的内容之一。每一个成功者都既是事业上的成功，又是人品上的成功。时代赋予的使命，只有在别人襄助下才能完成。每个人的一切所得都是来自他人的礼物。

（一）知足常乐

《道德经》第四十六章有言："天下有道，却走马以粪；天下无道，戎马生于郊。罪莫厚于甚欲，咎莫憯于欲得，祸莫大于不知足。故知足之足，常足矣。"[②]这里说的是，政治清明，知足知止，无求于外，战马归田；政治昏暗，贪得无厌，不修其内，各求于外，必然战事频繁不息。没有比多欲更大的罪过，没有比贪心更惨的灾殃，没有比不知足更大的祸患。

列宁在《论工人政党对宗教的态度》中说："马克思主义者应当是唯物主义者，即宗教的敌人，但是他们应当是辩证唯物主义者，就是说，他们不应当抽象地对待反宗教斗争问题，他们进行这一斗争不应当立足于抽象的、纯粹理论的、始终不变的宣传，而应当具体地、立足于当前实际上所进行的、对广大群众教育最大最有效的阶级斗争"，并引用"你活，也

[①] 《孟子》，方勇译注，中华书局，2010年，第258页。
[②] 《老子》，汤漳平等译注，中华书局，2014年，第181—182页。

让别人活"①。这里讲的就是知足常乐的理念，即在战略上、在宏观上认识到每个个体存在的价值和意义，但在战术上、在具体事务中又需要认真对待。俄国诗人杰尔查文在《格列米斯拉娃女皇诞辰致列·亚·纳雷什金》中写道："你活，也让别人活，切勿靠损害别人来享受；须记取：知足常乐，莫向他人之物伸手。遵循这条准则，这条道路，人人都能获得幸福。"②这是在说，每个人都应该和他人和睦相处，不可损人利己，以邻为壑。

知足常乐，就是看轻世间万象，看淡身外之物。在曾国荃41岁生日时，曾国藩写了13首诗向其祝寿，其中第十首广为传颂："左列钟铭右谤书，人间随处有乘除。低头一拜屠羊说，万事浮云过太虚。"③这里的钟铭指功名利禄，是褒奖，而谤书则是恶评。说的是每个人既有成就成功，也免不了会遭受他人嫉妒诽谤，或者因他人成见带来的偏见。当事者不必对他人或者少数人的意见当真，否则必然纠结于某些人的认知偏差而不能自拔，而是要有归零心态，不要让坏事影响未来，也不要让好事迷惑现在。

有个出自《庄子·让王篇》屠羊说的典故：

> 楚昭王失国，屠羊说走而从于昭王。昭王反国，将赏从者，及屠羊说。屠羊说曰："大王失国，说失屠羊；大王反国，说亦反屠羊。臣之爵禄已复矣，又何赏之有！"④

屠羊说是楚昭王时的市井中一个卖羊肉的屠夫。昭王逃难出奔，屠羊说便跟着昭王逃亡，在流浪途中，昭王的衣食住行，都是他帮助解决。后

---

① 《列宁选集》第2卷，人民出版社，2009年，第252—253页。
② 周秀凤、张启荣编著《列宁著作典故》，人民出版社，1984年，第171页。
③ 《曾国藩全集》第14卷，岳麓书社，2011年，第86页。
④ 《庄子》，方勇译注，中华书局，2010年，第490页。

来楚国复国，昭王派大臣去问屠羊说希望做什么官。屠羊说答道："楚王失去了他的故国，我也跟着失去了卖羊肉的摊位，现在楚王恢复了国土，我也恢复了我的羊肉摊，这样便等于恢复了我固有的爵禄，还要什么赏赐呢？"昭王再请，屠羊说说："这次楚国失败，不是我的过错，所以我没有请罪杀了我；现在复国了，也不是我的功劳，所以也不能领赏。当吴国的军队打进我们首都来的时候，我只因为怕死，而急急慌慌逃走，并不是为了效忠而跟随国王一路逃的。现在国王要召见我，我怎么可以因为自己贪图高官厚禄，而使我的君主得一个滥行奖赏的恶名。"这就是说，一个人要善于衡量自己的轻重，看清自己的价值，而不是高估自己或者矮化自己。只有看清自己、认识自我，才能真正做到知足常乐，恒而久之。

一个人既要有大格局，又要有平常心。每个人所处环境不同，认知程度自然不同，格局也就不一样。有大格局的人，面对生死都能坦然视之，更何况面对生活中的艰难险阻？！有大格局的人目光长远，可以为了长远胜利而牺牲眼前利益，大事不糊涂，小事不计较。俗话说，生死之外无大事。而面对生死，正是考验一个人的格局的时刻。1936年冬，年仅36岁的陈毅在被敌人围困于梅岭且伤病未愈之际，考虑到无法脱身，遂写下《梅岭三章》，诗中蕴含了他对革命的必胜信念，这种信念就是一种知足精神、无畏精神。

1934年10月，中央主力红军长征后，留在苏区坚持斗争的红二十四师和地方武装共1.6万人遭到国民党四十六师残酷围剿，大部损失。何叔衡、毛泽覃等党和红军的高级干部在突围中牺牲，瞿秋白和刘伯坚被俘后遇害。敌人占领中央苏区后，残酷杀戮革命干部和群众。突围出来的少数部队会同地方武装和敌人打起了游击。陈毅因为在兴国老营盘战斗中负重伤，未能参加长征，于1935年2月来到了位于赣南的油山地区和梅岭,在敌我力量极其悬殊的情况下,开始了艰苦卓绝的三年游击战争。1936年冬,陈毅旧部陈海叛变,引诱陈毅等下山。陈毅不知是计,一大早来到县城,当他们距离交通站只有三四十米远时发现了危险,最后在一妇女的帮助下撤回梅岭,潜伏丛莽间20多天。陈毅为摆脱政府军的围剿搜捕,藏身于斋坑的岩壁丛莽中,在斋坑的一处山坳里用毛竹搭了一个窝棚,高仅1米,面积只有2平方米。窝棚用藤蔓覆盖,一条隐蔽山道迂回即可到达。敌人虽近在咫尺,但终未发现,于是恼羞成怒地放火烧山。陈毅自知难免一死,便写下《梅岭三章》,藏于棉衣内层,以示绝笔:"断头今日意如何?创业艰难百战多。此去泉台招旧部,旌旗十万斩阎罗。南国烽烟正十年,此头须向国门悬。后死诸君多努力,捷报飞来当纸钱。投身革命即为家,血雨腥风应有涯。取义成仁今日事,人间遍种自由花。"①

平常心是从容淡定的自信心,面对现实,既积极主动,尽力而为,又顺其自然,不苛求事事完美。平常心不是表面上看到的无为、无争、不贪、知足,而是对自己准确认知后的态度。无门慧开曾有诗曰:"春有百花秋有月,夏有凉风冬有雪。若无闲事挂心头,便是人间好时节。"②这种平常心实际上是内在超越,即发挥内在的精神来实现自我完善,其实现途径就是净化心灵,获得心灵的平静和精神的自由,达到真善美的统一。眼前之境就是真心的显现,当下就是真理,不需要到遥远的地方追寻。苏轼《定风波·莫听穿林打叶声》有云:"莫听穿林打叶声,何妨吟啸且徐行。竹杖芒鞋轻胜马,谁怕?一蓑烟雨任平生。料峭春风吹酒醒,微冷,山头斜照却相迎。回首向来萧瑟处,归去,也无风雨也无晴。"说的就是要有

---

① 《陈毅诗词集》(上),中央文献出版社,2012年,第38页。
② 佛源主编《大乘佛教与当代社会》,东方出版社,2003年,第95页。

知足常乐、平常心的心境。

（二）知耻后勇

《中庸》有言："好学近乎知，力行近乎仁，知耻近乎勇。"[1]爱好学习，就距离智慧不远了；努力行善，就距离仁爱不远了；懂得耻辱，就距离勇敢不远了。这是对知、仁、勇"三达德"的一种阐发。龚自珍主张明耻，他说："士皆知有耻，则国家永无耻矣；士不知耻，为国之大耻。"[2]毛泽东说："错误和挫折教训了我们，使我们比较地聪明起来了，我们的事情就办得好一些。"[3]1956年9月10日，毛泽东在党的八大预备会议第二次全体会议上坦陈："我是犯过错误的。比如打仗，高兴圩打了败仗，那是我指挥的；南雄打了败仗，是我指挥的；长征时候的土城战役是我指挥的，茅台那次打仗也是我指挥的。在井冈山时我提的那个土地法很蹩脚，不是一个彻底的土地纲领。肃反时我犯了错误，第一次肃反肃错了人。"[4]这种自我解剖、自我反思的认知，是一种豁达，更是一种强大的精神力量。当一个人、一个民族、一个国家能够正视自己的不足，不满足现状，必然化耻辱为战胜困难的精神力量。

秦国历史上曾有三次惨败，但每次都养精蓄锐、奋发图强，最终一雪前耻，实现了四海一统的霸业。一次是秦晋崤之战：秦国50万大军全部葬身崤山山谷，遂与楚国联姻对抗晋国，并向西戎之地扩张，称霸西戎。一次是秦魏河西之战：三家分晋之后，魏国吴起以5万武卒击溃秦国50万大军，秦军死伤过半，秦国河西千里土地被占，秦国被压缩在函谷关以内，秦孝公重用卫鞅变法23年，有足够实力与列强争霸。一次是秦楚之战：秦

---

[1] 《论语·大学·中庸》，陈晓芬、徐儒宗译注，中华书局，2011年，第326页。
[2] 《龚自珍文选》，苏州大学出版社，2001年，第9页。
[3] 《毛泽东选集》第4卷，人民出版社，1991年，第1480页。
[4] 《毛泽东文集》第7卷，人民出版社，1999年，第106页。

国被围困，李信主力大军15万全军覆没，后嬴政以王翦为将，终于灭楚。这其中就有一种不服输的精神。

耻辱意识对于个人成长以及个人力量的施展也具有重要意义：越王勾践兵败被俘，忍辱负重，卧薪尝胆，历尽磨难，终成霸业；岳飞牢记靖康之耻，精忠报国，屡建奇功。蒲松龄知耻后勇的故事对青年也很有启发：

> 蒲松龄幼负轶才，卓荦不群，且怀有积极用世的政治愿望，19岁时"初应童子试，即以县、府、道三第一，补博士弟子员，文名籍籍诸生间"[1]。此后他更加勤奋刻苦，孜孜不倦，学识日益广博，文才受到推崇。可是此后40余年却屡试不第，50岁那年，他又一次抱着希望，去济南参加乡试。这次主考官想取他为第一名，但他却因故未考完二场，主考官为他十分惋惜，他本人更是感慨万千，使他不禁发出"落拓名场五十秋，不成一事雪盈头"[2]的感叹。但蒲松龄并未气馁，而是知耻后勇，他经常处于激奋、苦闷和复杂的矛盾之中，激发起"寄托如此，亦足悲矣！"的《聊斋志异》的创作冲动："才非干宝，雅爱搜神；情类黄州，喜人谈鬼。闻则命笔，遂以成编。久之，四方同人，又以邮筒相寄，因而物以好聚，所积益夥。"[3]从而成就了《聊斋志异》这部辉煌的"孤愤之书"。

（三）知止不殆

《道德经》第四十四章说："名与身孰亲？身与货孰多？得与亡孰病？甚爱必大费。厚藏必多亡。故知足不辱，知止不殆，可以长久。"[4]曾国藩

---

[1] 过常宝：《楚辞与原始宗教》，东方出版社，1997年，第181页。
[2] 安作璋主编《山东通史·明清卷》，人民出版社，2009年，第518页。
[3] 蒲松龄：《聊斋志异》，中华书局，2015年，第2页。
[4] 《老子》，汤漳平等译注，中华书局，2014年，第176页。

在同治六年三月初七日致澄弟家书中说："处兹乱世，凡高位、大名、重权三者皆在忧危之中"，"祸咎之来，本难逆料，然惟不贪财、不取巧、不沽名、不骄盈四者，究可弥缝一二"①。大凡成就伟业的，绝非一时之兴致，必为长久之累积，并能在无法预料的情况下不被潮流裹挟，只有善于知止、适可而止才能弥补思路不周，对于财物，取之有道、用之有度即可，对于事工，脚踏实地，不走捷径，对于名声，更不可沽名钓誉，企求名不副实，更为重要的是谦虚谨慎、低调做人。这里有个很关键的字叫"盈"，中国古代就有水满则溢、月圆则亏的辩证认识。这是科学的预判，也是对发展规律的科学认知。因为知止，所以才不会有大的过失。

春秋末年，范蠡辅佐越王勾践打败吴国，但他深知勾践此人只能共苦不能同甘，与他共享富贵如浮云一般，于是他及时全身而退，泛舟五湖，遨游四海，开荒种地，治产经商，号陶朱公，三致千金。越王勾践即位三年欲伐吴，范蠡认为要尊重发展规律，随时而行，提出国家大事要做到有持盈、有定倾、有节事，并以天地人为准则，"持盈者与天，定倾者与人，节事者与地"，尊重"天道盈而不溢，盛而不骄，劳而不矜其功"②的规律才能顺天和人。后来勾践采纳范蠡建议的结果取胜，没有采纳的，最终都以失败告终。

张良祖上五世相韩，是被刘邦称为"运筹帷幄之中，决胜千里之外"的谋士。张良为报家仇国恨，以重金买刺客，在秦始皇东巡必经的博浪沙（今河南原阳县）设伏，以铁椎刺杀秦王未遂。他因此而逃到江苏下邳隐姓埋名，一藏九载。在圯桥得黄石公《太公兵法》后，辅佐刘邦，屡施妙计。在惊心动魄的鸿门宴上，他使处于危机重重的刘邦躲过一场劫难，而后历经征战，打下汉家三百年江山。张良功成

---

① 《曾国藩全集》第21卷，岳麓书社，2011年，第487页。
② 《国语》，陈桐生译注，中华书局，2013年，第714页。

名就后，淡泊名利，婉言谢绝了刘邦让他在齐地自择三万户封邑，甘愿受封留侯，后来又选择了退隐。据《史记·留侯世家》记载，当时兴汉三杰中，萧何被治罪下狱，韩信也以谋反罪被杀，诛灭三族，临死前发出"狡兔死，良狗烹；高鸟尽，良弓藏；敌国破，谋臣亡"[1]的哀叹，唯有张良明哲保身，免遭杀身之祸。张良的智慧在于他的急流勇退，也就是知止。

知止还是一种节制情绪的方法。《论语·八佾》有言"哀而不伤"，指的是忧愁而不悲伤，形容感情或行为有节制，不太过分。外界的打击与个体的承受能力，是因人而异的。社会的不公随处可见，因此追求公正才令人向往。待时而动，说的就是，即便在受到不公正对待时，也不必太过悲伤，毕竟胳膊拗不过大腿，人在屋檐下该低头时当低头。要保持镇静、冷静，相信正义终究会到来。只有留得青山在，才能等到阳光灿烂的日子，也才能看到正义。

五、致良知

致良知是王阳明思想的宗旨和精髓，体现着工夫与本体的统一。格物、知行合一是方法论层面，心即理、心外无理是本体论层面的。而致良知则是把本体与方法统一起来。良知最早见于《孟子·尽心上》："人之所不学而能者，其良能也；所不虑而知者，其良知也。"[2]有些事情，人不经过学习就能做到，这是因为人有良能；有些事情，人不经过思考就能明白，这是因为人有良知。王阳明继承了孟子的良知思想，他说："知是心之本体，心自然会知：见父自然知孝，见兄自然知弟，见孺子入井

---

[1] 司马迁：《史记》，中华书局，2011年，第2303页。
[2] 《孟子》，方勇译注，中华书局，2010年，第264页。

自然知恻隐，此便是良知，不假外求。"①《大学》中有"致知"，但致良知与此有本质区别，王阳明用良知重新解释了致知，他认为，作为心之本体的良知，自然是知善知不善的，致知善之知是致知，致知不善之知亦是致知。知孝、知奉养自然是知，但仅仅是知，而不是致知，因为这些良知自知。只有决而行之，才是致知。因此，致良知就是以良知而行。

（一）倾听不同意见

兼听则明，偏信则暗。虽然古训常萦绕在耳，但一旦事情发生在自己身上，特别是在高度紧张的时候，在拥有一定权力且四周围着吹捧者的时候，倾听别人的意见是很难的，要么是基层意见、他人意见被屏蔽了，只有少数人的声音能够直达，导致闭目塞听；要么是自以为是，认为自己高人一筹、先人一步，结果就变得自大起来。从这个意义上说，身边人的能力和水平、视野和胸怀、格局和境界，一定程度上决定了这个人的高度和格局。《韩非子·外储说左下》载："上，君所与居，皆其所畏也；中，君之所与居，皆其所爱也；下，君之所与居，皆其所侮也。"②意思是说，上等的人，君主和他们相处，都是君主所敬畏的；中等的人，君主和他们相处，都是君主所喜爱的；下等的人，君主和他们相处，都是君主所侮弄的。

青年自尊心强是普遍的，但也要认识到"人外有人，山外有山"，个人的力量是极其有限的，个人的贡献也是极其微弱的。同样的问题，所处的角度不同，自然看法也不一样，即便是身处庙堂之高，也有"肉食者鄙"；即便是身处江湖之远，也有心系家国天下的。横看成岭侧成峰，远近高低各不同。因此，青年要能够听得进不同意见，听得进批评意见，知

---

① 《王阳明集》，王晓昕、赵平略点校，中华书局，2016年，第6页。
② 《韩非子》，高华平等译注，中华书局，2010年，第444页。

错就改，毕竟忠言逆耳。一个人不可能十全十美，总是在克服缺点、纠正错误的过程中进步的。青年的世界观、人生观、价值观在不断形成和巩固，胸怀博大、海纳百川，是成长的必要条件。不要嫌父母说得多，不要嫌老师管得严，不要嫌同学们管得宽，首先要想想别人的意见对不对，是不是为了自己好。而且有些事情没做好也不要紧，只要自己意识到、愿意改，就是进步。

有些领导干部之所以决策失误，偏听偏信，丧失发展机会，就是对民主集中制不理解、不执行，搞一言堂，从而导致听不进不同意见，接受不了别人善意的批评。因此，对领导干部来说，面向党外和群众，要容许和接受批评，马克思主义者是不怕批评的，因为你是为人民服务的，是出以公心的，自然胸怀坦荡。"不管是什么人，谁向我们指出都行。只要你说得对，我们就改正。你说的办法对人民有好处，我们就照你的办。"[1]作为没有任何私利的共产党人，"不惜牺牲自己个人的一切，随时准备拿出自己的生命去殉我们的事业"，又有什么批评可以惧怕的呢？又有什么错误不能抛弃的呢？但是，有些党员和干部不是这样："有些同志已经是老革命了，'三八式'的，或者别的什么式的，总之已经作了几十年的共产党员，但是他们还不懂得这个问题。他们怕群众，怕群众讲话，怕群众批评。哪有马克思列宁主义者怕群众的道理呢？有了错误，自己不讲，又怕群众讲。越怕，就越有鬼。我看不应当怕。有什么可怕的呢？我们的态度是：坚持真理，随时修正错误。我们工作中的是和非的问题，正确和错误的问题，这是属于人民内部矛盾问题。解决人民内部矛盾，不能用咒骂，也不能用拳头，更不能用刀枪，只能用讨论的方法，说理的方法，批评和自我批评的方法，一句话，只能用民主的方法，让群众讲话的方法。"[2]好像不让群众批评，是维护党的威信，是爱党，实际上未必如此，因为党代表着

---

[1] 《毛泽东选集》第3卷，人民出版社，1991年，第1004页。
[2] 《毛泽东著作选读》下册，人民出版社，1986年，第816页。

最广大人民群众的利益，群众的呼声，正是党要倾听和回应的。

（二）笑对闲言碎语

很多干部争当老好人，甘愿躺平，不是没有发展思路，也不是胸无点墨，而是害怕闲言碎语，害怕众口铄金、积毁销骨。当然，组织上应当为干部撑腰，干部个人也要有斗争精神，不能当缩头乌龟，不能因爱惜羽毛而不分是非，甚至对不正义置若罔闻。因为一句话可能改变一个人，如果这个时候不阻止，那就是一种罪恶了。刘震云说："平时说一千句坏话无碍，关键时候说人一句坏话，就把一个人变成了另一个人。"[①]

《战国策·齐策》中有篇文章被选入中学课本，题目叫《邹忌讽齐王纳谏》，说的是邹忌通过自己身边人对自己各怀目的而非实事求是的评价，联想到国家也会存在言不由衷的人，因此作类比劝谏齐王，很有借鉴意义。

> 邹忌身高八尺有余，而且形貌昳丽，但他自知比城北徐公差远了。当他问"吾孰与城北徐公美"时，妻子回答："君美甚，徐公何能及君也！"妾曰："徐公何能及君也！"客曰："徐公不若君之美也！"后来，邹忌夜里翻来覆去睡不着，就琢磨："吾妻之美我者，私我也！妾之美我者，畏我也！客之美我者，欲有求于我也！"[②]

因为每个人对你的态度不同、目的不同，对于你提到的关于评价和比较的问题，也必然不会客观，何况如果客观，就会让你难堪，没有面子或者下不了台，还不如顺水推舟了。邹忌能够通过他人的恭维想到国家如果没有诤臣就太危险了，于是将自己的发现告诉齐王，帮助齐王广泛征集意

---

① 刘震云：《一句顶一万句》，花城出版社，2022年，第124页。
② 《战国策》，缪文远等译注，中华书局，2012年，第252页。

见和建议，最终使齐国成为一流强国。

泰国作家察·高吉迪1981年发表的长篇小说《人言可畏》轰动了泰国文坛。小说以20世纪80年代泰国边远落后的农村中最底层的穷苦普通人为主要描写对象，讲述了男主人公法的悲惨屈辱遭遇以及对社会公平正义、人类互帮互助的呼吁与向往。

> 法自幼就与父亲借住在镇上的寺庙后院里，他的父亲以在学校中当工友和在寺院中打杂为生，因此，法从小就得到佛法的熏陶，是一个孝顺、正直、善良、慈悲、勤快、单纯的孩子。他曾经剃度出家苦读佛家经典，在短短三年内就在府城会考时考中了法师，成为一名受人尊敬的师傅，并被小镇上的人誉为"青年楷模"，法本想就此永远皈依佛门，但一想到自己的父亲仍然在俗世中辛苦求生，便于心不忍，于是忍痛还俗，辛苦劳作来赡养自己的父亲。后来法被抽中服兵役，等他退役回到家后，才发现自己多了一个疯疯癫癫、神志不清的继母。他们本来相安无事，但是自从法的父亲死后，他出于怜悯和同情，拒绝把疯癫的继母赶出家门，此后便被同村的人污蔑他和继母同居，被视为一个为伦理所不容之人，并且被排斥在社会之外。法在被嘲弄、诽谤、谩骂、排挤中过着令人绝望的生活，于是沉溺酒精、借酒消愁，最终因长期饮酒过量导致身体损害严重，咯血惨死家中。[①]

中国自古就有"三人成虎""一犬吠影、百犬吠声"的教训。对于制造谣言者，需要通过法律途径进行惩罚。对于受害者组织自然要进行安慰，被中伤者本人还应当保持乐观姿态，一笑了之。

[①] 参见察·高吉迪《人言可畏》，谦光译，北岳文艺出版社，1981年。

（三）慎独慎微

青年如果不能自律，不能控制自己，那便必然成就不了大事。因为，自我控制是一个人最为根本的自律。马克思在《评普鲁士最近的书报检查令》一文中说："道德的基础是人类精神的自律，而宗教的基础则是人类精神的他律。"[1]孟德斯鸠在《论法的精神》中说："但是一切有权力的人都容易滥用权力，这是万古不易的一条经验。有权力的人们使用权力一直到遇到界限的地方休止。说也奇怪，就是品德本身也是需要界限的。"[2]从古至今，无数事实证明，一个人一旦拥有权力，就会滥用权力，而且不榨干权力所能发挥的最后一丝作用，是不会善罢甘休的。防止权力滥用和由此产生的腐败现象，既要靠权力管住权力，更要靠自律管住私欲。习近平总书记强调："加强自律关键是在私底下、无人时、细微处能否做到慎独慎微。"[3]因为自律，内心才更平静更踏实。

> 据正定县原副县长王幼辉讲述，习近平同志在正定工作期间，就是自律的典范。县委当时有吉普车，但习近平跟他讲："咱们还是骑自行车下去好，这样可以多看看。"这样，他们平时基本都是骑自行车下乡。习近平很自律，到了大队，都会吃"派饭"，吃完之后抹抹嘴，说声"谢谢"，按照规定交半斤粮票，再交一毛五分钱。下午继续走乡串村工作。有一次，习近平到东权城公社下乡，吃饭时，有5个公社书记，还有县委宣传部的工作人员。那天的菜也很简单，有一盘猪耳朵、一盘拌豆腐，这么多人吃这两个菜。主食就是一人一碗面条。东权城公社书记还拿出一瓶酒来给大家喝，习近平一口也没喝。

---

[1] 《马克思恩格斯全集》第1卷，人民出版社，1995年，第119页。
[2] 孟德斯鸠：《论法的精神》，张雁深译，商务印书馆，1961年，第154页。
[3] 《习近平著作选读》第2卷，人民出版社，2023年，第115页。

吃完饭以后，习近平自掏腰包请客，拿出10块钱给了那位公社书记。公社书记笑笑说："这些饭哪里用得着10块钱？我还倒赚几块钱。"[1]

小事小节是一面镜子，既照见自己，也照见别人，不要以为天知地知你知我知，其实纸终究是包不住火的，在利益攸关时，被出卖是常有的事。因此，于细微处见精神，于细微处也见品德。小事小节能够反映人品，反映作风。小事小节中有党性，有原则，有人格。由小看大，这是质量互变规律使然。腐败从来都是从不注意小事小节逐步走到腐化堕落境地的。在推杯换盏中放松了警惕，在小恩小惠面前丢掉了原则，在轻歌曼舞中丧失了人格。小事当慎，小节当拘，确是对领导干部的金玉良言。每个领导干部都应慎独慎微，从小事小节上加强自身修养，从一点一滴中自觉完善自己，懂得是非明于学习、境界升于自省、名节源于修养、腐败止于正气的道理，始终保持共产党员的本色。新时代青年，更要注重加强自身修养，慎小事，拘小节，防微杜渐。

上个世纪60年代初期，刘少奇亲属以为他在北京当了大官，办事很容易，于是就找他帮忙调动工作、进城当工人、内部价买手表等。一些亲属因为刘少奇没有帮忙而很有怨气。刘少奇教育他们说："你们以为我当了国家主席，给你们点方便，给你们点东西很容易。不错，我是国家主席，硬着头皮给你们办这些事，也不是办不成。可是不行啊！我是国家主席不假，但我是共产党员，不能随便行使自己的职权"[2]。

位高权重的共产党员能够有如此高的觉悟和境界，不为亲情而滥用职

---

[1] 《习近平在正定》，中共中央党校出版社，2019年，第29—30页。
[2] 鲁振祥主编《刘少奇百年纪念论文集》，中央文献出版社，1999年，第1281页。

权,慎独慎微,正是青年学习的榜样。

但青春期的人总是在躁动中成长,这其中动与静的矛盾如何处理,也考验着每一个青年。这个时期,青年往往会感到孤独,这也是普遍现象。一旦有了孤独感,便体会不出自己是生活在人与人之间不可分开的关系中,也认识不到人的本质是一切社会关系的总和。走出孤独,就要树立正确的世界观、人生观、价值观,积极投身到新时代强国建设的伟大事业之中,以调查研究为方法,主动关心他人的疾苦,在奉献爱心的同时也治愈了自己的孤独。

第五章
牢记为民为公的宗旨

作为党的干部，就是要讲大公无私、公私分明、先公后私、公而忘私，只有一心为公、事事出于公心，才能坦荡做人、谨慎用权，才能光明正大、堂堂正正。①

——2014年1月14日，习近平总书记在第十八届中央纪律检查委员会第三次全体会议上的讲话

---

① 《习近平谈治国理政》第1卷，外文出版社，2018年，第394页。

实践是人的存在方式，也即生命活动的形式。人的本质在其现实性上是社会关系的总和。而这里的社会关系正是在实践过程中形成的主体与主体之间的关系。人民群众是历史的创造者，是推动社会发展的决定性力量。作为青年个人，要认识到自己存在的价值和意义，更要认识到只有为民为公才是人间正道，更是生存之道。古人说，水可载舟，也可覆舟。不重视群众的领导者，不能正确处理公私关系、缺乏正确的是非观义利观权力观事业观的人，如同鱼儿离开水一样，终将走向覆亡。各行各业的青年都要牢固树立为民为公的宗旨，自觉奉献青春，多为社会作贡献，因为青年时光就是用来干事创业的，农村青年要在乡村振兴中建功立业，企业青年要在产品创新中创造更多财富，科研单位青年要在科技自立自强和自主知识体系建设中多出成果，机关事业单位青年要在管理保障服务中展现新形象。

一、站稳人民立场

青年要牢记中国共产党的根基在人民、血脉在人民、力量在人民。这应当成为每个青年心底的烙印和永恒的标签，这是不可改变的基因。同人民一道拼搏、同祖国一道前进，服务人民、奉献祖国，是当代中国青年的正确努力方向。习近平总书记指出，青年"勇做走在时代前列的奋进者、开拓者、奉献者，以执着的信念、优良的品德、丰富的知识、过硬的本领，同全国各族人民一道，担负起历史重任"[①]。中国共产党以全心全意为

---

① 《十八大以来重要文献选编》（中），中央文献出版社，2016年，第2页。

人民服务为根本宗旨，没有自己的特殊利益，体现党的意志就是体现人民的意志，宣传党的主张就是宣传人民的主张，坚持党性就是坚持人民性。党性寓于人民性之中，没有脱离人民性的党性，也没有脱离党性的人民性。

（一）真心为民服务

人民立场是马克思主义政党的根本政治立场，人民是历史进步的真正动力，群众是真正的英雄，人民利益是我们党一切工作的根本出发点和落脚点。为人民服务是每一个党员干部的基本要求，但为民服务不是口号，而是要真心，要有实际行动。当前一些党员干部打着为民服务的旗号，却为个人谋取私利，或对群众冷漠、高高在上，或好大喜功、劳民伤财，或失信于民、欺世盗名，或小我在先、与民争利，等等。说到底，还是没有做到真心为民服务。

青年来自人民，反映人民心声，是青年的职责所在，解决人民所盼，是青年的使命所系。为此，青年要当好党与人民群众的直通车，要始终把人民群众放在心中脑中，自觉做到以人民忧乐为忧乐、以人民甘苦为甘苦，牢固树立以人民为中心的发展思想，始终怀着强烈的忧民、爱民、为民、惠民之心，察民情、接地气，倾听群众呼声，反映群众诉求。

杨善洲正是一位把一生献给党献给人民的好公仆，他对党充满敬畏，对人民永葆热忱，是每个青年学习的榜样。

刚参加工作时，杨善洲就展现出了廉洁奉公、全心为民的作风。1952年，25岁的杨善洲下村参加土改工作，吃住都在乡里最穷苦的安家和李家，伙食费按月结清。安家人觉得伙食差，对不起他，偷偷退回两角饭钱。杨善洲发现之后心里感觉很不是滋味，宁可赶了百里山路最终还是把钱还了回去。20世纪70年代，杨善洲的家人曾给他写信，希望他能凑点钱修一下家里住的茅草屋。杨善洲在回信中对家人说，他实在是没有钱，眼下比他们困难的人还很多，不要以为他是一个地委书记就有钱，希望家里人能理解。老百姓生活上的难题，杨善洲都看在眼里、记在心上。他鼓励各地通过种植甘蔗、咖啡、茶叶等经济作物来提高收入。当他听说保山大官市大队成立茶叶专业组缺少资金时，一次凑了几百块钱用于支持产业发展。杨善洲退休后，兑现"为家乡群众干一点实事"的承诺，主动放弃到昆明安享晚年的机会，一头扎进大亮山植树造林，用生命中最后22年时间，带领乡亲留下了近2千万棵树、5.6万亩森林，将价值3亿多元的林场无偿捐献给国家，从根本上改善了大亮山周边群众的生活环境，直到临终前他都叮嘱"一定要把林场的收益按比例分到每一位群众手上"。

杨善洲在入党申请书里面曾写道，以前对党认识不够，怕别人说达不到共产党员的标准要求，现在认识到共产党是思想最进步、觉悟最高的人组织成的，共产党就是工人阶级的政党，是代表工人阶级的利益。在入党动机上，杨善洲阐述了自己希望从思想上提高自己，立誓要永远跟着党走，"如（入）党的动机是为了金长的（经常地）得到党教育和培养，从思想上提高一步，时长的（时常地）止（指）出缺点来，自己好改政（正）错误，革命到底"[1]。

（二）带着感情工作

这里说带着感情工作，指的是带着为民的感情去工作，而不是机械地、死板地执行或落实。习近平总书记在2022年春季学期中央党校（国家行政学院）中青年干部培训班开班式上强调，贯彻党的群众路线，首先要对群众有感情，真正把自己当作群众的一员、把群众的事当作自己的事。这里将群众的事当成自己的事，就是要将心比心，带着感情去做好群众工作，走好群众路线，才能在新征程上继续书写新的宏伟篇章。

---

[1] 参见张昌山等《杨善洲精神及其时代价值》，人民出版社，2021年。

在一些地方和部门，个别党员干部宗旨观念淡薄、漠视群众利益，患上了群众利益冷漠症。比如，有的党员干部不关心群众冷暖，对群众疾苦不闻不问；有的党员干部责任心不强，不去主动访贫问苦，坐等群众上门；有的党员干部利己主义严重，执法不公、吃拿卡要、假公济私、与民争利；有的党员干部搞"上有政策、下有对策"，弄虚作假、欺骗上级、糊弄群众；还有的党员干部对待群众态度恶劣，少数党员干部法纪观念淡薄、作风简单粗暴、漠视群众诉求，侵害群众利益的现象时有发生。究其原因，一方面，随着职务的升迁，一些党员干部不知不觉中把自己同群众分开了，"公仆"变成了"主人"，对群众的感情慢慢变冷了、变淡了；还有的党员干部忘记了党员的责任，认为多一事不如少一事，奉行"明哲保身""不求有功，但求无过"的处世哲学，把为群众办实事当成负担当成累赘。另一方面，经过改革开放40多年的赶超式发展，我国在取得重大发展成就的同时，社会矛盾更加复杂，价值取向更加多元，党员干部的自身利益诉求也发生了变化，一些党员干部追求自身利益多了，考虑群众利益少了，渐渐忘记了党要为人民群众利益奋斗的初衷。此外，一些不当的用人风气，也导致了一些党员干部"眼睛向上"，群众意识、群众观念弱化。因此，青年要带着感情站稳人民立场，组织上还要慧眼识才用才，让真正为民的人有更为广阔的平台。

（三）不与民争利

与民争利主要指的是在涉及利益问题时，有权力者与群众争资源、争指标、争空间等不正之风。《史记·循吏列传》记载："公仪休者，鲁博士也。以高弟为鲁相。奉法循理，无所变更，百官自正。使食禄者不得与下民争利，受大者不得取小。"[①] 公仪休担任鲁国宰相时，依法办事，不朝令

[①] 《史记》，韩兆琦译注，中华书局，2010年，第7087页。

夕改，结果官员风气很正。公仪休要求当官享受俸禄的人，不得再去干和老百姓争夺利益的事情，既然做官食国家俸禄，就不要再争俸禄以外的其他收入，如经营工商等事。这里说的官员如果从事工商业，必然在政策上或者其他环节获取普通人无法获得的便利或利益，这样就容易形成不正之风。《国语·周语上》记载荣夷公与民争利的例子，"夫利，百物之所生也，天地之所载也，而或专之，其害多矣。天地百物，皆将取焉，胡可专也？"①芮良夫的话反映了周厉王任用荣夷公为卿士所专之"利"，即由荣夷公管理的山林泽牧等自然资源，本来应该用于祭祀以及供人们使用消费，却变成了王室的专属，人民就不能再享受自然之利了，这已经是与民争利的极端，即强占或霸占民利了。

新中国成立前，与民争利现象比比皆是，虽然也有正义官员呼吁不要与民争利，但声音十分微弱。新中国成立后，国家以政策形式明确不得与民争利。1949年12月5日，毛泽东在军委《关于一九五〇年军队参加生产建设工作的指示》中提到："在土地缺少地区，除参加各种可能的手工业、工业、水利事业、运输事业和建筑工程之外，军队首长可和当地人民政府商量并在农民自愿原则下，参加劳力、资金、肥料、农具，与农民伙种，使之增加产量，公平分配成果。但必须注意不得强制执行，不得与民争利。"②体现了党群、军民之间水乳交融的和谐关系。在计划经济时代，商品供给不足，官员的特权自然就少了。

改革开放以来，基层党员干部与民争利现象时有发生。据南方中部某县介绍，当地与民争利现象主要表现为六种情况：一是与群众争资源。这方面在征地拆迁领域尤为突出。土地问题是时下事关农村发展、农民生存的根本问题。但有的基层党员干部没有处理好重点工程用地与维护群众切身利益的关系引发民事纠纷，有的为基层政府和领导干部的利益强拆强

---

① 《国语》，陈桐生译注，中华书局，2013年，第13页。
② 《毛泽东文集》第6卷，人民出版社，1999年，第29—30页。

迁，有的是基层村干部为了小集体的利益侵占集体土地问题，有的挪用和截留群众的修路占地补偿款。二是与群众争指标。近几年，在贯彻落实支农惠农政策中，与群众争指标的现象尤为突出。比如，农村低保、危房改造中，一些基层党员干部为了照顾家属或亲戚，与群众争夺原本有限的指标，致使一些应该享受指标福利的困难群众无法享受到改革开放的红利。三是与群众争空间。在基层农村，由于受各方面的限制，群众原本发展的空间就小，但少数基层党员干部只考虑部门或者个人利益，不管老百姓死活，与民争利。有的为亲朋好友经商、办企业、推销货物、搞开发提供便利；有的干脆以他人名义，巧立名目，不务正业，自己参与经商办企业；有的则利用自己手中掌握国家政策的便利谋取好处，比如，承包山林利用退耕还林套取国家补贴，参与炒地皮、炒房产等。四是与群众争时间。作为一名国家基层党员干部本应秉持"全心全意为人民服务的宗旨"，认真做好本职工作，全心全意为人民群众谋福祉，但一些基层党员干部想的不是如何花更多的时间、更多的精力为群众办实事好事，而是一门心思把时间、精力用在发展自己的"小事业"上，在其位不谋其政，不务正业，作风不实。有的甚至"吃空饷"。五是与群众争权力。权力是人民赋予的，必须用于为人民服务。但一些权力部门的党员干部，官不大，架子不小，在为群众办理登记、签字、盖章等过程中，不给好处不办事，给了好处乱办事，利用实权捞取好处，向群众吃、拿、卡、要。六是为群众加负担。这方面在医疗卫生、教育领域表现得尤为突出。一些学校、医院不按规定收费，超标收费严重，或是巧立名目乱摊派，增加服务对象和人民群众的负担。

这种现象绝不仅存在于个别地方，就在党的二十大之后，北方某乡镇干部擅自提高土地租金，因群众不交，便粗暴阻拦群众春耕，引起了严重舆情，影响非常恶劣。青年在具体工作中，要对上述情况引以为戒，不能因为上级要执行，就随意损害群众利益，或者发号施令，颐指气使，吆五喝六。无论从事哪个领域的工作,抛弃私利的才是真奉献,真心为民的才是真称职,不忍见人民受苦的才是好干部。

二、办事出于公心

出于公心就是考虑事情以国家和集体的利益为出发点。公私分明是基本操守,公而忘私是崇高境界。2013年9月23日至25日,习近平总书记在参加河北省委常委班子专题民主生活会时的讲话中说:"作为共产党员,作为党的干部,只有一心为公,事事出于公心,才能有正确的是非观、义利观、权力观、事业观,才能把群众装在心里,才能坦荡做人、谨慎用权,才能光明正大、堂堂正正。"[1]青年要认识到,权力是人民赋予的,是为党和人民做事用的,姓公不姓私,只能用来为党分忧、为国干事、为民谋利。因此,青年要自觉地正确行使权力,依法用权、秉公用权、廉洁用权,做到法定职权必须为,法无授权不可为,保持如临深渊、如履薄冰的谨慎,做到心有所畏、言有所戒、行有所止,处理好公和私、情和法、利和法的关系。青年要争当大公无私、公私分明、先公后私、公而忘私、堂堂正正的民族复兴大业的建设者。

(一)公生明

公生明,说的是因为公正公道,自然带来正气,走向阳光大道,相反,不公则必然带入死胡同,走上绝路。《荀子·不苟》:"公生明,偏生暗,端悫生通,诈伪生塞,诚信生神,夸诞生惑。"[2]意思是说,公正产生光明,偏私产生黑暗,端正忠厚产生通达,奸诈虚伪产生闭塞,真诚可信产生神明,虚夸妄诞产生惑乱,并且强调,公和偏是大禹和桀纣的根本

---

[1] 《习近平关于全面从严治党论述摘编》,人民出版社,2021年,第312—313页。
[2] 《荀子》,方勇等译注,中华书局,2011年,第35页。

区别。

在保定直隶总督署大堂前的甬道上，矗立着一座四柱三间的牌坊，牌坊南面书写"公生明"3个大字，北面写"尔俸尔禄，民脂民膏，下民易虐，上天难欺"16个字。据考证，衙署里立牌坊是为了告诫官员，故称"戒坊"，或称"天语坊"，是由"戒石"发展演变而来的。

据记载，隋朝的何妥在任龙州刺史时，曾写了一篇《刺史箴》作为自己的座右铭，后来将其刻在石头上，立于衙门大门之外，这是官府将戒铭立成碑碣的开始，也是我国历史上最早的"戒石"。唐和五代都很重视"戒石铭"。后蜀孟昶曾作96字《颁令箴》，宋太宗赵光义将其中的"尔俸尔禄，民膏民脂，下民易虐，上天难欺"16个字，御笔颁发给各郡县，刻在石头上，立在官衙厅堂的南面，告诫官员要以民生为重，不要贪腐欺压百姓，这就是所谓的"御制戒石铭"。南宋绍兴二年（1132年），宋高宗赵构向全国各郡县正式颁布这16个字的"戒石铭"，并将其换成大书法家黄庭坚的书体，规定各郡县将"戒石铭"放在衙署大堂中央，让长官们在审案时，目光不离开这16个字。从这时起，"戒石铭"的内容及书法就固定下来。清康熙时，又令各州县将"戒石"移至大堂公案之前，正面改刻成"公生明"三个字。清中期以后，再将"戒石"改成牌坊，并移至大堂前的甬道上。总督坐堂理事，即可见此牌坊，以警戒自己谦恭尽职，公正廉明。[①]

封建时代的官员尚且如此，新时代的人民公仆更应该谨慎用权、做到公道正派、公心用权。其实，公道正派是每个党员干部都应该具备的基本素质，也是每个青年需要养成的良好品格，特别是从事组织人事工作

---

① 参见田宝玉《保定直隶总督署"公生明"牌坊小考》，《文物春秋》2011年第5期。

的干部,更应该视公道正派为生命,而不是把组织部门、人事部门当成跳板,只为了自己升官,而亵渎组织人事岗位的神圣。2013年6月28日,习近平总书记出席全国组织工作会议并发表重要讲话强调:"组织部门改进作风,最核心的是坚持公道正派。"[1]之所以说坚持公道正派是最核心的作风改进,就是因为选人用人上只要坚持公道正派,其他问题都会变得简单起来,如果选人用人上不能做到公道正派,再好的制度都是一纸空文,毕竟上行下效,既选不出好干部,选出的干部也不会坚持公道正派之风。因此,选人用人上的"公",不仅生"明",而且生"风",生"灵",生"气",只有着眼于国家事业发展需要选人用人,公道对待干部,公平评价干部,公正使用干部,不搞亲亲疏疏、团团伙伙,自然就没有歪风邪气侵扰。党员干部在一件事情上有偏私,就是败坏了水流;而组工干部没有做到公道正派,也是败坏了水源。当前组工干部整体素质有待进一步提高,既包括组织工作、干部工作的政策熟练程度,也包括实事求是、坚持原则的精神,还包括敢于同不正之风作斗争的胆识和勇气。从责任角度看,具体从事组织工作的人要真正肩负责任,为党为民选好人用好人,能够顶住各方的压力,不搞小圈子,不搞任人唯亲,不搞瓜田李下,真正做到能者上、平者让、庸者下,坚决杜绝不作为、慢作为、乱作为现象。

(二)私欲是深渊

私欲指的是私人欲念,这种欲望因为是个人的且得不到控制,故非正当的欲望。从本质上讲,私心、私欲是深藏于内心,随时将要表现出来的一种必须以公理正义压制的人性弱点。它一旦越界泛滥,便如同开启了潘多拉魔盒,导致公权作私用、公产变家产,滋生严重违法乱纪。

公私不分、损公肥私,内心之"小我"不断膨胀,或随意占用公共资

---

[1] 《十八大以来重要文献选编》(上),中央文献出版社,2014年,第353页。

源，或以公帑入私囊，或一人当官亲朋好友利益均沾，私欲的闸门洞开，必至欲壑难填、一溃千里。公与私之间的红线，往往是廉与贪之间的界线，也是为官从政的底线。只有克己奉公、戒贪立公，才能坦荡做人、干净做事，不为利诱而动心；才能出于公心、谨慎用权，不以公权而谋私；才能树好形象、干好事业，不因私欲而自毁。公私一旦混淆不清，必然走向破坏规矩、触碰底线，直至蜕化变质、腐化堕落之深渊。

唐德宗时，陆贽为宰相。德宗曾向他下过一道密旨，大意是说一概拒绝馈赠，为事恐怕不大方便，重礼不可收，但像马鞭、鞋靴之类的薄礼，收亦无妨。陆贽却严肃地说，收薄礼也是受贿，"贿道一开，展转滋甚，鞭靴不已，必及金玉。目见可欲，何能自窒于心！已与交私，何能中绝其意！是以涓流不绝，溪壑成灾矣"[①]。这说明，不矜细行，终累大德，防止贪贿，就要防微杜渐，从戒小私开始。戒私用公，只有从不贪小利，力戒小私做起，时刻保持对公权、公物的敬畏，对小贪小占的警惕，方能严守公私底线，筑牢思想堤坝，才能不让"管涌"隐患发展成"决堤"大祸。

从近年来查处的不少腐败案件来看，一些资本集团无序扩张、搞不正当竞争的背后，往往有官员用权力为资本大开绿灯。为此，必须坚决查处政治问题和经济问题交织的腐败，坚决防止领导干部成为利益集团和权势团体的代言人、代理人，坚决治理政商勾连破坏政治生态和经济发展环境问题。

山东省人大常委会原党组成员、副主任张新起，曾任潍坊市委副书记、市长，市委书记，青岛市委副书记、市长，2019年11月退休，2021年2月被立案审查调查。张新起不仅自己追求奢华的生活，甚至

---

① 司马光：《资治通鉴》，胡三省音注，中华书局，2013年，第6310页。

还想为下一代乃至下下一代预留充裕的财富。孙子孙女才几岁大,他就在青岛买了两套高档别墅,给他们一人一套。抱有这种欲念,欲望黑洞自然怎么也填不满。主政潍坊的十年,是张新起疯狂谋私的十年,在农产品贸易、供热、供水、港口等多个重大项目里,他都和私营企业主做了交易,从中获取了大量财富。让人深思的是,张新起的父辈其实和潍坊颇有渊源,他父亲是参加过解放战争的老一辈共产党人,潍坊正是他第一次上战场的地方。张新起的父亲很早就去世了,身为团级干部,他一生艰苦朴素,从未用权力为子女提供过任何方便,对子女的教育都是要自食其力、清白做人。而张新起却走向了和父亲截然相反的方向,最终陷入了私欲的深渊。

(三) 人民满意是最高褒奖

1945年7月1日,黄炎培、冷遹、褚辅成、章伯钧、左舜生、傅斯年等六位国民政府参政员,应中共中央和毛泽东主席的邀请,为推动国共团结商谈,飞赴延安访问。黄炎培在延安看得很仔细,过得也很舒心。7月4日下午,毛泽东邀请黄炎培到他住的窑洞里做客,整整长谈了一个下午,这次谈话促使黄炎培从延安回来撰写了一本书,叫《延安归来》。在书中黄炎培回忆了他和毛泽东的这段谈话,就是关于"历史周期率"的内容。

　　毛泽东问:"任之先生,这几天通过你的所见所闻,感觉如何?"黄炎培直言相答:"我生六十余年,耳闻的不说,所亲眼见到的,真所谓'其兴也浡焉','其亡也忽焉',一人,一家,一团体,一地方,乃至一国,不少单位都没有能跳出这周期率的支配力。大凡初时聚精会神,没有一事不用心,没有一人不卖力,也许那时艰难困苦,只有从万死中觅取一生。既而环境渐渐好转了,精神也就渐渐放下了。有的因为历时长久,自然地惰性发作,由少数演为多数,到风气养成,虽有大力,无法扭转,并且无法补救。也有为了区域一步步扩大了,它的扩大,有的出于自然发展,有的为功业欲所驱使,强求发展,到干部人才渐见竭蹶、艰于应付的时候,环境倒越加复杂起来了,控制力不免趋于薄弱了。一部历史,'政怠宦成'的也有,'人亡政息'的也有,'求荣取辱'的也有。总之没有能跳出这周期率。中共诸君从过去到现在,我略略了解的了。就是希望找出一条新路,来跳出这周期率的支配。"对黄炎培的这一席耿耿诤言,毛泽东庄重地答道:"我们已经找到新路,我们能跳出这周期率。这条新路,就是民主。只有让人民来监督政府,政府才不敢松懈。只有人人起来负责,才不会人亡政息。"黄炎培听了毛泽东的回答,十分高兴,他说:"这话是对的。只有把大政方针决之于公众,个人功业欲才不会发生。只有把每一地方的事,公之于每一地方的人,才能使地地得人,人人得事。用民主来打破这周期率,怕是有效的。"[①]

人民是我们党执政的最深厚基础和最大底气,人民满意是对人民公仆的最高褒奖。每个行业都有这个行业的代表、模范。有的冲锋在前、知难而进,面对艰险敢于挺身而出、面对矛盾敢于迎难而上、面对歪风邪气敢于坚决斗争;有的爱岗敬业、甘于奉献,知责于心、担责于身、履责于行,以钉钉子精神做实做细做好各项工作;有的勤学苦练、增强本领,干一行爱一行,钻一行精一行,成为本职工作的行家里手;等等。只要担当作为、全面履职、真诚为民,就一定能够得到人民群众的认可。青年要牢记人民满意是最高奖赏,要以人民群众满意不满意、拥护不拥护、赞成不赞成、高兴不高兴、答应不答应为标准,判断干部,选拔人才,优胜劣汰,保证干部队伍的质量、生机和活力。

[①] 参见黄炎培《八十年来》,文史资料出版社,1982年,第148—149页。

三、甘于奉献

奉即恭敬地捧着，献即恭敬而庄重地送上。奉献即恭敬的交付、呈献。奉献是一种精神，是对自己事业的不求回报的爱和全身心的付出，没有任何索取的条件。因此，为了人民、为了集体奉献，本身既需要恭敬，又体现了无偿。奉献是一种美德，也是一种责任。党的二十大报告号召要弘扬奉献精神，强调要"统筹推动文明培育、文明实践、文明创建，推进城乡精神文明建设融合发展，在全社会弘扬劳动精神、奋斗精神、奉献精神、创造精神、勤俭节约精神，培育时代新风新貌。"[1]奉献精神是中华民族永续传承的宝贵精神力量，是中国共产党人的鲜明底色和精神特质，是提高全社会文明程度的重要内容，也是汇聚精神力量、培育时代新风新貌的内在要求。

（一）把人民当成亲人

甘于奉献，强调的就是奉献要心甘情愿，没有私心私念。因此，把人民群众当亲人，是甘于奉献的前提条件。视人民为亲人，就是要坚持把人民群众的小事当作自己的大事，从人民群众关心的事情做起，从让人民群众满意的事情做起，带领人民不断创造美好生活。习近平总书记多次指出的"谁把人民放在心上，人民就把谁放在心上""我将无我，不负人民"等，就是把人民当成亲人的具体体现。青年要主动到地方和基层一线工作，同基层干部和群众一起摸爬滚打，这对于领导干部特别是年轻干部增长领导才干、积累实践经验、加快政治成熟至关重要。

青年要善于用人民喜闻乐见的语言进行交流。怎么说比说什么更重

---

[1] 《习近平著作选读》第1卷，人民出版社，2023年，第37页。

要。列宁指出："应当少说空话，因为空话满足不了劳动人民的需要。"①应根据群众的理解水平，用群众喜闻乐见的形式开展交流，列宁强调，"善于用简单、明了、群众易懂的语言讲话，坚决抛弃难懂的术语，外来语，背得烂熟的、现成的但是群众还不懂、还不熟悉的口号，决定和结论等一系列重炮。在解释社会主义问题和当前俄国革命问题时，要善于运用掌握的事实和数字，不要讲空话，不要讲大话"②。毛泽东也在《反对党八股》中针对当时文章、演说及宣传工作中"空话连篇言之无物""装腔作势故意吓人""无的放矢不看对象""语言无味像个瘪三""甲乙丙丁开中药铺""不负责任到处害人""流毒全党妨害革命""传播出去祸国殃民"等罪状进行了揭露与批判，指出党必须"采取生动活泼新鲜有力的马克思列宁主义的文风"③。

青年如何做人民的贴心人、做人民的亲人呢？其实很简单，就是要有共同体意识，要感同身受，时刻把群众的冷暖疾苦挂在心上，要带着感情，带着真心去工作，把群众活动的场所当成工作主战场，像对待亲人一样对待人民群众，多与老百姓聊家常，多了解一下他们的想法和真实需求。

陶行知23岁赴美留学，27岁回国在南京高等师范、中华教育改进社工作，积极推进新教育活动。1927年春，陶行知办的南京试验乡村师范学校（后改名晓庄学校）在炮火中招生，赴考者住在燕子矶小学，事前通过红十字会，组织妇孺收容所，得到救护物资和药品等。国民革命军攻克南京后，考生协助当地农民组织协会，批斗地主和不法商人，民气高扬。没过几天，隔江敌军开始反攻，炮声隆隆。该校

---

① 《列宁选集》第4卷，人民出版社，2012年，第309页。
② 《列宁全集》第14卷，人民出版社，2017年，第89页。
③ 《毛泽东选集》第3卷，人民出版社，1991年，第840页。

校长惊慌失措，连夜把大家赶走，还不准带走救护物品。陶行知知道后沉吟片刻说："捧着一颗心来，不带半根草去，我们要有这种奉献精神。"[1]1930年3月15日，陶行知在《晓庄三岁敬告同志书》中说："我们最初拿到晓庄来试验的要算是教学做合一的理论了。""这个理论包括三方面：一是事怎样做便怎样学，怎样学便怎样教；二是对事说是做，对己说是学，对人说是教；三教育不是教人，不是教人学，乃是教人学做事。""就须'在劳力上劳心'""有行的勇气才有知的收获。"[2]

晓庄学校是从爱里产生的，没有爱就没有晓庄学校。因为陶行知爱人类，所以他爱人类最多数而最不幸之中华民族；因为他爱中华民族，所以他爱中华民族中最多数而最不幸之农人。他爱农人，所以从农人出发，从最多数最不幸的出发，他的目光，没有一刻不注意中华民族和人类的全体。晓庄学校的创建，正是陶行知把人民当亲人的真切实践。

（二）奉献是一种境界

奉献就是不求回报地呈送、付出。因为不求回报，奉献便不是交易，而是一种境界，它超越了物质的追求和个人的欲望，体现了人类最崇高的精神追求。奉献的力量是无穷的，它不是简单的行动行为，而是一种态度，更是一种对生活的热爱和对社会的责任感。周恩来的一生是奉献的一生，即便在弥留之际，他仍跟守候在床边的医生吴阶平清楚地说："吴大夫，我这里没事了，需要你的人很多，你去吧，他们需要你……"[3]这竟然

---

[1] 李楚材：《捧着一颗心来，不带半根草去——谈陶行知旧诗论人才的奉献精神》，《人才开发》1997年第1期。

[2] 《陶行知文集》，江苏人民出版社，1981年，第254—255页。

[3] 邓立：《吴阶平传》，浙江人民出版社，1999年，第180页。

成为周恩来一生中最后一句话，也是人生的最后嘱托。周恩来在人生的最后阶段，关心的还是他人，还是奉献。伟大的奉献者，从来都是把最后一份力量倾心也拿出来。

奉献是中国共产党人的精神底色。中国共产党100多年的历史，就是一部为中国革命、建设、改革赤诚奉献的历史，鲜明体现了千千万万共产党人忠于党、忠于人民、无私奉献的优秀品质。习近平总书记在"七一勋章"颁授仪式上的重要讲话中指出："拼搏奉献，就是把许党报国、履职尽责作为人生目标，不畏艰险、敢于牺牲，苦干实干、不屈不挠，充分展示了共产党人无私无畏的奉献精神和坚忍不拔的斗争精神。"[1]中国共产党自诞生之日起，就明确自己是中国工人阶级的先锋队，坚持全心全意为人民服务的根本宗旨，以实现共产主义为最高理想和远大目标。这就决定了中国共产党人讲奉献不是可有可无的选择，而是必须履行的义务和必须兑现的承诺，是在全心全意为人民服务的实践中淬炼党性、提升道德修养和思想境界的精神底色。在长期的历史实践中，党创立形成的以伟大建党精神为源头的精神谱系中，奉献精神始终贯穿其中，是一个真正的中国共产党人所向往和追求的高尚品质和情操修养。党的队伍中所涌现的江姐、邱少云、雷锋、王进喜、焦裕禄、谷文昌、杨善洲、郭明义、南仁东、黄旭华、张富清、张桂梅等一大批英雄模范，以对党、人民和国家的无限忠诚，以全心全意为人民服务的高尚思想道德，以"毫不利己、专门利人"的精神境界，为了国家富强、民族振兴、人民幸福，始终不忘初心、牢记使命，始终不畏艰难险阻、不怕困难牺牲，甘愿奉献智慧和汗水，甚至付出鲜血和生命，在奉献祖国、奉献人民中书写了壮美的人生篇章。中国共产党人的这种胸怀忧国忧民之心、爱国爱民之情，坚守笃行勇于奉献的精神之光，为无数人照亮了前行之路，使人们对奉献精神有了更

---

[1] 习近平：《在"七一勋章"颁授仪式上的讲话》，人民出版社，2021年，第3页。

为深刻的理解。

当目标明确后,青年自然就有了前进的动力。实现目标的过程,既要抬头看路,又要脚踏实地,但在这个过程中不能太心急,不能付出即要求回报。在大多数情况下付出和回报是有前后之别的,是有因果关系的,而且很多时候又不是即时的,如果急于求果,则必然会耽搁功力,结果很难如人愿。而一旦沉下心去,围绕着如何把事情做得更好这个目标和方向,那么必然会作出让自己都感到惊讶的成就来。在这个意义上说,奉献依然是一种境界,一种升华。

(三)奉献成就自我

每个人都有人生出彩的机会,每个人都可能成为熠熠生辉的一颗耀眼明星。但从"应当"变成"现实",便需要奉献,至少应当首先是奉献。中国共产党自诞生之日起,就以奉献自我、以济天下为鲜明特色。奉献就是无我,就是没有自我,只有集体只有国家。因此,这里所说的成就自我,本身就是小我已经成为大我的一部分了。

每个时代都有它的主题,也都会涌现这个时代的弄潮儿。这些人如果自顾不暇,爱惜羽毛,便不会有所成就,更不会实现自己的价值。人生的真正价值在于奉献,社会主义、共产主义不是讲出来的,是干出来的,不是市场交易,而是在正确的义利观、事业观、价值观的基础上的无私奉献,只有把个人利益融入国家和人民利益之中,才能真正实现人生价值,也才是真正为民为公。

新时代需要千千万万在平凡岗位上扎扎实实做好本职工作,将社会的整体利益和他人的利益放在自己的心上,竭尽全力地为社会、集体和他人服务、乐于奉献的人。在中国式现代化新征程的奋进道路上,越是面临艰巨任务、严峻挑战,越需要无私奉献,越需要呼唤奉献精神。黄文秀生前是广西壮族自治区百色市委宣传部干部。2016年她从北京师范大学研究生毕业后，回到家乡百色工作。2018年3月，黄文秀积极响应组织号召，到乐业县百坭村担任驻村第一书记，埋头苦干，带领88户418名贫困群众脱贫，全村贫困发生率下降20%以上。2019年6月17日凌晨，她在从百色返回乐业途中遭遇山洪不幸遇难，献出了年仅30岁的宝贵生命。

2019年建党节前夕，习近平总书记对黄文秀先进事迹作出重要指示，黄文秀同志不幸遇难，令人痛惜，向她的家人表示亲切慰问。他强调："黄文秀同志研究生毕业后，放弃大城市的工作机会，毅然回到家乡，在脱贫攻坚第一线倾情投入、奉献自我，用美好青春诠释了共产党人的初心使命，谱写了新时代的青春之歌。广大党员干部和青年同志要以黄文秀同志为榜样，不忘初心、牢记使命，勇于担当、甘于奉献，在新时代的长征路上作出新的更大贡献。"①

奉献精神往往具有最朴实的价值追求，心有大我、心有大爱、心有责任，方能赤诚奉献。看起来是因为奉献成就了自我，其实是自己成就了自己。因此，青年要自觉践行奉献精神，将吃苦在前、享乐在后、克己奉公、多作贡献的要求，内化为识大体、讲奉献的价值追求和行为自觉，以坚定的理想信念和不懈的奋斗姿态，脚踏实地把每件平凡的事做好，书写建功新时代的奉献故事，凝聚起万众一心奋进新征程的强大力量。

四、干在实处

党的十八大以来，中央八项规定改变中国官场面貌，就是一个"实"字。可见"实"是对我们党员干部的一项最基本的要求。求真就要真抓实干，务实就要狠抓落实。习近平总书记指出："实践表明，抓而不紧，等于不抓；抓而不实，等于白抓。抓好落实，我们的事业就能充满生机；不

---

① 习近平：《论党的青年工作》，中央文献出版社，2022年，第138页。

抓落实，再好的蓝图也是空中楼阁。"①事实证明，我们所取得的每一项成绩，都是脚踏实地，埋头苦干，狠抓落实的结果。青年要坚决摈弃"以会议落实会议，用文件落实文件，靠讲话落实讲话"等现象。人民群众最盼望、最欢迎、最满意的就是狠抓落实、真抓实干；最不满意、最有意见的就是形式主义，华而不实。干在实处与走在前列是有前后因果关系的，也是一个累积的辩证过程，没有实处干，就不可能走在前，更别说作表率了。空谈误国、实干兴邦，绝不是一句空话。青年更要摈弃从书本到书本的空转，而是要立足本职、埋头苦干，从自身做起，从点滴做起，用勤劳的双手、一流的业绩成就属于自己的人生精彩。

（一）力戒空谈

维特根斯坦在《逻辑哲学论》的序中概括全书旨义时讲道："凡是可说的东西，都可以明白地说，凡是不可说的东西，则必须对之沉默。"②他认为语言的界限就是思想的界限，超过了这个限度便无意义。现实中，我们也看到很多人夸夸其谈，结果却名不副实，或言过其实。理论与实践本来是相辅相成的，之所以存在空谈的问题，关键是说起来容易，做起来难。因为动动嘴皮子，就可以说了。但如果要落地见效，没有一番苦功夫、没有一定的时间累积，是不可能的。力戒空谈，不是不要谈论，而是不要只谈论不落实。而如何落实呢？就是要从细节入手，从小处着眼。

党的二十大以来，全党大兴调查研究之风，各级党政干部把为群众办实事、办好事作为改进作风，密切干群关系的着力点，受到广大群众的欢迎。然而也有少数干部一提为群众办实事，就是抓项目、上工程，而不屑于解决身边百姓就业难、看病难、上学难、出门难等所谓"小事"，甚至出现"小事"不愿做，"大事"做不好的现象。

---

① 习近平：《之江新语》，浙江人民出版社，2007年，第32页。
② 涂纪亮主编《维特根斯坦全集》第1卷，河北教育出版社，2002年，第187页。

"大事"与"小事"是一对矛盾体,总是相比较而存在,两者相互依存、相辅相成。大事都是从一点一滴的小事做起来的,没有小事也就无所谓大事。古人说,"合抱之木,生于毫末;九层之台,起于累土;千里之行,始于足下。"[①]"不积跬步,无以至千里;不积小流,无以成江海。"[②]这些都阐述了"小事"成就"大事"的道理。群众关心的教育公平问题,食品安全问题,医疗公平问题等,在有的人看来也许是"小事",然而对一个家庭、一个人却是大事,是当务之急。对于法官来说,一个案子不过是工作的一部分,或许还不到他一年办理案件的百分之一或者几百分之一,但对于当事人,如果冤枉了,那么就是百分之百的冤案、百分之百的伤害。"大事"和"小事"之间,也是相对的。我们党多次强调对待群众问题,要把群众的"小事"当成"大事"来办,这不是杀鸡用牛刀,不是兴师动众,而是重视程度,是态度问题。"大事"与"小事",在一定条件下还可以相互转化。我们经常可以看到,有些矛盾、有些舆情由小到大甚至发生"地震",也有些问题大事化小。轻者重之端,小者大之源。为什么有些地方群众上访不断,重复上访、越级上访的现象屡屡发生?其实群众反映的问题原来并不都是难以解决的大问题,只是由于一些干部工作不深不细,或者机械执行,或者掺杂私心等,以为这些是鸡毛蒜皮的"小事",没有引起足够的重视,解决不及时、不到位,致使"小事"由小到大。因此,只有把细小的问题处理好了,大事难事才会处理得更加周全、更加完美。否则,小事做不来,大事也做不好。

破除空谈问题,就是要在点滴上下功夫,要认识到,一粒沙子可见天地,一滴水中能见太阳。老百姓看干部的形象和作风,往往是看干部为群众办实事的具体行动和日常表现,一个领导班子的威信往往是在解决群众关注的一件件小事中逐步树立起来的。

---

① 《老子》,汤漳平等译注,中华书局,2014年,第253页。
② 《荀子》,方勇等译注,中华书局,2011年,第5页。

（二）崇尚实干

青年要树牢崇尚实干的意识，要有实干精神，养成实干品质，形成新时代求真务实的精神风貌。从梁家河到中南海，习近平同志夙夜在公，勤勉工作，崇尚实干，脚踏实地。在读初中时，他在政治课上听老师读《县委书记的榜样——焦裕禄》，听着听着就泪流满面。1969年初，不满16岁的习近平来到陕西延安延川县文安驿公社梁家河大队，成为一名普通农民。种地、拉煤、打坝、挑粪等，在梁家河的七年岁月里，习近平几乎什么活儿都干过，什么苦都吃过。1974年1月，习近平当选为大队党支部书记。他一直琢磨着如何能改变梁家河面貌，改善村民们的生活质量。当时，《人民日报》刊登了介绍四川推广利用沼气的报道，习近平看后很兴奋，他意识到这可以解决梁家河缺煤少柴的问题。他向县委汇报想去四川学习制取沼气的方法，县委也正想推广沼气，决定派6人前往四川"取经"，习近平是其中一员。回来后，习近平在梁家河开建沼气池。梁家河村的乡亲们至今记得，20世纪六七十年代，习近平带着大家一起打坝造田、建沼气池、办铁业社，敢想敢干，也能干会干，能把想法变成现实。[1]

在正定，习近平注重调查研究，并且经常以问卷调查的方式开展工作。有时候五六千份的民意调查表，从设计问题到把桌子摆上街头、发放调查表，他都亲力亲为，带着县委工作人员一起干。

1991年2月20日，在福州市委工作会议上，习近平第一次向全市干部明确提出"马上就办"的要求。有一次，《福州晚报》刊登了一篇报道——《我们也需要一本〈市民办事指南〉》。习近平看到后当即批示市委政研室牵头编撰，并第一时间在报纸上发布消息向群众反馈。从习近平在福州倡导践行"马上就办、真抓实干"，到党的十八大以来驰而不息抓

---

[1] 《习近平的七年知青岁月》，中共中央党校出版社，2017年，第105页。

工作作风建设,"马上就办、真抓实干"优良作风在赓续相传中发扬光大,在守正创新中与时俱进。1991年5月15日,时任福州市委书记习近平来到福建师范大学,为1400多名师生作形势报告。习近平以丰富的事例、翔实的数据,将一幅福州市20年经济社会发展战略规划的壮美画卷徐徐展开,令人心驰神往。他结合自己的成长经历,谆谆告诫同学们说:"社会最需要、最欢迎有实干精神、能解决实际问题的人,而最不欢迎夸夸其谈、眼高手低的'客里空'。"①

2004年1月29日,农历甲申年春节后的第一个工作日,习近平在浙江省委理论学习中心组专题学习会上即兴写了四副春联:求"四真"、务"四实"。第一副春联:求客观实际之真,务执政为民之实。第二副春联:深化理论武装求真谛,深入调查研究重实际。第三副春联:狠抓工作落实动真格,加快浙江发展务实效。第四副春联:高度关注民生系真情,坚持为民谋利出实招。这四副春联的横批都是"求真务实"。②可以说,求真务实已经深入习近平内心。

(三)养成务实之风

务实之风的养成非一朝一夕之功。而真正的务实,便体现在"化"上。即从问题导向出发,从制度上彻底解决问题,而不是针对人,更不是带着偏见开展工作。

2007年,习近平任上海市委书记。当时,陈良宇案还在进一步调查审理中。对一个国际大都市来说,曾经的"一把手"出了问题,引起的震动不言而喻。所以,有人形容上海这个"码头"水很深。陈良宇案对上海

---

① 《习近平在福建师大作形势报告时勉励学生:勇敢地响应时代的召唤为社会主义贡献聪明才智》,《福州晚报》1991年5月16日。

② 参见《干在实处 勇立潮头:习近平浙江足迹》,人民出版社、浙江人民出版社,2022年,第352页。

干部队伍的思想造成了很大冲击。不少干部担心受到牵连，不同程度背上了思想包袱，不敢讲话发言，不敢大胆创新，不敢推进工作。尤其一些干部为上届政府服务多年，虽然做的都是分内工作，还是怕被视作陈良宇的"身边人"，压力很大。在了解实际情况后，习近平没有对这些干部"另眼看待"，而是强调不以人划线，尽管有些干部为前任领导服务过，但工作跟私交是两回事。"只要组织没有认定存在问题，就要把案件和干部本身区分开，该怎么工作就怎么工作。"习近平还指出，看干部不要看"来头"，要看干部干事的"干头"，看为老百姓谋福利的政绩和本事，提出了"三不"观点，即"不因人废言"，陈良宇虽然因严重违纪被调查，但上一届市委制定的上海发展规划中的很多内容，只要是对的，是实事求是的，那就要坚持，不能因为某一个人犯错了，就否定一届市委的工作；"不以人划线"，尽管有些干部为前任领导服务过，但工作跟私交是两回事，要对组织有信心；"不要背思想包袱"，不要不敢讲话发言、不敢大胆创新、不敢推动工作。[①] 当时在上海市明确了三个"区别开来"：要把市委集体作出的正确决策跟个人的错误区别开来，要把个人的严重违纪行为和执行错误决定的行为区别开来，要把工作中的态度和个人的观点区别开来。

2016年1月，针对干部不作为问题，习近平总书记再次提出"三个区分开来"："要把干部在推进改革中因缺乏经验、先行先试出现的失误和错误，同明知故犯的违纪违法行为区分开来；把上级尚无明确限制的探索性试验中的失误和错误，同上级明令禁止后依然我行我素的违纪违法行为区分开来；把为推动发展的无意过失，同为谋取私利的违纪违法行为区分开来。"[②] 其目的就是要保护那些作风正派又敢作敢为、锐意进取的干部，最

[①] 《习近平在上海》，中共中央党校出版社，2022年，第111页。

[②] 习近平：《在省部级主要领导干部学习贯彻党的十八届五中全会精神专题研讨班上的讲话》，人民出版社，2016年，第42—43页。

大限度调动广大干部的积极性、主动性、创造性。此后反复强调，要坚持"三个区分开来"，建立激励机制和容错纠错机制，旗帜鲜明地为敢于担当、踏实做事、不谋私利的干部撑腰鼓劲。在习近平眼里，每一项事业，不论大小，都是靠脚踏实地、一点一滴干出来的，因为做人做事，最怕的就是只说不做，眼高手低。

当前，调查研究和勤俭之风是最根本的务实之举。青年要大兴务实之风，抓好调查研究，在察实情、出实招、求实效上下功夫，把工作抓实、基础打实、步子迈实，在力戒形式主义、官僚主义上取得明显实质性进展。同时，青年还要接过艰苦奋斗的接力棒，以一往无前的奋斗姿态和永不懈怠的精神状态，勇挑重担、苦干实干。

五、勇于担责

担当作为是青年的内在要求，青年的成长过程，就是不断挑重担的过程，没有担当作为，青春就是空耗。俗话说，"为官避事平生耻"。肩负一定公职，就要一心为公，为公的表现就是不怕事、不避事。其实，所谓"事"，不过是职责所在，发展需要，以及群众期待。如果这些事都不能解决好，那就是不称职。而评价干部是否称职，组织人事部门有一定的标准和要求，因此，要通过强化敢于担当、攻坚克难的用人导向，充分发挥干部考核评价的激励鞭策作用非常重要；通过在改革第一线考察干部，让有为者有位、让无为者失位，激励干部勇挑重担；通过建立容错纠错机制，准确把握"三个区分开来"，严格划分"失误、错误"与"违纪、违法"的界线，为担当者担当，为干事者撑腰。党和人民事业发展离不开一代又一代有志青年的拼搏奉献，只有当青春同党和人民事业高度契合时，青春的光谱才会更广阔，青春的能量才能充分迸发。

（一）练就担当铁肩

因勇敢弹劾大奸臣严嵩未果，反而惨死在严嵩的屠刀下的杨继盛，在临刑前写下名联："铁肩担道义，辣手著文章。"体现了他以救国救民为己任，以为民为公为志向。

杨继盛七岁丧母，在放牛时听到读书声被深深吸引，通过哥哥向父亲求情，虽同意他自学，但不能影响放牛，他便一边放牛一边读书，有时趴到私塾窗台听课。正是凭借这种毅力经乡试中举，继入国子监，最后于嘉靖二十六年（1547年）荣获进士出身，授南京吏部验封司主事，此时31岁。1550年，杨继盛调任北京兵部车驾司员外郎，至嘉靖三十四年（1555年）十月在北京菜市口被杀害，在不足六年的官场生涯，他笃正刚直、不畏权贵、秉公直谏，向皇帝谏阻大将军仇鸾"开马市"，向皇帝弹劾奸相严嵩。

嘉靖二十一年（1542年），俺答大举入侵明朝边境，面对薄弱的边防，边帅曾铣建议筑城练军，以加强边防，收复失地。曾铣的建议不仅遭到严嵩等人反对，他还因此蒙受"好大喜功之心，而为穷兵黩武之举"的罪名被杀。嘉靖二十九年（1550年），发生了庚戌之变。俺答进犯大同，总兵张达战死，大同总兵仇鸾怯于抵抗，用重金贿赂俺答，要求勿犯大同。俺答绕过大同，东进从古北口奔袭北京，经过通州，直逼北京城下。嘉靖封仇鸾为平虏大将军。但仇鸾提出一项近于投降的政策——开马市，即在边境辟出一处地方做集市，让俺答用蒙古的马匹换明朝的货物，可以做生意，彼此修好。杨继盛撰写《论互市疏》，奏言开马市有十个不可行理由，有五大荒谬之处。严嵩、仇鸾等向嘉靖密告杨继盛图谋不轨、居心莫测。嘉靖于是下诏让杨继盛入狱，遭受一番牢狱之灾后被贬狄道（今甘肃临洮）典史。

但开马市并没有让俺答守约不进犯，又两次率军来犯。严嵩抓住机会，将过错一股脑推到仇鸾身上，后仇鸾暴病猝死，这也更加暴露了严嵩的奸诈。严嵩位居首辅，腹中却无治国方略，有的只是"一意媚上，窃要罔利"的本领。嘉靖刚愎自用，"颇护己短"，又好动怒动刑，动辄杀戮大臣。严嵩利用嘉靖的这些特点，故意激起他的愤怒，从而达到借皇帝之刀公报私仇，杀害那些与他作对之人的目的。除此之外，严嵩还利用手中的权力大肆贪污受贿、卖官鬻爵，并遍引私党，把一些心腹之人都安插到重要岗位上。如吏、兵二部选拔官员，严嵩亲自安排20余人，向每人索要数百两黄金；礼部员外郎项治元贿赂严嵩一万三千两黄金，得以升任吏部主事；举人潘鸿业贿赂严嵩二千二百两黄金，被安排为山东临清知州。连仇鸾的官职也是他向严嵩父子行贿得来的，甚至他还甘拜严嵩为干爹。严嵩的家产仅在北京的田庄就有150余所，袁州（今江西宜春）一府四县的田地有70%属严嵩私田，黄金更是堆积如山，珍宝不可胜数。当时许多人出于明哲保身都对严嵩侧目而视，敢怒不敢言。

对严嵩一系列为人所不齿的行事，杨继盛以"天下兴亡、匹夫有责"的士大夫责任感，明知嘉靖反对臣下进谏，仍然冒死于嘉靖三十二年（1553年）上奏《请诛贼臣疏》，以事实为根据，列数了严嵩专权误国的"十大罪"和"五奸"，对严嵩揽权贪贿、结党营私、独断朝纲、涂毒苍生的罪行，予以了有力揭露。[①]

嘉靖认为严嵩能依附于他，他自当怜悯严嵩。如此一来，杨继盛再次被打入大牢，交刑部论罪。杨继盛被关牢狱三年，后被严嵩做手脚，将杨继盛名字加在判立决的名单中。虽然杨继盛最终被构陷杀害，但其担当铁

---

① 陆其国：《一个舍身斗权奸的铁骨谏臣——对"明代杨继盛遗书档案文献"的一种解读》，《上海档案》2003年第1期。

肩、不畏权贵的精神为世人所颂扬。

（二）不可邀功诿过

邀功就是炫耀自己的功劳，因为炫耀自然就有夸大的成分，有的人甚至把别人的功劳据为己有，把列席的当成出席的，把参加的当成主持的，把协办的当成主办的，总之就是要让上级看到他的功劳最大，成绩都应归功于他。而所谓诿过，就是推诿过错，把自己的过失和错误推给别人，从而达到不担责的目的。

邀功诿过不但是个人品行低劣的表现，还影响团结，败坏干事创业热情。取得成就时，要意识到这是大家合作的结果，不要把自己摆在前面，对同事要感谢，对下属要表扬。成绩不理想时，要及时总结经验教训，抱着改进工作的态度适当提醒，并共同承担不利后果。下属出了问题，切忌把下属推出来背锅，要主动承担管理责任。"甩锅"只会影响威信和团队的执行力。

共和国大将之首粟裕曾二让司令一让元帅，成为美谈。粟裕战功赫赫，1955年被授予大将军衔，党内军内，就连邵力子、黄炎培等党外民主人士也认为应该给他授元帅军衔，可等他秘书把一份写有邵力子建议粟裕应该评元帅的材料拿给他看时，粟裕却把脸一沉："评我大将，就是够高的了，要什么元帅呢？我只嫌高，不嫌低。今后不要议论这方面的问题了，议论这些都是低级趣味，没有什么意思。"

据毛泽东身边的卫士长李银桥回忆：

> 中央在讨论到粟裕军衔问题时，毛泽东说："论功、论历、论才、论德，粟裕可以领元帅衔，在解放战争中，谁人不晓得华东粟裕呀？"周恩来说："可是粟裕已经请求辞帅呢？"毛泽东又说："男儿有泪不轻弹，只是未到授衔时。我们军队中有些人，打仗时连命

都不要了，现在为了肩上一颗星，硬是要争一争、闹一闹，有什么意思！"毛泽东还说："难得粟裕！壮哉粟裕！竟三次辞帅，1945年让了华中军区司令员，1948年让了华东野战军司令员，现在又让元帅衔，比起那些要跳楼的人，强千百倍么！"周恩来也说："粟裕二让司令一让元帅，人才难得，大将还是要当的。"毛泽东补充说："而且是第一大将。我们先这样定下来，十大将十元帅。"①

（三）不证无证之罪

1935年9月下旬开始，西北革命根据地发生错误肃反事件，逮捕了刘志丹等一大批党、政、军领导干部，错杀了陕甘边区特委第一任书记金理科等200多名干部，致使党组织和干部队伍严重削弱，军心动摇，民心不稳，直接造成西北革命的严重危机。9月21日，陕甘晋省委发出建立政治保卫局工作系统的指示，颁布红色戒严令，动员政府、贫农团和广大群众严格执行阶级路线，进行肃反。习仲勋对越来越多的同志被捕，内心感到非常不安和焦虑，时常彻夜难眠。不久他身边一些人员甚至连警卫员也被关押，他已隐约感到自己也难逃厄运。刘景范关切地对习仲勋说，还是暂时离开此地，躲一躲。习仲勋说："不能走。我落一个法西斯分子，把我杀了，我也不能走，这些同志都是以我的名义叫回来的，我怎么能走呢？"②后来习仲勋被以莫须有的罪名扣押在瓦窑堡。庆幸的是这时中共中央长征到达陕北，制止和纠正了错误的肃反，释放了刘志丹、习仲勋等100多位被关押的同志，挽救了西北的党组织和西北革命。但是，由于当时形势和条件的限制，肃反主持人的错误没有得到纠正，习仲勋遭遇了不公正对待，但他依然接受了组织的安排，在很困难的形势下坚持关中游击战争，开辟红军西征新区，工作卓有成效。

---

① 参见鞠开《没授元帅，粟裕并未闹情绪》，《文史博览》2010年第9期。
② 《习仲勋传》上卷，中央文献出版社，2008年，第203—204页。

习仲勋一生坚持实事求是，从不会遮遮掩掩，尤其是在涉及人民群众利益的问题上，他从不退缩。著名的三门峡水利枢纽工程，号称"万里黄河第一坝"，是新中国第一个五年计划的重点工程，也是苏联援建的156个重点项目之一。1955年，在一届全国人大二次会议上，讨论三门峡水利枢纽工程的方案和计划时，习仲勋投了反对票，他认为，三门峡水利枢纽工程应该缓建，至少待解决了泥沙淤积问题后再建设。他认为，科学这个东西要老老实实，没弄清楚，没有一定的根据，没有试验，不要随便去说。

丘吉尔在《不证无证之罪》中讲述了一个被冤枉的故事。主人公因为吃了别人的东西而被冤枉，而当要求他证明自己的清白时，他却陷入了沉思。面对这个问题，很多人可能会选择剖开自己的肚子来证明清白，但在丘吉尔看来，这样做无疑是愚蠢的。面对冤枉，主人公应该如何证明自己的清白呢？丘吉尔认为，最好的方法就是让那个冤枉他的人自己来证明。为此，他建议挖出那个人的眼睛，让他在自己的肚子里看看清楚。这样，他就能亲眼看到主人公的清白，也能为自己的错误道歉。这个故事给了我们很大的启示。在现实生活中，我们常常会遇到各种冤枉和误解。在面对误解和冤枉时，我们不必急于剖开自己的肚子来证明清白，而应该用智慧和勇气去化解危机。我们应该相信自己的能力，相信自己能够找到解决问题的方法。同时，我们也要学会宽容和包容，不要轻易地冤枉别人，更不要执着于一时的得失。

第六章

凝聚团结奋斗的合力

团结就是力量，团结才能胜利。全面建设社会主义现代化国家，必须充分发挥亿万人民的创造伟力。……不断巩固全国各族人民大团结，加强海内外中华儿女大团结，形成同心共圆中国梦的强大合力。①

——2022年10月16日，习近平总书记在中国共产党第二十次全国代表大会上的报告

---

① 《习近平著作选读》第1卷，人民出版社，2023年，第57—58页。

主体在对象性活动中改造着不同的认知观念、价值判断，从而形成普遍性共识，凝聚着巨大力量。1864年，马克思在《国际工人协会成立宣言》中指出："过去的经验证明：忽视在各国工人间应当存在的兄弟团结，忽视那应该鼓励他们在解放斗争中坚定地并肩作战的兄弟团结，就会使他们受到惩罚，——使他们分散的努力遭到共同的失败。"[①] 自古以来独木不成林，没有团结的单打独斗，不会有多大的成效，对于宏伟的强国建设更是于事无补。团结的效能，就是能够在时间和空间上产生1加1大于2的结果。从建党百年的伟大成就看，团结是成功的密码之一。即便从道德层面说，一个与其他人脱离、只过自己的生活、只为自己一人活着的人，显然不可能是一个有道德的人。相反，完美的道德，只有在完美的社会关系中才能达到。对青年来说，懂团结是真聪明，会团结是真本领，因为团结出凝聚力、出战斗力、出新的生产力，也出干部。因此，在强国建设的新征程上，青年善于凝聚团结奋斗的合力，已经不单是个人的素质和能力的体现，更是事业成功的保证。

一、善补台不拆台

补台原先是用于舞台表演中的一个习语，指的是在舞台表演中出现突然发生的异常情况，使台上的表演者无法按照原有安排演出，有可能导致表演事故的发生，此时通过演员自身素质进行临场发挥，想办法将失误弥补上，使观众无法看出破绽和漏洞，让表演顺利完成。后被引申为对出现

---

① 《马克思恩格斯文集》第3卷，人民出版社，2009年，第14页。

意外情况的事件进行补救,及时改正不足之处,使事件能顺利完成。善于补台最能彰显高超的能力和水平,而拆台总是逃不过群众雪亮的眼睛。"作为各级党政'一把手',都要补台而不拆台,你落下的我主动捡起来,你不足的我主动补上去,同舟共济,齐心协力,共演一台'二人转'的好戏。"①

(一)同舟共济

同舟共济原指两个或多个人坐一条船共同渡河,因为在同一条船上,利害相同,生死与共,如果遇到风浪或危险,全体人员都要遭遇不测,为了避免或克服这种危险,全体人员都要竭尽全力,互帮互助。后来用同舟共济比喻团结互助,勠力同心,战胜困难。与同舟共济相对应的是各行其是。在全面深化改革、推进中国式现代化过程中,需要齐心协力,避免各行其是,这是涉及凝聚力、战斗力的问题,也涉及能否取得实效的根本要求。

战国初年,列国纷纷求贤变法以图自强。秦孝公即位后,决心图强改革而重用商鞅(原名卫鞅)。商鞅通过深入调查秦地现状和风土人情,提出了废井田、重农桑、奖军功、统一度量和建立县制等变法策略,深得秦孝公信任。但在变法初期,以孟明视、西乞术、白乙丙三族为首的老士族为了始终能够"居高位,享富贵"而拼命活动,各行其是,抵抗变法,制造混乱。然而,商鞅得到秦孝公鼎力支持,使变法铁腕推进。20年后变法成效显著,秦国通过改革促进了经济发展,推动了社会进步,实现了富国强兵,直接促成秦国雄踞六国之上,同时也对中国社会转型和历史发展起到了重要作用。商鞅变法之所以能够取得成功,从根本上说是秦孝公对商鞅充分信任和商鞅对秦国之忠的结合,也只有秦孝公与商鞅同舟共济,秦孝

---

① 习近平:《之江新语》,浙江人民出版社,2007年,第23页。

公才会给予商鞅最大的自主权，商鞅也才能鞠躬尽瘁，竭智尽力。

与同舟共济相反的，就是各行其是。各行其是就是各弹各的琴，各走各的路，看起来是在统一目标之下，其实各怀鬼胎，各自打着小算盘、小九九。其结果自然是一盘散沙。各行其是说到底是背离发展初衷的。全面深化改革的动力来自人民，目的是为了人民。如果在这个宗旨上都不能形成共识，那就难以取得预期效果。改革开放后，国家历次机构改革、转变政府职能，说到底就是为了能够更好地形成发展合力，改变各行其是的局面，以更好地保障人民群众对美好生活的需要。而各行其是只能给全面深化改革的参与者带来精神涣散、消极应付等不良影响，而且这种影响往往又是深远的、长久的。

各行其是从本质上看，是一种个人主义、本位主义、山头主义，这种言行必然是阻碍全面深化改革的绊脚石、拦路虎。正如邓小平所指出："改革要成功，就必须有领导有秩序地进行。没有这一条，就是乱哄哄，各行其是，怎么行呢？"[1]党和国家的事业是一个相互联系、相互作用、相互支撑的有机整体，各部门既要各司其职，又要有大局意识、系统思维，自觉把部门工作目标和任务放在整体全面深化改革这"一盘棋"上，加强统一领导、统一指挥。唯有此，才能真正形成合力，取得全面深化改革的预期效果。

从效果上看，各行其是必然产生反作用，反噬既有成果。全面深化改革是一项系统工程，工作头绪很多，任务很重，需要发挥出强大的心气儿和干劲儿，才能确保改革"爬坡过坎""勇往直前"。然而，面对"逆水行舟"，如果各行其是、各自为战，或者不朝同一方向集中用力，或者不在同一频道百分之百用力，或者不在同一时段持续用力，那么都将对改革产生负面影响。甚而至于，要么使全面深化改革流于形式、貌合神离；要么

---

[1] 《邓小平文选》第3卷，人民出版社，1993年，第277页。

使全面改革难以深入、半途而废；要么使全面深化改革偏离轨道、走错方向；等等。

（二）拆台就会影响发展

拆台就是用破坏手段使人或集体垮台或使事情不能顺利进行。当然这里还需要强调主观情况，也就是成功心切，从而破坏规律和程序，导致事与愿违，甚至造成很大损失的情况。关于拆台导致别人或集体垮台的情况不胜枚举。说到底，拆台就是没有按程序来，故意通过越级操作带来的后果。

2019年中国台湾地区曝光了蒋介石的一些手令（虽然这些手令的字并非出自蒋介石之手，但皆为蒋之意无疑）。从蒋介石的一些手令中可以看出，领导干部如果越级、越权，后果是相当严重的，直接破坏了正常的权力运转机制，实际上起到的作用就是拆台。虽然手令具有传达方便、更灵活更易接受等特点，但也存在执行者钻空子、领会错误等缺点，不可常态化使用。何况用批示、手令等代替组织决定、集体研究，就是更荒唐的事情了。

蒋介石事无巨细，无不亲力亲为，既让自己焦头烂额，也无形中越界了，越级指挥直接影响权力的正常行使。据估计，自1936年1月至1948年4月，军事委员会委员长侍从室积累收藏蒋介石的手令多达120箱。

重庆市档案馆曾公布过106道1939年至1944年间的蒋介石手令。这些手令包括车辆超载、马车污秽、马桶清洗等：

> 1939年3月2日，蒋介石下达手令，命重庆市政府解决市内车辆超载问题。3月18日，他再次下达手令，传达自己所拟订的解决超载问题的三条办法：分量应再减少现定者五分之一、重要出入路口准备秤磅、如有过分之重量如何处罚。1941年7月，蒋介石更拟好了具体的超载处罚标准。

1940年2月27日，蒋介石就防空洞内须设置厕所等问题，下达手令给重庆市市长吴国桢，手令说："每防空洞设备必有坐位，且在其附近必设厕所。"7月24日，他又就防空洞内厕所的启用和关闭规则，再次下达手令给吴国桢。蒋介石甚至还用手令规定了防空洞外马桶的清洗时限。5月30日，他下达手令："防空洞外新设各厕所，其便桶应规定解除警报以后三点钟以内，必须清除洗净，各区警长负责检查，不得疏懈。市长与警察局长亦应轮流巡察……"1942年3月23日，他又就市内公共厕所的清洗规范作出具体规定。

1942年9月24日，蒋介石下达手令，要重庆市市长吴国桢整顿市内外马车行业的问题，称"马匹疲敝瘦弱难堪……望即切实改正"。次年6月22日，他再度下达手令重申这一问题，称"以后倘再不将车厢保持清洁，马匹挑选精壮，与御夫穿着制服，定将先惩各该主管人员"。1943年12月14日，蒋介石甚至在手令里对市内马车的搭乘人数作出了规定。[①]

蒋介石这些手令，导致各军政首长无暇顾及处理一般正常业务，更为严重的是蒋介石以手令越级指挥，破坏了体制。

1932年，蒋介石派薛岳去湖南、江西围剿红军。薛岳仗打到一半，正焦灼时，蒋介石看着地图突发奇想，觉得自己想出了一条妙计，于是马上越级给薛岳的部下李韫珩直接发了一条手令，让他们带着部队赶到一个指定地点。而且，蒋介石还在手令里特别说明让薛岳的部下直接听蒋介石本人指挥就行了。手令的内容为：李军长抱冰兄（即李韫珩）：兄部本晚，务望赶到安南以北地区，明晚赶到安南与普安间之新庄。务限廿三日前赶到盘县。薛主任在前方恐不明全般情况，故兄处以后以中正之命令为准。薛

---

① 参见《蒋介石手令细到马桶清洗》，《农家之友》2015年第11期。

岳在急需人手打电话让李韫珩支援时，才知道李韫珩已经被蒋介石调走了。久而久之，国民党高级将领在战场上一听到是蒋介石的电话，就开始犯嘀咕，没了底气。

李宗仁在检讨抗战经验教训时说：

> 整个战略之外，抗战时我方指挥系统的毛病亦多。最重大的一个缺点便是蒋先生越级亲自指挥。前已一再提及，蒋先生既不长于将兵，亦不长于将将。但是他却喜欢坐在统帅部里，直接以电话指挥前方作战。抗战时，他常常直接指挥最前线的师长，抗战后对共军作战，他竟然连团长也指挥起来。他指挥的方法是直接挂电话，或直接打电报，故战区司令长官甚至集团军总司令和军长都不知其事。有时一军一师忽然离开防地，而前线最高指挥官还不知其事。但是蒋先生的判断既不正确，主张又不坚定。往往军队调到一半，他忽然又改变了主意，益发使前线紊乱。蒋先生之所以要这样做，实在是因为他未作过中、下级军官，无战场上的实际经验，只是坐在高级指挥部里，全凭一时心血来潮，揣测行事，指挥系统就乱了。[①]

1936年7月9日，周恩来在接受美国记者埃德加·斯诺采访时对蒋介石作为一个军人的评价是："作为一个战术家，他是拙劣的外行，而作为一个战略家则或许好一点。"[②] 足见蒋介石是一个不善补台的，反而总是通过揽权造成拆台结果的人。

（三）补台才能事业广大

互相补台，好戏连台；互相拆台，都得垮台。无论是战争年代，还是

[①] 《李宗仁回忆录》，广西师范大学出版社，2005年，第591页。
[②] 《周恩来答问录》，人民出版社，2015年，第6页。

和平时期，搭班子的双方或多方，精诚合作、磊落坦荡、团结齐心，部门或行业发展不能差到哪里去。反之则不会好到哪里去。

2013年4月7日，习近平同志在博鳌亚洲论坛2013年年会上发表主旨演讲说："国家无论大小、强弱、贫富，都应该做和平的维护者和促进者，不能这边搭台、那边拆台，而应该相互补台、好戏连台。"[①]国家与国家之间如此，单位与单位之间、部门与部门之间也是如此。要有格局和视野，不能局限于自己的那一亩三分地。特别是班子成员之间，既有部门分工，又有单位一统，具有某种内因机制，故而补台显得尤为重要。

新中国成立前夕，毛泽东在《党委会的工作方法》中就强调党委书记要善于当"班长"，他说："党的委员会有一二十个人，像军队的一个班，书记好比是'班长'。要把这个班带好，的确不容易。目前各中央局、分局都领导很大的地区，担负很繁重的任务。领导工作不仅要决定方针政策，还要制定正确的工作方法。有了正确的方针政策，如果在工作方法上疏忽了，还是要发生问题。党委要完成自己的领导任务，就必须依靠党委这'一班人'，充分发挥他们的作用。书记要当好'班长'，就应该很好地学习和研究。书记、副书记如果不注意向自己的'一班人'作宣传工作和组织工作，不善于处理自己和委员之间的关系，不去研究怎样把会议开好，就很难把这'一班人'指挥好。如果这'一班人'动作不整齐，就休想带领千百万人去作战，去建设。当然，书记和委员之间的关系是少数服从多数，这同班长和战士之间的关系是不一样的。这里不过是一个比方。"[②]

有些单位的班子成员之间关系已经扭曲了，认为副职就是协助正职，只能唯命是从，然后向下发号施令。有的班子副职则是出于私人目的，整天散播小道消息，诋毁中伤他人，有的甚至搞匿名举报，就是要搅乱整个

---

① 《习近平谈治国理政》第1卷，外文出版社，2018年，第331页。
② 《毛泽东选集》第4卷，人民出版社，1991年，第1440页。

班子。不负责任的不行，滥用权力的也不行，都是错误政绩观和价值观造成的。造成这种现象的原因很多，其中一个关键点是制度的不健全和现有制度的落实不力。在制度不健全方面，中央出台了《中共中央关于加强对"一把手"和领导班子监督的意见》，但对于副职的规定还不够，副职并没有真正摆正位置。因此有必要出台关于副职如何履职尽责问题的规范性文件。

对班子成员而言，补台就是讲团结、顾大局、有党性的表现。班子成员之间要强化"补台"意识，勤沟通、多交流，切实做到心往一处想、劲往一处使，上下拧成一股绳、内外聚成一股劲。同时还要明白，补台不是毫无主见的盲从，也不是相互"遮短"掩盖缺点问题，更不是毫无原则的迁就——毫无原则的老好人行为是班子健康发展的阻力。

真正的补台，应该是在坚持真理上的团结、坚持原则上的认同，是正气的弘扬、问题的揭露，是对涉及个人利益小事的讲风格、事关原则性问题的较真碰硬，是当班子决策不完善或发现失误时的大胆提意见，是对损害人民利益、集体利益的主动反映、严厉查处。在日常中的表现就是，以同志般的关系，各负其责，同时及时并出以公心地开展批评和自我批评，以此来提升整体的凝聚力和战斗力。

二、善做宣传工作

宣传就是通过一种或多种媒介在一定范围内把信息传递出去，使人知悉。从机构设置看，宣传部门是同组织部门、纪检部门、统战部门并列的党的重要部门之一，足见其职能的重要性。从历史发展看，宣传思想工作是党成功奠基立业、铸就苦难辉煌、从胜利走向胜利的重要法宝，必须发扬好这个优良传统、运用好这个突出优势。党的十八大以来，习近平总书记两次出席全国宣传思想工作会议，主持召开或出席文艺工作座谈会、党的新闻舆论工作座谈会、网络安全和信息化工作座谈会、哲学社会科学工作座谈会、全国高校思想政治工作会议、文化传承发展座谈会等一系列重要会议，每一次都重点强调宣传思想文化工作的重要性，都强调如何做好宣传工作。可以说，宣传思想文化工作事关党的前途命运，事关国家长治久安，事关民族凝聚力和向心力，是一项极端重要的工作。

（一）共同的目标

宣传思想文化工作面临新形势新任务，必须要有新气象新作为。为此，要聚焦用党的创新理论武装全党、教育人民这个首要政治任务，围绕在新的历史起点上继续推动文化繁荣、建设文化强国、建设中华民族现代文明这一新的文化使命，坚定文化自信，秉持开放包容，坚持守正创新，做好宣传工作，这是共同的目标任务。2023年10月，习近平总书记对宣传思想文化工作作出重要指示，提出"七个着力"[①]，即着力加强党对宣传思想文化工作的领导，着力建设具有强大凝聚力和引领力的社会主义意识形态，着力培育和践行社会主义核心价值观，着力提升新闻舆论传播力引导力影响力公信力，着力赓续中华文脉、推动中华优秀传统文化创造性转化和创新性发展，着力推动文化事业和文化产业繁荣发展，着力加强国际传播能力建设、促进文明交流互鉴，充分激发全民族文化创新创造活力，不断巩固全党全国各族人民团结奋斗的共同思想基础，不断提升国家文化软实力和中华文化影响力，为全面建设社会主义现代化国家、全面推进中华民族伟大复兴提供坚强思想保证、强大精神力量、有利文化条件。

习近平总书记在新时代文化建设方面的新思想新观点新论断，内涵十分丰富、论述极为深刻，是新时代党领导文化建设实践经验的理论总结，丰富和发展了马克思主义文化理论，构成了习近平新时代中国特色社会主

---

① 《坚定文化自信秉持开放包容坚持守正创新 为全面建设社会主义现代化国家 全面推进中华民族伟大复兴提供坚强思想保证强大精神力量有利文化条件》，《人民日报》2023年10月9日。

义思想的文化篇，形成了习近平文化思想。习近平文化思想既有文化理论观点上的创新和突破，又有文化工作布局上的部署要求，明体达用、体用贯通，明确了新时代文化建设的路线图和任务书，标志着我们党对中国特色社会主义文化建设规律的认识达到了新高度，表明我们党的历史自信、文化自信达到了新高度，并在我国社会主义文化建设中展现出了强大伟力，为做好新时代新征程宣传思想文化工作、担负起新的文化使命提供了强大思想武器和科学行动指南。

青年要紧紧围绕学习贯彻习近平文化思想，切实增强做好新时代新征程宣传思想文化工作的责任感使命感，推动各项工作落地见效。一是要坚持不懈用习近平新时代中国特色社会主义思想凝心铸魂，在真学真懂真信真用、深化内化转化上下功夫。二是要巩固壮大奋进新时代的主流思想舆论，以强信心为重点加强正面宣传，提高舆论引导能力。三是要广泛践行社会主义核心价值观，改进创新精神文明建设工作。四是要促进文化事业和文化产业繁荣发展，推动中华优秀传统文化保护传承。五是要加强和改进对外宣传工作，增强中华文明传播力影响力。六是要坚决有效防范化解意识形态风险，敢于亮剑、敢于斗争。七是要加强党对宣传思想文化工作的全面领导，落实政治责任，勇于改革创新，强化法治保障，建强干部人才队伍，为担负起新的文化使命提供坚强政治保证。八是要以钉钉子精神把各项任务要求落到实处，不断增强工作能力本领，提高工作质量效能，在建设社会主义文化强国、建设中华民族现代文明的奋斗和实践中展现新气象新作为。

（二）同样的使命

当前，全国各族人民正在奋发有为地向着强国建设和民族复兴伟业阔步前行。青年的使命就是在推进中国式现代化过程中展露风采、贡献力量。党的二十届三中全会审议通过的《中共中央关于进一步全面深化改革、推进中国式现代化的决定》提出,进一步全面深化改革的总目标是继续完善和发展中国特色社会主义制度,推进国家治理体系和治理能力现代化。到2035年,全面建成高水平社会主义市场经济体制,中国特色社会主义制度更加完善,基本实现国家治理体系和治理能力现代化,基本实现社会主义现代化,为到21世纪中叶全面建成社会主义现代化强国奠定坚实基础。会议将完成决议事项时间明确为2029年中华人民共和国成立80周年时。这既是自加压力,催人奋进,也体现了我们党的自信。为此,青年要聚焦构建高水平社会主义市场经济体制,聚焦发展全过程人民民主,聚焦建设社会主义文化强国,聚焦提高人民生活品质,聚焦建设美丽中国,聚焦建设更高水平平安中国,聚焦提高党的领导水平和长期执政能力,继续把改革推向前进。

全国各族人民,特别是各族青年,都要自觉肩负起这个伟大而光荣的共同使命,既要脚踏实地,又要抬头看路。脚踏实地,就是要看到中国发展正处于爬坡上坎的关键时期,不能松劲,不能泄气;抬头看路,就是要因时而变、应势而动。对于每个青年来说,新时代施展才干的舞台无比广阔,新时代实现梦想的前景无比光明。

从觉醒、探索到追梦,在推动中国式现代化的征程中,青年要自觉始终勇立历史潮头,开时代风气之先。新民主主义革命时期,广大青年在党的带领下推翻"三座大山",成为争取民族独立和人民解放的先锋力量;社会主义革命和建设时期,广大青年积极响应党提出的"四个现代化"建设号召,到最艰苦最需要的地方,把青春献给祖国;在改革开放和社会主义现代化建设新时期,广大青年紧紧围绕"三步走"发展战略,坚定不移跟着党推进改革开放;党的十八大以来,广大青年用火热实践赓续奋斗初心,在党和人民最需要的时刻冲得出来、顶得上去,成为党在新时代领导全国各族人民实现中华民族伟大复兴的先锋力量。可以说,中国共产党始终把青年视为推进中国式现代化的关键力量、战略要素和根本大计。相信青年、重视青年、依靠青年是中国式现代化的应有之义。青年发展、青年事业、青年工作是中国式现代化的重要内容。处在中华民族发展的最好时期，拥有更优越的发展环境、更广阔的成长空间，迎来实现抱负、施展才华的难得机遇，广大青年要牢记党的教诲，怀抱梦想又脚踏实地，敢想敢为又善作善成，立志做有理想、敢担当、能吃苦、肯奋斗的新时代好青年，勇做走在时代前列的奋进者、开拓者、奉献者，在迈向第二个百年奋斗目标的新征程中不负时代，不负韶华，不负党和人民的殷切期望。

（三）讲好中国故事

毛泽东曾说过："我们作宣传工作的同志有一个宣传马克思主义的任务。这个宣传是逐步的宣传，要宣传得好，使人愿意接受。不能强迫人接受马克思主义，只能说服人接受。"[①]2016年5月17日，习近平总书记在哲学社会科学工作座谈会上的讲话中就明确提出："在解读中国实践、构建中国理论上，我们应该最有发言权，但实际上我国哲学社会科学在国际上的声音还比较小，还处于有理说不出、说了传不开的境地。"[②]

讲好中国故事，首先要明确哪些是需要重点讲并且要讲清楚的。习近平总书记在2013年8月19日的全国宣传思想工作会议上提出的"四个讲清楚"，便是需要重点宣传阐释的中国特色，即："要讲清楚每个国家和民族的历史传统、文化积淀、基本国情不同，其发展道路必然有着自己的特色；讲清楚中华文化积淀着中华民族最深沉的精神追求，是中华民族生生不息、发展壮大的丰厚滋养；讲清楚中华优秀传统文化是中华民族的突出优势，是我们最深厚的文化软实力；讲清楚中国特色社会主义植根于中华文化沃土、反映中国人民意愿、适应中国和时代发展进步要求，有着

---

① 《毛泽东著作选读（甲种本）》，人民出版社，1965年，第367—368页。
② 《习近平著作选读》第1卷，人民出版社，2023年，第486页。

深厚历史渊源和广泛现实基础。"①

讲好中国故事，传播好中国声音，还要广泛开展对外人文交流，不能闭门造车。近年来举行的中国共产党与世界政党高层对话会效果非常好，中方提出全球文明倡议，呼吁共同倡导加强国际人文交流合作，探讨构建全球文明对话合作网络，丰富交流内容，拓展合作渠道，促进各国人民相知相亲，共同推动人类文明发展进步。在各国前途命运紧密相连的今天，中国方案推动各方以文明交流超越文明隔阂、文明互鉴超越文明冲突、文明包容超越文明优越，共同繁荣世界文明百花园。2023年3月27日，中国西班牙文化和旅游年开幕式及音乐会在西班牙首都马德里举行。音乐会上，西班牙歌唱家用中文和西文演唱《我爱你中国》，以歌声传递了两国民众间的友好情谊；中国乐器笙演奏的《西班牙斗牛曲》"混搭"西班牙"国粹"弗拉门戈舞蹈，令人击节叫好。两国艺术家以乐会友、以艺通心，通过中西音乐元素的碰撞与交融，展现了东西方文化的互融互鉴。

向世界讲好中国故事、传播好中国声音，要把握大势、区分对象、精准施策。为此，既要讲得精彩、生动、鲜活，让国际社会听得懂、能理解、可借鉴，又要充满感情地讲，以对党和国家真挚的感情，对领袖的衷心拥戴，针对国际重大关切，策划好内容，报道出理论的深度、思想的温度。既要以我为主地讲，用中国理论回答中国问题、用中国话语解读中国道路，结合国外受众的思维和阅读习惯，精心构建中国特色对外话语体系；又要丰富多彩地讲，综合运用各种对外传播载体，尤其要多生产制作移动化、可视化、社交化、多语化的国际传播产品，选准时机、选对载体，提高对外传播的"时度效"水平。既要借嘴说话地讲，把"自己讲"和"别人讲"结合起来，又要加强与国际或地区性知名主流媒体、智库

---

① 《习近平著作选读》第1卷，人民出版社，2023年，第150页。

和出版机构开展合作,注重海外落地和海外影响,提高对外传播效果。既要对世界形势发展变化,对世界上出现的新事物新情况,对各国出现的新思想新观点新知识,加强宣传报道,以利于积极借鉴人类文明创造的有益成果;又要精心做好对外宣传工作,创新对外宣传方式,着力打造融通中外的新概念新范畴新表述,讲好中国故事,传播好中国声音。

三、共筑同心圆

同心圆是指圆心相同,半径不同的圆。习近平总书记在多次讲话中提到同心圆,比如"画出最大同心圆""构建网上网下同心圆""画出最大的思想同心圆",构筑了一个同心圆理论,即国家发展与人才人心等要素关系的模型,寓意为团结、包容、融合、共识,象征为圆满、美好、共享,在政治语境下寓意为全国各族人民、全体中华儿女紧密团结在党中央周围,同心同向聚共识、合力合拍谋发展。

(一)加强沟通

沟通是理解的前提。没有沟通,或者沟通不畅,必然造成误解和猜忌,从而激化矛盾。沟通是合作的前提,合作是需要信任的,只有沟通,才能达成共识。在工作中,良好的沟通能够使同事之间关系融洽,目标任务更为明确,资源工具更为便捷,工作效率自然很高。在生活中,良好的沟通能够使家人之间关系亲密。

1939年10月4日,在《〈共产党人〉发刊词》中,毛泽东提出了著名的"三大法宝"的思想。他说:"十八年的经验,已使我们懂得:统一战线,武装斗争,党的建设,是中国共产党在中国革命中战胜敌人的三个法宝,三个主要的法宝。这是中国共产党的伟大成绩,也是中国革命的伟大成绩。"①统一战线这个法宝的经验取得,与周恩来是分不开的。毛泽东曾赞誉周恩来的最大优点之一,就是同党内党外都有最广泛的联系,善于团结一切可以团结的人。周恩来创造性地贯彻毛泽东统一战线思想,是党的统一战线的伟大奠基者和卓越领导人。

从民主革命时期的第一次国共合作起,直到社会主义革命和建设时期,在每一重大事变关头和每个历史阶段,周恩来总是亲临第一线,亲力亲为,从事党的统一战线工作。周恩来青年时期就提出了"欲爱国则必先合群"②的思想。1914年9月,他在南开学校的一篇作文即以《爱国必先合群论》为题进行了系统阐述:

> 聚多数团体而成者曰社会,合若干社会而立者曰国家。国无社会不名,社会无团体不生。国与社会,两相表里,一而二,二而一者也。是故爱国者,必先及其社会,首必爱其群,斯为爱国之士焉。不然终日号嚣于市,辄曰爱国爱国,而口与心违,言与行背。贫者弗恤,病者弗救;不为公益之事,不作道德之举;视同胞如草芥,奉外人若神明;党同伐异,争权攘利;无合群之思,鲜爱众之想;一国之肥瘠,犹越人之视秦人;一毛之不拔,如洛钟东应铜山。夫以此种不爱国、不合群之国民,趋之使强,未有不南辕而北辙者也。③

1924年,周恩来投身国内革命洪流,担任黄埔军校政治部主任,是我们党最早认识武装斗争重要性和最早从事军事工作的领导人之一。大革命失败后,周恩来作为党中央主要领导人之一,领导发动南昌起义,打响了武装反抗国民党反动派的第一枪,党领导的人民军队从此诞生。在极其严

---

① 《毛泽东选集》第2卷,人民出版社,1991年,第606页。
② 《周恩来年谱(1898—1949)》,人民出版社,1989年,第21页。
③ 《周恩来南开中学论说文集》,人民出版社,2014年,第23页。

酷的白色恐怖下，周恩来积极开展党在国民党统治区的秘密工作，指导和支持各地工农武装割据斗争，为推动"农村包围城市，武装夺取政权"的中国革命正确道路的形成作出了突出贡献。周恩来到江西中央革命根据地后，同朱德等一起指挥了第四次反"围剿"斗争并取得胜利。在遵义会议上，他坚定支持毛泽东的正确主张，为确立毛泽东同志在红军和党中央的领导地位，为在危难中挽救红军、挽救党，为中国革命实现历史性转折，发挥了十分重要的作用。西安事变发生后，周恩来根据党中央的方针，亲赴西安，多方斡旋，推动了西安事变和平解决，促成第二次国共合作、团结御侮的新局面。全民族抗日战争时期，周恩来代表我们党长期在国民党统治区坚持工作，广泛团结和争取各界爱国人士，同国民党顽固派进行有勇有谋的斗争。抗日战争胜利后，周恩来陪同毛泽东赴重庆同国民党进行谈判，随后率领我们党代表团同国民党当局进行了长达一年多的谈判斗争。解放战争时期，周恩来协助毛泽东部署指挥一系列改变中国命运的战略大决战，并推动国统区形成第二条战线。周恩来代表我们党同各民主党派和爱国民主人士共商建国大计，筹备召开中国人民政治协商会议，主持起草《中国人民政治协商会议共同纲领》，为新中国的筹建作出卓越贡献。

（二）尊重差异

俗话说，人心之不同，如其面焉。《孟子·滕文公上》有言："夫物之不齐，物之情也，或相倍蓰，或相什百，或相千万。子比而同之，是乱天下也。巨屦小屦同贾，人岂为之哉？从许子之道，相率而为伪者也，恶能治国家？"[①]说的就是物质世界和精神世界是存在差异性的。天下万物没有同样的，它们都有自己的独特个性，这是客观存在。孟子指出，物品的价值有的相差一倍、五倍，有的相差十倍、百倍，有的甚至相差千倍、万

[①] 《孟子》，方勇译注，中华书局，2010年，第97—98页。

倍。从人类文明来看，不同国家、民族的思想文化各有千秋，只有姹紫嫣红之别，而无高低优劣之分。正是多元多样的文化，才让我们的世界更精彩；正是各有特点的制度，才让我们的选择更丰富。从政治到文化，从制度到历史，只有认识到差别，才能真正尊重别人、坚持自己。

尊重差异，就是要做到求同存异。求同存异思想是周恩来长期统战实践的结晶，被成功运用于处理国际国内事务实践之中。1923年7月周恩来起草的《旅法各团体敬告国人书》中，他号召："我们现在立在这个国民团结大运动旗帜之下，凡是具有革命新思想而不甘为列强奴隶、军阀鹰犬的人，不论其属于何种派别，具有何种信仰，都应立即联合起来，统一此国民革命的前敌啊！"[1]在这里，他号召人们求反对列强和军阀之"同"，存派别和信仰之"异"，立即联合起来。

求同存异思想正式提出并被运用于处理国际事务，是1955年在万隆举行的第一次亚非会议上。万隆会议是亚非人民摆脱帝国主义的控制，独立召集的一次会议，它标志着亚非国家走上团结、自立、共同发展的道路。但是，由于美国的唆使和破坏，一些与会国家代表把矛头指向社会主义新中国，攻击和诬蔑共产主义是"独裁"，是"新殖民主义"，说"中国在其他国家制造颠覆活动"，企图以此在会内掀起反华逆流，制造猜疑和分裂气氛，进而使会议不欢而散；与此同时，一些主张中立的国家和参加军事集团的国家在会议上也发生了针锋相对的争吵，导致会议陷入僵局。在这关键时刻，周恩来在补充发言中说："中国代表团是来求团结而不是来吵架的。我们共产党人从不讳言我们相信共产主义和认为社会主义制度是好的。但是，在这个会议上用不着来宣传个人的思想意识和各国的政治制度，虽然这种不同在我们中间显然是存在的。""中国代表团是来求同而不是来立异的。在我们中间有无求同的基础呢？有的。那就是亚非绝大多

---

[1] 《周恩来传（1898—1949）》，人民出版社，1989年，第75页。

数国家和人民自近代以来都曾经受过、并且现在仍在受着殖民主义所造成的灾难和痛苦。这是我们大家都承认的。从解除殖民主义痛苦和灾难中找共同基础，我们就容易互相了解和尊重、互相同情和支持，而不是互相疑虑和恐惧、互相排斥和对立。""我们的会议应该求同而存异。"[1]周恩来一席话掷地有声，以求团结、顾大局的诚意，旗帜鲜明地提出"求同存异"的思想，扭转了大会的僵持局面，使各国代表撇开了无休止的辩论，将目光转向共同点的探求，保障了会议沿着团结、和平与合作的方向发展，终于达成了《亚非会议最后公报》，形成了举世瞩目的"万隆精神"，同时也树立了新中国的良好外交形象。

（三）建立信任

中华优秀传统文化绵延5000多年，诚信是一条贯穿始终的内在红线。"仁义礼智信"，信是其一。《论语·颜渊篇》记载了子贡问食、兵、信哪个更重要时，孔子明确回答说是"信"。"子贡问政。子曰：'足食，足兵，民信之矣。'子贡曰：'必不得已而去，于斯三者何先？'曰：'去兵。'子贡曰：'必不得已而去，于斯二者何先？'曰：'去食。自古皆有死，民无信不立。'"[2]人要立得住，必以信。如果一个人没有诚信，不守信用，那么就不合群了。"人而无信，不知其可也""言必诚信，行必忠正"等古训一再彰显，诚实守信是为人之本，是中华民族的传统美德。诚信是良好人际关系维系的基石，没有诚信，便不会得到尊重。诚实，是指忠诚老实，言行一致，表里如一；守信，是指说话、办事讲信用，答应了别人的事，能认真履行诺言，说到做到。守信是诚实的一种表现。

中华民族历来崇尚诚信。社会主义核心价值观包括诚信。商鞅变法前的"徙木立信"，就是在极短时间赢得信任的方法。

---

[1] 《周恩来选集》下卷，人民出版社，1984年，第153—154页。
[2] 《论语·大学·中庸》，陈晓芬等译注，中华书局，2011年，第141页。

战国时期，秦国的商鞅在秦孝公的支持下主持变法。而当时正处于战争频繁、人心惶惶之际，为了树立威信，推进改革，商鞅下令在都城南门外立一根三丈长的木头，并当众许下诺言：谁能把这根木头搬到北门，赏金十两。围观的人不相信这样轻而易举的事能得到如此高的赏赐，结果没人肯出手一试。于是，商鞅将赏金提高到五十金。重赏之下必有勇夫，终于有人站起将木头扛到了北门。商鞅立即赏了他五十金。商鞅这一举动，在百姓心中树立起国家"言而有信"的印象，而他接下来的变法就很快在秦国推广开了。新法使秦国渐渐强盛，为秦国最终统一中国奠定了基础。

早在商鞅变法400年以前，却曾发生过一场令人啼笑皆非的"烽火戏诸侯"的闹剧：

周幽王有个宠妃叫褒姒，是位"冷面美人"，入宫以来从未展颜。为博取美人一笑，周幽王下令在都城附近20多座烽火台上点起烽火——烽火是边关报警的信号，只有在外敌入侵需召诸侯来救援的时候才能点燃。诸侯们见到烽火，率领兵将们匆匆赶来"勤王"，却发现并没有外敌入侵，弄明白这是君王为博妻一笑的花招后，只能愤然离去。褒姒看到平日威仪赫赫的诸侯们手足无措的样子，终于开心一笑。五年后，西戎大举攻周，幽王烽火再燃，而诸侯却未到，因为谁也不愿再上第二次当了。最终，幽王被逼自刎而褒姒也被俘虏。

"立木取信"，一诺千金，变法成功，国强势壮；"烽火戏诸侯"，帝王无信，自取其辱，身死国亡。可见"信用"对一个国家的兴衰存亡起着非常重要的作用。诚实不欺，即于人于己均不欺。于人不欺，始有信任与尊重，行事方有效可言；于己不欺，始能表里如一，堂堂正正立于天地之间。真诚待人，表现在语言和行动上就是说到做到，兑现不了就不要轻易许诺，否则，就成了欺骗；在言行关系上，更看重的是行动，只有行动最能说明问题，说得好不如做得好。守信行诺，意义上与真诚待人类似，但其主要强调行动方面，可以理解为"践约"。

四、矢志艰苦奋斗

凝聚团结合力，既要心同，又要行至，如果停留在口头上，没有落实，那么早晚会不得人心的。青年要凝聚团结奋斗之合力，就要矢志艰苦奋斗，就要勇于面对困难和挑战，锻炼意志和毅力，让自己变得更加坚强和勇敢。同时，青年还要在实践中善于总结，汲取知识、积累经验、提升能力，与此同时，还要始终保持谦虚和低调，虚心接受批评和建议。

（一）接续奋斗

无论是一个地区的发展还是一个单位一个部门的发展，都是不断延续的，需要一任接着一任干，甚至一代接着一代干，坚持一张好的蓝图干到底。这才是符合科学发展和客观规律要求的政绩观，才是真正对人民负责、对历史负责、对党的事业负责的表现。但因政绩考核导向等问题，一段时间以来，新官上任就会出现"一任领导一任思路"，不管前任工作思路、决策正确与否，通通弃之一边，忙于另起"炉灶"，出"新点子"、提"新思路"、喊"新口号"；"新官不理旧账"成为"共识"，对历史遗留问题视而不见，能躲就躲、能拖就拖。这种不把发展思路、发展规划的连续性纳入政绩考核是组织人事部门的重大失误。党的十八大以来，以习近平同志为核心的党中央高度重视发展的延续性，提出"一张蓝图绘到底"，强调要"接续奋斗"。

接续奋斗是符合客观规律的。任何事情都有产生、成长、发展的过程。如果忽视发展规律，贪图个人政绩，结果就是年年植树年年绿、年年种树老地方。100年来，中国共产党团结带领中国人民接续奋斗，推动中华民族迎来了从站起来、富起来到强起来的伟大飞跃。2016年12月7日，习近平总书记在全国高校思想政治工作会议上指出："要向学生讲清楚实现中华民族伟大复兴是中华民族近代以来最伟大的梦想，需要一代又一代人接续奋斗；讲清楚中国梦是国家的梦、民族的梦，也是每个中国人的梦，当代学生建功立业的舞台空前广阔，梦想成真的前景无限光明。"[①]在强国建设和民族复兴伟业中，青年没有任何理由骄傲自满、松劲歇脚，必须乘势而上、再接再厉、接续奋斗。

革命事业都是接续奋斗才能成功。回顾历史，我们可以看到，每一个伟大的革命事业的背后，都有无数英雄的奋斗和牺牲。他们为了理想、为了信仰、为了人民的幸福，不畏艰难、不惧牺牲，用自己的血汗和生命，为革命事业铺平了道路。然而，革命的成功并不是一蹴而就的，而是需要经历无数的挫折和磨难，需要面对各种困难和挑战。只有坚持下来，不断总结经验，不断修正错误，才能最终取得胜利。今天，我们站在新的历史起点上，面临着新的机遇和挑战。我们要继续发扬革命精神，坚定信念，勇往直前。

其实，领导干部并不是不懂得"一任接着一任干"这个理，其实他们心里都亮堂着。只是在自身畸形的政绩观下，囿于"短平快"出政绩的冲动，他们觉得新上任如果不能出点新思路、搞点新举措，而是去"炒别人的剩饭"，容易被人看成没创新、没魄力、没想法。同时，沿用前任思路，即使工作作出成绩，功劳也可能被记在前任身上，等于自己劳而无功。发展思路、发展规划来回折腾，使地方发展失去连续性、稳定性，不仅挫伤干部、群众的积极性，造成人力、物力和财力的浪费，而且造成思

---

① 《习近平著作选读》第1卷，人民出版社，2023年，第543页。

想混乱，影响本地区经济社会发展。这些年来，一些地方和单位年年有新举措，届届有新思路，汲汲于短期政绩，大多社会面貌依旧，发展起色不大，有的尽管赢得了昙花一现的"风光"，但却留下了贻害长远的恶果。

好的发展蓝图一旦确定，就应该"咬定青山不放松"，"一以贯之"干下去，不因领导人的改变而随意改变。政绩考核"注重考核发展思路、发展规划的连续性"，就是要用"指挥棒"促传"接力棒"，鼓励干部坚持"一任接着一任干"的导向，坚持好的发展蓝图不动摇、不懈怠、不折腾。

（二）多奉献少索取

多奉献，意味着青年要为社会、为他人作出更多的贡献。少索取，则意味着青年在追求个人利益的同时，不要过分追求物质上的满足。青年树立正确的价值观，就是要明确自己多奉献少索取的责任和使命，在追求个人发展的同时，也要关注社会的整体利益，将个人的发展与社会的进步紧密结合起来。

为了国家和民族利益而牺牲个体利益的奉献精神，是中华民族的传统美德。党章明确要求共产党员必须"坚持党和人民的利益高于一切，个人利益服从党和人民的利益，吃苦在前，享受在后，克己奉公，多做贡献"，入党誓词明确提出"为共产主义奋斗终身，随时准备为党和人民牺牲一切，永不叛党"，这说明共产党员讲奉献不是可有可无的选择，而是必须履行的义务。在履行奉献这个义务的过程中，无数共产党人前仆后继，为党和人民的事业奉献汗水和青春，有的甚至献出了热血和生命。

鲁迅在《自嘲》中说"横眉冷对千夫指，俯首甘为孺子牛"，他还把自己比作一只牛，吃的是草，挤出的是牛奶、血。这是多么形象地描绘了一个奉献多索取少的光辉形象啊！

雷锋的事迹广为流传。雷锋精神是为共产主义而奋斗的无私奉献的精神，是忠于党和人民、舍己为公、大公无私的奉献精神，是立足本职、在平凡的工作中创造出不平凡业绩的"螺丝钉精神",是苦干实干、不计报酬、争做贡献的艰苦奋斗精神,是全心全意为人民服务的精神。

  从1961年开始,雷锋经常应邀去外地作报告,他出差的机会多了,为人民服务的机会也就多了。人们流传着这样一句话:"雷锋出差一千里,好事做了一火车。"①雷锋始终牢记,永远愉快地多给别人,少从别人那里拿取,并将这种共产主义精神贯彻到一切实际行动中。有一次,雷锋听战友说没有日记本了,手中无钱买,雷锋立即把自己一本新的日记本送给了他。雷锋在日记中这样写道:"我的一切都是党给的,光荣应该归于党,归于热情帮助我的同志。至于我个人所做的工作,那是太少太少了。我这么一点点贡献,比起党对我的要求和期望还是很不够的……"②

(三)马上就办

马上就办,意思是毫不含糊,决不耽搁,立刻落实。1990年5月17日,刚担任福州市委书记的习近平同志连夜冒雨赶到某部队新迁营房现场办公,明确提出:"部队的事情要特事特办,马上就办。"③1991年2月20日,习近平同志在福州市委工作会议上,围绕开创福州各项建设事业新局面再次提出"马上就办"要求,也是第一次向全市干部明确提出:"要大力提倡'马上就办'的工作精神,讲求工作实效,提高办事效率,使少讲空话、狠抓落实在全市进一步形成风气、形成习惯、形成规矩。"④

  一分部署,九分落实。没有落实,一切都不过是一纸空文。2020年

---

① 傅治平:《精神的升华——中国共产党的精气神》,人民出版社,2007年,第250页。
② 陈广生、崔家骏:《雷锋的故事》,人民出版社,1973年,第144页。
③ 《闽山闽水物华新:习近平福建足迹》,人民出版社,2022年,第658页。
④ 《闽山闽水物华新:习近平福建足迹》,人民出版社,2022年,第855页。

10月10日，习近平总书记在中央党校（国家行政学院）中青年干部培训班开班式上发表重要讲话强调："干事业不能做样子，必须脚踏实地，抓工作落实要以上率下、真抓实干。特别是主要领导干部，既要带领大家一起定好盘子、理清路子、开对方子，又要做到重要任务亲自部署、关键环节亲自把关、落实情况亲自督查，不能高高在上、凌空蹈虚，不能只挂帅不出征。干事业就要有钉钉子精神，抓铁有痕、踏石留印，稳扎稳打向前走，过了一山再登一峰，跨过一沟再越一壑，不断通过化解难题开创工作新局面。"[1]抓落实体现在转变上，如果没有变化，还是老样子，那就没有抓，或者说抓而不实。具体说来，就是要把党的创新理论转化为推进全面深化改革、科学发展、持续安全稳定和党的建设各项工作的实际行动，把初心使命变成党员干部锐意进取、开拓创新的精气神和埋头苦干、真抓实干的自觉行动，力戒形式主义、官僚主义，推动党的路线方针政策落地生根，推动解决人民群众反映强烈的突出问题，不断增强人民群众获得感、幸福感、安全感。

五、坚持胸怀天下

中国共产党是为中国人民谋幸福、为中华民族谋复兴的党，也是为人类谋进步、为世界谋大同的党。对青年来说，坚持胸怀天下就是要拓展世界眼光，深刻洞察人类发展进步潮流，积极回应人类普遍关切，为解决人类面临的共同问题作出贡献，以海纳百川的宽阔胸襟借鉴吸收人类一切优秀文明成果，推动建设更加美好的世界。

（一）贯彻人类命运共同体理念

人类命运共同体理念就是和平发展理念。历史上，中国曾经长期是

---

[1] 任仲文编《新时代党员干部要提高七种能力》，人民日报出版社，2020年，第5页。

世界上最强大的国家之一，但没有殖民和侵略他国的历史。今天，中国坚决摒弃冷战思维和强权政治，坚持平等协商，走对话而不对抗、结伴而不结盟的国与国交往新路，始终做世界和平的建设者、全球发展的贡献者、国际秩序的维护者。2013年3月，习近平同志首次提出构建人类命运共同体重大理念。同年9月，习近平同志提出共建"一带一路"倡议，为构建人类命运共同体打造实践平台。中国人民爱好和平，以和为贵是5000年文明的精髓。走和平发展之路，是强国建设和民族复兴伟业的必由之路。人类命运共同体思想强调和平发展道路，奉行合作共赢的外交战略，力图构建新型的国际关系，为解决地区摩擦，实现区域一体化指明了道路。

2015年9月，习近平同志在纽约联合国总部出席第七十届联合国大会一般性辩论时发表重要讲话指出："当今世界，各国相互依存、休戚与共。我们要继承和弘扬联合国宪章的宗旨和原则，构建以合作共赢为核心的新型国际关系，打造人类命运共同体。"[1]世界格局正处在一个加快演变的历史性进程之中，和平、发展、进步、合作的阳光足以穿透战争、贫穷、落后的阴霾，经济全球化、社会信息化极大解放和发展了社会生产力，创造了前所未有的发展机遇；同时，恐怖主义、金融动荡、环境危机等问题愈加突出，给我们带来前所未有的挑战。面对全球性挑战，没有哪个国家可以置身事外、独善其身，世界各国需要以负责任的精神同舟共济、协调行动。人类生活在同一个地球村，各国相互联系、相互依存、相互合作、相互促进的程度空前加深，国际社会日益成为一个你中有我、我中有你的命运共同体。

构建人类命运共同体，就是顺应世界发展的要求，尊重世界文明多样性，以文明交流超越文明隔阂、文明互鉴超越文明冲突、文明共存超越文

---

[1] 《新中国70年大事记：1949.10.1—2019.10.1》（下），人民出版社，2020年，第1667页。

明优越。近代以来西方霸权式的求同，是用自己的强力改变其他国家，这条路是不利于文明交流发展的。而西方的治理理念、体系和模式越来越难以适应新的国际格局和时代潮流，各种弊端积重难返，甚至连西方大国自身都治理失灵、问题成堆。

党的二十大报告呼吁，构建人类命运共同体是世界各国人民前途所在。万物并育而不相害，道并行而不相悖。只有各国行天下之大道，和睦相处、合作共赢，繁荣才能持久，安全才有保障。中国提出了全球发展倡议、全球安全倡议，愿同国际社会一道努力落实。中国坚持对话协商，推动建设一个持久和平的世界；坚持共建共享，推动建设一个普遍安全的世界；坚持合作共赢，推动建设一个共同繁荣的世界；坚持交流互鉴，推动建设一个开放包容的世界；坚持绿色低碳，推动建设一个清洁美丽的世界。

（二）只有一个地球

地球是我们唯一的家园，每一个生命都在这里诞生、成长、繁衍生息。然而，人类对地球资源的过度开发和无序利用，使得地球的生态环境遭受了严重的破坏。森林砍伐、土地沙化、水源污染、气候变化等问题日益严重，不仅威胁着人类自身的生存和发展，也影响着其他生物的生存环境。面对这些问题，我们必须意识到，珍惜和保护地球就是保护我们自己。

据统计，2024年上半年，我国自然灾害以洪涝、地质灾害、干旱、风雹、低温冷冻和雪灾为主，地震、台风、沙尘暴和森林草原火灾等也有不同程度发生。共发生19次区域暴雨过程。长江、太湖分别发生1次编号洪水，广东、广西等21省（区、市）618条河流发生超警以上洪水。多地因强降雨引发山洪、城镇内涝和山体滑坡、泥石流等次生灾害。暴雨洪涝和地质灾害共造成全国1434万人次不同程度受灾，因灾死亡失踪230人，紧急转移安置74.2万人次，倒塌房屋2.1万间，农作物受灾面积1334.9千公顷，直接经济损失592亿元。西南、中南、华南地区地质灾害多发，以山体滑坡、崩塌、泥石流为主，灾害成因复杂，影响范围广，呈散发态势。1月22日，云南镇雄县塘房镇凉水村山体滑坡造成44人死亡。全国共出现22次区域性短时强降雨、雷暴大风和冰雹等强对流天气过程，造成28省（区、市）900余个县（市、区）受灾。上半年，风雹灾害共造成全国522.3万人次不同程度受灾，因灾死亡56人，农作物受灾面积657.9千公顷，直接经济损失85.9亿元。

2022年，《生物学研究》杂志发表的一项研究表明，自1500年左右以来，所有已知物种中有多达15万至26万种可能已经灭绝。地球上每100万个物种每年有150至260种灭绝。2011年《科学公共图书馆·生物学》杂志发表的一项研究估计，人类造成的动物物种灭绝数字为381150个。人与自然的对立统一的辩证关系。首先，人和自然是相互依存的。人来源于自然界，恩格斯指出："我们连同我们的肉、血和头脑都是属于自然界和存在于自然之中的。"其次，人和自然又是相互对立的。随着人类改造自然的实践能力不断提高，总是不断否定和改变着自然界；同时自然界也在竭力地否定人，人和自然之间是否定与被否定的对立关系。人类如果这种对立关系没处理好，必然会打破生态系统的平衡，遭到自然界的"报复"。恩格斯在《自然辩证法》中警告："但是我们不要过分陶醉于我们人类对自然界的胜利。对于每一次这样的胜利，自然界都对我们进行报复。每一次胜利，起初确实取得了我们预期的结果，但是往后和再往后却发生完全不同的、出乎预料的影响，常常把最初的结果又消除了。"[①]这是他"自然报复"思想最经典的表述，这里的"报复"，是恩格斯使用的一种比喻说法，是指人类违背自然生态平衡规律，罔顾自然价值而进行的盲目改造自

[①] 《马克思恩格斯文集》第9卷，人民出版社，2009年，第559—560页。

然，致使人和自然极端对立，而招致自然界的"报复"。

随着全球性生态危机的日趋加剧，习近平同志指出："人与自然是生命共同体，人类必须尊重自然、顺应自然、保护自然。"[①]他还系统强调了人和自然的和谐共生关系，这种和谐共生，是把自然界山水林田湖草看成一个生命共同体，是一种有机的、带有生命色彩的联系，是新时代中国特色社会主义生态文明人和自然关系的创新。树立"人与自然是生命共同体"的思想，根本在于要切实遵循并正确运用自然规律，只有遵循自然规律才能有效防止在开发利用自然上少走弯路，才能解决人和自然界之间的矛盾，逐步实现生产、生活、生态共荣共生的绿色发展，在绿色发展中实现人和自然的和解。

（三）为了可持续发展

可持续发展是当今世界发展的大势所趋。1980年国际自然保护同盟的《世界自然资源保护大纲》提出："必须研究自然的、社会的、生态的、经济的以及利用自然资源过程中的基本关系，以确保全球的可持续发展。"1981年，美国布朗（Lester R. Brown）出版《建设一个可持续发展的社会》，提出以控制人口增长、保护资源基础和开发再生能源来实现可持续发展。1987年，世界环境与发展委员会出版《我们共同的未来》报告，将可持续发展定义为："既能满足当代人的需要，又不对后代人满足其需要的能力构成危害的发展。"它系统阐述了可持续发展的思想。1992年6月，联合国在里约热内卢召开的"环境与发展大会"，通过了以可持续发展为核心的《里约环境与发展宣言》《21世纪议程》等文件。随后，中国政府编制了《中国21世纪人口、资源、环境与发展白皮书》，首次把可持续发展战略纳入我国经济和社会发展的长远规划。党的十五大把可持续发展战略确定为我国"现代化建设中必须实施"的战略。党的十六大把"可

[①] 《习近平著作选读》第2卷，人民出版社，2023年，第41页。

持续发展能力不断增强"作为全面建设小康社会的目标之一。

青年应关注环境，要像保护自己的眼睛一样保护环境。因为人类这个共同的家园，已经出现了严重的气候变化、资源枯竭等环境问题。习近平总书记指出："建设生态文明是关系人民福祉、关系民族未来的大计，保护生态环境就是保护生产力，改善生态环境就是发展生产力，既要绿水青山也要金山银山，宁要绿水青山不要金山银山，绿水青山就是金山银山；要把生态文明建设融入经济、政治、文化、社会建设各方面和全过程。"[①] 良好生态本身蕴含着无穷的经济价值，能够源源不断创造综合效益，实现经济社会可持续发展。"绿水青山"指的是生态环境，"金山银山"说的是经济发展。生态环境是人类生存发展的根基，保护好生态环境，走绿色发展之路，人类社会发展才能高效、永续。也就是说，新时代中国发展追求的是人与自然和谐共生。

党的十八大把生态文明建设纳入中国特色社会主义事业"五位一体"总体布局，明确提出大力推进生态文明建设，努力建设美丽中国，实现中华民族永续发展。这标志着我们对中国特色社会主义规律认识的进一步深化，是新时代中国共产党运用整体文明理论指导当代中国的又一重大理论创新成果。突出生态文明建设在"五位一体"总体布局中的重要地位，表明中国共产党从全局和战略高度解决日益严峻的生态矛盾，确保生态安全，加强生态文明建设的坚定意志和坚强决心。同时，生态文明建设在"五位一体"总体布局中具有突出地位，发挥独特功能，为经济建设、政治建设、文化建设、社会建设奠定坚实的自然基础和提供丰富的生态滋养，推动美丽中国的建设蓝图一步步成为现实。

新时代，我国社会主要矛盾已经转化为人民日益增长的美好生活需要和不平衡不充分的发展之间的矛盾，而对优美生态环境的需要则是对美好

[①] 《十八大以来重要文献选编》（上），中央文献出版社，2014年，第463页。

生活需要的重要组成部分。在党的十九大和二十大报告中，都将"美丽"纳入到了建设社会主义现代化强国的奋斗目标之中，多次提出要建立"美丽中国"，反映了中国共产党坚决还自然以宁静、和谐、美丽的执政理念、历史使命和责任担当。

第七章
增强应急处突的能力

提高解决实际问题能力是应对当前复杂形势、完成艰巨任务的迫切需要,也是年轻干部成长的必然要求。面对复杂形势和艰巨任务,我们要在危机中育先机、于变局中开新局,干部特别是年轻干部要提高政治能力、调查研究能力、科学决策能力、改革攻坚能力、应急处突能力、群众工作能力、抓落实能力,勇于直面问题,想干事、能干事、干成事,不断解决问题、破解难题。[①]

——习近平总书记在2020年秋季学期中央党校(国家行政学院)中青年干部培训班开班式上的讲话

[①] 《习近平关于全面从严治党论述摘编》,中央文献出版社,2021年,第300页。

主体在实践活动中维持自己的存在，主体对象化和对象主体化之间是相互成就的，而能够"化"离不开一种"力"，那就是能力。在诸多能力中，对青年来说，应急处突能力是至关重要的，有时甚至足以推动事物由量变向质变转化。应急处突能力，既是青年个人综合素质的提升，也是青年对国家和社会的责任担当。而衡量应急处突能力高低的标准，主要还是从处置效果、效能、效用等方面来判断。同样是面对突发事件，应急处突能力强的青年，在快速反应、有效应对、最大限度减损方面，都会有很大作为。新时代的青年要做敢于斗争、善于斗争的模范，平常时候看得出来、关键时刻站得出来、危难关头豁得出来，带头迎难而上、攻坚克难，做到不信邪、不怕鬼、骨头硬。

一、磨练坚强意志

俗话说，刀在石上磨，人在事上练。青年要取得成就，离不开坚强意志的支持。而要拥有坚强意志，就需要磨练。不经磨练，难成大器；不经苦难，难悟人生。青年自身成长的过程，就是不断遭受打击、不断经历磨练的过程，只有经历过各种磨练，才能真正塑造出良好的道德品质、自律的生活习惯、健全的独立人格，也才能更好地肩负起强国建设、民族复兴伟业的重任。

（一）百折不挠

自古以来，无数青年才俊都是在历经磨难后成就一番事业，名垂千古。《淮南子·修务训》记载："古者民茹草饮水，采树木之实，食蠃蚘之肉，时多疾病毒伤之害。于是神农乃始教民播种五谷，相土地宜燥湿肥墝高下；尝百草之滋味，水泉之甘苦，令民知所避就。当此之时，一日而遇七十毒。"① 远古时代神农氏这种不畏艰难为民众的百折不挠的精神，历来为人推崇，也是中华民族伟大精神的一部分。百折不挠体现了坚定信念、担当精神、自强品质。

经过挫折才能更加坚定信念。习近平同志在《我是黄土地的儿子》一文中回忆说：15岁来到黄土地时，我迷惘、彷徨；22岁离开黄土地时，我已经有着坚定的人生目标，充满自信。这7年多上山下乡的经历，懂得了什么叫实际，什么叫实事求是，什么叫群众。一旦认准了便勇毅前行、百折不挠。毛泽东一生遭遇排挤打击约20次，其中主要有四次：一次是1927年11月在井冈山被撤销政治局候补委员，一次是1929年在红四军七大上落选，一次是1931年11月在瑞金叶坪召开的中央苏区第一次党代会遭到错误批评，一次是1932年10月在宁都召开的苏区中央局会议上被剥夺了对红军的领导权。虽然历经磨难，但他始终百折不挠，守得住常人无法忍受的委屈。

当日本帝国主义的铁蹄践踏中华大地的时候，正是在这种百折不挠、坚忍不拔的必胜信念的鼓舞下，中国人民没有被吓倒，而是坚强地挺直脊梁，奋起反抗，殊死抗战。2020年9月3日，习近平总书记在纪念中国人民抗日战争暨世界反法西斯战争胜利75周年座谈会上的讲话中概括出伟大抗战精神，他说："中国人民在抗日战争的壮阔进程中孕育出伟大抗战精神，向世界展示了天下兴亡、匹夫有责的爱国情怀，视死如归、宁死不屈的民族气节，不畏强暴、血战到底的英雄气概，百折不挠、坚忍不拔的必胜信念。"② 张自忠就是百折不挠的典范。

---

① 《淮南子》，陈广忠译注，中华书局，2012年，第1118页。
② 《习近平著作选读》第2卷，人民出版社，2023年，第339页。

张自忠1917年入冯玉祥部，历任营长、团长、旅长、师长等职。1931年后任第29军第38师师长。1933年参加长城抗战，任第29军前线总指挥，在喜峰口战役中打退了日军，守住了阵地。全国抗战爆发后，他先后任国民党军第59军军长、第33集团军总司令兼第五战区右翼兵团司令等职。1938年3月，日军进犯台儿庄，他奉命率第59军急行军增援台儿庄作战，为整个战役胜利赢得了时间。1940年5月，中国军队与日军15万精锐部队在枣阳、襄阳、宜昌等地进行枣宜会战。5月12日，全面激战爆发，日军以两个师团猛击我第33集团军的5个师，我军立陷苦战，由于中国军队保密意识不强，军事委员会与第五战区间往来电报均为日军截获；日军还破获到第33集团军的具体位置。于是园部和一郎决定：集中第13、第39师团的兵力，沿汉水东岸南下，反击张自忠集团军，令在新野以南的第3师团撤至枣阳附近，掩护后方。日本情报部门还根据电台联络呼号及电波方向早就测知第33集团军总司令部电台的向外联络情况和位置。这次了解到张自忠总司令部在宜城东北约10公里一带地方，日军便在航空兵配合下向这一地区合围。15日夜，日军第39师团从方家集、南营向南瓜店逼进，16日拂晓完成对第33集团军总司令部的战术包围。在炮火支援下，四面围攻。守军第74师英勇抗击，并不断实施反冲击，激战至下午，特务营亦参加了战斗。此时日军进攻部队已达5000余人，集中炮火和兵力，向守军的最后阵地发起总攻，并有20多架飞机助战。张自忠多处负伤，仍镇定指挥。第74师与特务营弹尽力孤，伤亡殆尽。张自忠胸部又负重伤，壮烈殉国。

（二）养成习惯

应急处突能力的习惯养成，其实就是把反应变为一种条件反射，即面对突发事件，能够在最短时间内选择最优处置方案，在执行过程中能够随着条件的变化而不断矫正，直到取得最佳效果。日本古川武士在《坚持，一种可以养成的习惯》中将习惯分成三种[1]：第一种是行为习惯。行为习惯即每天规律的行为，如，读书、写日记、整理、节约、记录家庭收支等。这些行为习惯比较有弹性，通常一个月左右就能养成。第二种是身体习惯。身体习惯是与身体节奏相关、需要牵动整个身体力量的习惯。如，减肥、运动、早起、戒烟、肌力训练等。培养习惯的时间大约需要3个月。第三种是思维习惯。这是与思考能力有关的习惯。如逻辑性思考能力、创意能力、正面思考以及纾压思考等习惯。培养习惯的时间大约需要6个月。真正习惯的养成需要大量的时间，通常是以年为单位。以磨练意志为目的的习惯养成，既包括行为习惯的养成，也包括身体习惯和思维习惯的养成。

惯性的客观性，决定了习惯养成的重要性，也彰显了习惯的力量。惯性是个物理学概念，指的是物体保持原来状态或抵抗其运动状态被改变的性质。惯性并不限于物理世界，在人类活动以及动物界也广泛存在。动物行为学家康拉德·洛伦兹通过长期对动物行为的观察，发现刚孵出的雏鸭（一说是鹅）会跟随和依附它们第一眼看到的生物，而不管这一生物是母鸭、母鸡、人还是移动的玩偶。在一次实验中，洛伦兹被刚出生的雏鸭第一眼看到，从此就被雏鸭紧紧跟随。洛伦兹由此推断，雏鸭根据它们出生时的初次发现来做决定，且决定一旦形成，就坚持不变。类似地，杜克大学行为经济学教授丹·艾瑞里研究发现，很多时候人类的行为会受到第一次决策的影响，而第一次决策或多或少是任意的。从这一意义上说，人类的很多行为与雏鸭并没有太大差别。[2] 改变因惯性导致的不利后果，就要重新审视自己的行为，特别是首次决定。

---

[1] 参见古川武士《坚持，一种可以养成的习惯》，陈美瑛译，北京联合出版公司，2016年，第18—19页。

[2] 参见黄涛《无处不在的"惯性"》，《中国统计》2016第2期。

青年要在磨练意志过程中养成良好习惯，能够在突发事件发生时，思路清晰，决策果断，有条不紊地推进各项工作。比如，在危机预警方面，要有精准识别危机的敏感度，及时甄别危机爆发的端倪和讯息，审时度势，科学研判，早发现早准备早化解，最大限度降低危机的破坏力。这就要求精准识别自身的不足，在查漏补缺中狠下功夫，在补齐短板中增强才干，不断增强防范重大风险的危机感、紧迫感和责任感。在危机决策方面，要善于从党和国家整体事业大局的高度进行思考，善于从人民群众对美好生活的向往的高度进行思考，综合评判，科学取舍，使决策最大程度符合实际情况、具有实践支撑力。在统筹协调方面，要树立系统观念，善于前瞻性思考、全局性谋划、战略性布局、整体性推进，坚持全局与局部相统一、当前与未来相协调，既要固根基、扬优势，又要补短板、强弱项。通过高效的资源整合，比如发动和依靠人民群众的组织力和感召力，储备和调配物资的动员力和号召力，整合社会资源的强大能力和合力，实现人力、物力和财力在有限的时间和空间范围内的有效调度。在舆情引领方面，要在化解危机中要坚持发扬民主、倾听民意、集思广益，及时精确发布危机应对讯息，及时科学破解各种谣言，避免不必要的猜疑和焦虑，避免错误信息满天飞，加强正面宣传和舆论引导。在危机转化方面，成功应对危机之后，还要善于将应对危机时的做法、经验乃至教训提炼升华，转化成日后拾级而上的心智支撑、精神动力、方法指导，这才真正达到了化危为机。

在突发事件中，青年承受巨大的心理压力的状况，决定着化解危机处置的时限和实效。每临大事有静气、泰山崩于前而面不改色才能可当重任、可堪大用。青年在危机化解中要精神饱满地正视危机，积极做到自我肯定、自我鼓励，克服侥幸和畏惧心理，避免自我否定、自我矮化。

（三）积极实践

青年要敢于做先锋，而不做过客、当看客，让创新实践成为青春远航的动力，让创业开拓成为青春搏击的能量，让青春年华在为国家、为人民的奉献中焕发出绚丽光彩。2019年9月，习近平总书记在秋季学期中央党校（国家行政学院）中青年干部培训班开班式上发表讲话强调："领导干部要经受严格的思想淬炼、政治历练、实践锻炼，在复杂严峻的斗争中经风雨、见世面、壮筋骨，真正锻造成为烈火真金。"[①]可以说，中国共产党的百年光辉历史，就是一部重视实践、参加实践、在积极实践锻炼中不断成长的历史。

革命年代，青年在战争中接受洗礼而历练成长。新民主主义革命时期，从早期领导工人运动，到推动根据地政权建设，再到抗日根据地建设以及同国民党反动派的斗争，中国共产党始终重视加强干部的实践锻炼，制定了干部实践锻炼的具体方针政策，为建设新中国、开展社会主义建设奠定了坚实的干部基础。如，党的一大通过的《中国共产党的第一个决议》指出："本党的基本任务是成立产业协会。"随后党中央在上海成立了"中国劳动组合书记部"，组织成立铁路工会等，集中力量领导工人运动，形成了第一次工人运动高潮，以实际的斗争锻炼了党员干部，培养了一大批工人中的先进分子，成为早期培养党的干部的摇篮。

建设年代，青年在火热的实践中得到磨练。新中国成立后，迫切需要恢复和发展国民经济，但党内出现了骄傲自满、命令主义、堕落颓废和违法乱纪现象。1951年3月，中央召开第一次全国组织工作会议，讨论关于整顿党的基层组织问题。为此，中央组织了整整10万名党员干部到基层组织去进行整党工作。1952年至1954年三年间，有16万多名干部被调配到生产建设一线，在经济建设最前沿接受锻炼。1958年2月中央发出《关于下放干部进行劳动锻炼的指示》，全国各级机关多数都掀起了劳动锻炼的热潮。

改革年代，青年在多元的环境中锻炼。党的十二大通过的党章提出要

---

① 《习近平谈治国理政》第3卷，外文出版社，2020年，第227页。

努力实现干部队伍的革命化、年轻化、知识化和专业化，确立了新时期干部队伍建设的指导方针。1983年全国组织工作座谈会对年轻干部实践锻炼进行了部署。1985年4月12日，尉健行在第三梯队工作座谈会上指出，对后备干部要给他们创造锻炼学习的机会，大胆地给他们压担子。1983年8月中组部印发的《关于选调应届优秀大学毕业生到基层培养锻炼的通知》提出每年挑选一批放到基层锻炼。另外，还建立了干部交流制度培养干部，推动干部实践锻炼制度化。

新时代，青年面临新形势新问题新使命。2013年6月，习近平总书记在全国组织工作会议上提出"新时代好干部标准"，强调要想成为一名好干部，必须自身加强锻炼，去条件艰苦、困难多的地方锻炼。党的十九大报告提出建设高素质专业化干部队伍要求，强调注重在基层一线和困难艰苦的地方培养锻炼年轻干部。后又提出了新时代党的组织路线。党的二十大要"建设堪当民族复兴重任的高素质干部队伍"，特别强调，"加强实践锻炼、专业训练，注重在重大斗争中磨砺干部，增强干部推动高质量发展本领、服务群众本领、防范化解风险本领"，通过"加强干部斗争精神和斗争本领养成，着力增强防风险、迎挑战、抗打压能力，带头担当作为，做到平常时候看得出来、关键时刻站得出来、危难关头豁得出来"。[①]

二、练就过硬本领

青年处在前所未有的变革时代，干着前无古人的伟大事业，如果知识不够、眼界不宽、能力不强，就会出现力微难负重的尴尬局面。新时代的党员干部，要想解决本领恐慌、本领不足、本领落后的问题，就要把学习成果转化为坚定理想、锤炼党性和指导实践、推动工作的强大力量。习近平

---

① 《习近平著作选读》第1卷，人民出版社，2023年，第54—55页。

总书记在2022年春季学期中央党校（国家行政学院）中青年干部培训班开班式上再次强调，要坚持理论和实践相结合，注重在实践中学真知、悟真谛，加强磨练、增长本领。这就深刻阐释了青年应该如何在常学常新中加强理论修养、在学思践悟中牢记初心使命、在知行合一中练就过硬本领。

（一）九大本领

青年既要政治过硬，也要本领高强。党的十九大报告提出了要全面增强执政的八大本领，即增强学习本领、增强政治领导本领、增强改革创新本领、增强科学发展本领、增强依法执政本领、增强群众工作本领、增强狠抓落实本领、增强驾驭风险本领，报告又在新时代中国共产党的历史使命中强调提高斗争本领。2019年秋季学期中青年干部培训班开班式上，习近平总书记又系统阐述了如何增强斗争本领等问题。概括起来，练就过硬本领，首先要增强这九大本领。

增强学习本领，就要营造善于学习、学而时习的浓厚氛围，通过建设马克思主义学习型政党，推动建设学习大国。青年爱不爱学习，能不能学习，坚持不坚持学习，善不善于学习，学习的效果好不好，就反映了这个人有没有本领，本领是不是高强。学习的重要途径是读书，读书就要沉下心来。哲学、法学、政治、历史、文化、科技、军事，以及自然科学、人情世态、业务技能等，都要认真学习，并在实践中融会贯通。

增强政治领导本领，就要坚持正确思维，不断增强政治判断力、政治领悟力、政治执行力，科学制定和坚决执行党的路线方针政策，把党总揽全局、协调各方落到实处。因此，增强政治本领，关键是要有大局意识、全局观念。毛泽东在论述战争问题时曾经用下棋来打比方："没有全局在胸，是不会真的投下一着好棋子的。"[①] 练就政治领导本领需要在长期的社

---

① 《毛泽东选集》第1卷，人民出版社，1991年，第221页。

会实践和工作实践中持之以恒，久久为功，只有端正态度、沉下心来，才能够掌握政治领导真本领，不断为人民为社会有所建树。

增强改革创新本领，就要保持锐意进取的精神风貌，善于结合实际创造性推动工作，善于运用互联网技术和信息化、数字化、智能化手段开展工作，抓重点，抓机遇。改革创新的本质在进取，全面深化改革尤为需要创新，如果遇事消极疲沓，萎靡不振，不求上进，甘于落后，无所作为，终将一事无成。

增强科学发展本领，就要全面准确领会贯彻新发展理念，不断开创发展新局面，与违背科学发展的现象作坚决的斗争。比如只顾部门利益，不考虑长远发展，只求短期政绩，不问长期效应，只问数字是否增长，不管环境是否保护等，都需要坚决地持久地进行斗争，自觉将贯彻创新、协调、绿色、开放、共享的发展理念融入日常，内化于心、外化于行。

增强依法执政本领，就是要加快形成覆盖党的领导和党的建设各方面的党内法规制度体系，加强和改善对国家政权机关的领导，通过法律维持和保障人民的利益、人民的意志，同时，党和国家的一切活动都要受到法的约束，只有依法执政，一切机关及其工作人员的活动才能在法的轨道上运行，才能有规矩，有遵循，才能避免随意性，进而避免对国家和人民利益的侵害。

增强群众工作本领，就是要善于运用群众喜闻乐见的语言进行沟通，通过创新群众工作方式方法，推动群众急难愁盼问题解决的实效，推动群团性组织的政治性、先进性，使群众性不断增强，发挥联系群众的桥梁纽带作用，组织动员广大人民群众坚定不移跟党走。

增强狠抓落实本领，就是要坚持说实话、谋实事、出实招、求实效，深刻领会"一分部署，九分落实"的分量，既要抓好"最初一公里"，也要抓好"最后一公里"，笃行不怠、慎终如始，把雷厉风行和久久为功有机结合起来，勇于攻坚克难，以钉钉子精神做实做细做好各项工作。

增强驾驭风险本领，就是要善于处理各种复杂矛盾，勇于战胜前进道路上的各种艰难险阻，通过健全各方面风险防控机制，牢牢把握工作主动权。善于处理各种复杂矛盾，是工作方法问题；勇于战胜前进道路上的各种艰难险阻，是精神状态问题；牢牢把握工作主动权，则是目标要求。

增强斗争本领，就是要学懂弄通做实党的创新理论、掌握马克思主义立场观点方法，在夯实敢于斗争、善于斗争的思想根基的基础上，主动投身到各种斗争中去，在大是大非面前敢于亮剑，在矛盾冲突面前敢于迎难而上，在危机困难面前敢于挺身而出，在歪风邪气面前敢于坚决斗争，坚持在重大斗争中磨砺。斗争精神、斗争本领，不是与生俱来的，而是要经受严格的思想淬炼、政治历练、实践锻炼，在复杂严峻的斗争中经风雨、见世面、壮筋骨，越是困难大、矛盾多的地方，越是形势严峻、情况复杂的时候，越能练胆魄、磨意志、长才干，也才能真正锻造成为烈火真金。[①]

（二）七大思维

思维是高度组织起来的物质即人脑的机能。但思维的产生不是单纯由大脑的生理基础决定的，而是同社会的人的社会实践和语言紧密相关。哲学上，思维有两种含义，一是相对于物质而言，与意识同义；二是相对于感性认识而言，与理性认识同义。无论是哪种层面，思维都属于人所特有的认识能力，是人的意识掌握客观事物的高级形式。从思维的发生过程看，从具体到抽象，再从抽象到具体，从而实现认识客观事物的本质这一目的。思维的特性决定了思维的强大力量，通过逻辑推理，作出科学结论，或提出单纯从感官和直接经验达不到的东西，进而可以预测事物的发展趋势，从而使实践主体的实践活动更具目的性和自觉性。

党的十八大以来，以习近平同志为核心的党中央高度重视党员干部思

---

① 参见《习近平谈治国理政》第3卷，外文出版社，2020年，第227页。

维能力的提升，其中有关不断提高战略思维、历史思维、辩证思维、系统思维、创新思维、法治思维、底线思维等科学思维能力的论述和要求，不仅是新时代广大领导干部需要掌握的领导思维本领，更是从中国道路、中国实践中升华凝练而成的具有时代前瞻性、理论原创性与实践引领性的中国化时代化马克思主义的方法论。青年要看清当前国际国内形势纷繁复杂现象下的本质，关键是要用全面、辩证、长远的眼光看问题，必须进一步提高科学思维能力，更好地做到临危不乱、危中寻机、化危为机。在协同运用科学思维方法时要始终将系统观念作为基础理念贯穿其中，坚持系统集成和精准施策相统一，同时还要坚持实践观念，依据不同情况和具体问题具体运用多种思维方法。

战略思维能力，就是高瞻远瞩、统揽全局，善于把握事物发展总体趋势和方向的能力。提高战略思维能力，要以小见大、见微知著，站在时代前沿和战略全局的高度观察、思考和处理问题，从政治上认识和判断形势，透过纷繁复杂的表面现象把握事物的本质和发展的内在规律，在解决突出问题中实现战略突破，在把握战略全局中推进各项工作。

历史思维能力，就是知古鉴今，善于运用历史眼光认识发展规律、把握前进方向、指导现实工作的能力。我们党一贯重视学习和总结历史，一贯重视借鉴和运用历史经验。提高历史思维能力，要加强对历史的学习，深刻把握历史规律、认清历史趋势、总结历史经验、牢记历史教训，在对历史的深入思考中做好现实工作、走向更好未来。

辩证思维能力，就是承认矛盾、分析矛盾、解决矛盾，善于抓住关键、找准重点、洞察事物发展规律的能力。提高辩证思维能力，要求我们客观地而不是主观地、发展地而不是静止地、全面地而不是片面地、系统地而不是零散地、普遍联系地而不是孤立地观察事物、分析问题、解决问题。要正确分析矛盾，在对立中把握统一、在统一中把握对立，克服极端化、片面化，善于运用辩证思维谋划经济社会发展。

系统思维能力，就是承认万事万物是相互联系、相互依存的，只有用普遍联系的、全面系统的、发展变化的观点观察事物，才能把握事物发展规律。我国是一个发展中大国，仍处于社会主义初级阶段，正在经历广泛而深刻的社会变革，推进改革发展、调整利益关系往往牵一发而动全身。我们要善于通过历史看现实、透过现象看本质，把握好全局和局部、当前和长远、宏观和微观、主要矛盾和次要矛盾、特殊和一般的关系，为前瞻性思考、全局性谋划、整体性推进党和国家各项事业提供科学思想方法。

创新思维能力，就是破除迷信、超越陈规，善于因时制宜、知难而进、开拓创新的能力。"明者因时而变，知者随事而制。"提高创新思维能力，要求人们从根本上打破迷信经验、迷信本本、迷信权威的惯性思维，破除因循守旧、思想僵化、形式主义和无所作为，以敢为人先的锐气，勇于开拓新的方向，在把握事物发展客观规律的基础上实现变革和创新。

法治思维能力，就是增强尊法学法守法用法意识，善于运用法治方式治国理政的能力。提高法治思维能力，要求增强法治观念，尊崇和遵守宪法法律，做到在法治之下而不是法治之外更不是法治之上想问题、作决策、办事情，自觉在法治轨道上运用法治思维和法治方式深化改革、推动发展、化解矛盾、维护稳定。

底线思维能力，就是客观地设定最低目标，立足最低点争取最大期望值的能力。提高底线思维能力，要求善于运用底线思维的方法，居安思危、未雨绸缪，凡事从最坏处着眼、向最好处努力，打有准备、有把握之仗，牢牢把握工作主动权，着力防范化解重大风险。

（三）统筹治理

党的二十届三中全会审议通过的《中共中央关于进一步全面深化改革、推进中国式现代化的决定》明确指出，进一步全面深化改革的总目标是继续完善和发展中国特色社会主义制度，推进国家治理体系和治理能力现代化。而国家治理体系和治理能力现代化的关键就是统筹治理。

在井冈山根据地和瑞金时期,毛泽东就提出要把握住"组织革命战争"和"改良群众生活"①的统筹问题,提出要在工作中解决好"桥"和"船"的关系问题、先进与落后的关系问题。延安时期,毛泽东在《抗日时期的经济问题和财政问题》中提出了"公私兼顾""军民兼顾"②的原则;在《关于领导方法的若干问题》中提出做工作要"统筹全局"③。这也就是马克思主义所强调的"两点论"和"重点论"的关系问题。

新中国成立后,毛泽东在《为争取国家财政经济状况的基本好转而斗争》中提出:"在统筹兼顾的方针下,逐步地消灭经济中的盲目性和无政府状态,合理地调整现有工商业,切实而妥善地改善公私关系和劳资关系,使各种社会经济成分,在具有社会主义性质的国营经济领导之下,分工合作,各得其所,以促进整个社会经济的恢复和发展。"④1956年,毛泽东发表了《论十大关系》,灵活运用统筹兼顾思想,阐述了重工业和轻工业、农业的关系,沿海工业和内地工业的关系,经济建设和国防建设的关系,国家、生产单位和生产者个人的关系,中央和地方的关系,汉族和少数民族的关系,党和非党的关系,革命和反革命的关系,是非关系,中国和外国的关系等十大关系⑤。1957年,毛泽东在《省市自治区党委书记会议上的讲话》中正式将"统筹兼顾"上升到建设社会主义的战略方针:"所有这些,都是统筹兼顾。这是一个什么方针呢?就是调动一切积极力量,为了建设社会主义。这是一个战略方针。实行这样一个方针比较好,乱子出得比较少。这种统筹兼顾的思想,要向大家说清楚。"⑥

---

① 《毛泽东选集》第1卷,人民出版社,1991年,第139页。
② 《毛泽东选集》第3卷,人民出版社,1991年,第894—895页。
③ 《毛泽东选集》第3卷,人民出版社,1991年,第901页。
④ 《毛泽东文集》第6卷,人民出版社,1999年,第71页。
⑤ 《毛泽东文集》第7卷,人民出版社,1999年,第23—44页。
⑥ 《毛泽东文集》第7卷,人民出版社,1999年,第187页。

改革开放以后，统筹兼顾发展为统筹发展。1979年，邓小平在党的理论工作务虚会上明确提出继续坚持统筹的方法："中国式的现代化，必须从中国的特点出发。比方说，现代化的生产只需要较少的人就够了，而我们人口这样多，怎样两方面兼顾？不统筹兼顾，我们就会长期面对着一个就业不充分的社会问题。"①

党的十八大以来，中国特色社会主义进入新时代，中国式现代化全面展开、深入推进。统筹思想被贯彻到改革发展稳定、内政外交国防、治党治国治军等治国理政各个方面，"统筹发展"的思路跃升到"统筹治理"的新阶段。习近平总书记强调："我们党要领导一个十几亿人口的东方大国实现社会主义现代化，必须坚持实事求是、稳中求进、协同推进，加强前瞻性思考、全局性谋划、战略性布局、整体性推进，实现发展质量、结构、规模、速度、效益、安全相统一。"②这种"全局性谋划、战略性布局、整体性推进"的发展改革思路是统筹治理思想在新时代的具体体现。

中国式现代化已经进入全面展开的新阶段，改革也进入全面深化阶段，以"统筹治理"为理路，统筹治理目标、治理资源和治理任务，将"统筹治理"思维贯彻到强国建设和民族复兴伟业的全过程，才能实现高质量发展，实现国家治理体系和治理能力的现代化。可以说，中国式现代化本身就是各方面统筹治理的现代化。

三、善于化危为机

危机指的是潜在的危险，也指严重困难的关头。因为是潜在的，常常为人所忽视，又因为是困难关头，往往一些人又产生退缩心理。危险无处不在，机会也无处不在。危和机是一对矛盾统一体，要善于从辩证的角度

---

① 《邓小平文选》第2卷，人民出版社，1994年，第164页。
② 《习近平著作选读》第2卷，人民出版社，2023年，第415页。

去看待危和机，才能危险来了不慌张，机遇来了不错过。2020年3月底4月初，习近平同志在浙江考察调研时指出："危和机总是同生并存的，克服了危即是机"，"要深入分析，全面权衡，准确识变、科学应变、主动求变，善于从眼前的危机、眼前的困难中捕捉和创造机遇"。①

（一）能够见微知著

《韩非子·说林上》曰："圣人见微以知萌，见端以知末，故见象箸而怖，知天下不足也。"②这里面讲的历史是，箕子看到商纣王制作象牙筷子而深感恐惧，他认为一旦使用象牙筷子，一定不会再用陶罐来盛汤，而一定会用犀牛角和美玉制作的杯子；一旦使用美玉的杯子和象牙做的筷子，一定会用来吃牦牛、大象和豹的未出生的幼体这类珍贵的食物；吃这些食物一定不会再穿粗布短衫住在茅草屋下，而一定会穿上九层锦绣，住在高大的台基、宽广的大厦之上。按照这个标准追求下去，那么普天下的东西也不足以供他享受。这里面体现了箕子善于从微小的现象，通过缜密的推理，预判未来的情况，体现了一种战略智慧。

其实，纣之不善，不如是之甚也。商朝最后一位君主帝辛（商纣王）年少时，天资聪颖，气力过人，是一个能文能武很有本领的人。他继位后励精图治，锐意改革，不杀奴隶，发展生产，更新观念，不事鬼神。征服东夷后，疆土扩大，农业发展，财粮增多。但到了统治后期，帝辛生活渐渐变得奢靡。一天，大臣箕子向帝辛汇报工作，看到帝辛的生活出现了一点小变化：帝辛正在使用一双象牙筷子。箕子就进行了推理，不推理不要紧，一推理发现，如此下去将一发不可收拾，腐败之风会很快盛行起来。后来正如箕子所料，商朝出现了"酒池肉林""炮烙之刑"，最后被西周

---

① 《习近平关于防范风险挑战、应对突发事件论述摘编》，中央文献出版社，2020年，第224—225页。

② 《韩非子》，高华平等译注，中华书局，2010年，第258页。

所灭。

中国共产党人从来都是不惧怕矛盾、不回避问题的,从来都是奔着矛盾问题、风险挑战去的。新时代,我国发展进入各种风险挑战不断积累甚至集中显露的时期,面临的重大斗争不会少,经济、政治、文化、社会、生态文明建设和国防军队建设、港澳台工作、外交工作、党的建设等方面都有,而且越来越复杂。因此,在开展斗争的时候,要有的放矢,还要做到见微知著。习近平同志在2019年秋季学期中央党校(国家行政学院)中青年干部培训班开班式上指出:"领导干部要有草摇叶响知鹿过、松风一起知虎来、一叶易色而知天下秋的见微知著能力,对潜在的风险有科学预判,知道风险在哪里,表现形式是什么,发展趋势会怎样,该斗争的就要斗争。"① 因此,青年要在实践中善斗争、会斗争,提升见微知著的能力,透过现象看本质,准确识变、科学应变、主动求变,洞察先机、趋利避害。

(二)正确应对舆情

公众舆论情况,简称舆情,是指公众在一定时间内对某一事件或问题的看法与态度的集合体现。这既包含了正面的评价和支持,也涵盖了负面的批评和反对。在互联网时代,舆情的形成速度远超以往,其影响力也格外巨大。了解和掌握舆情,对于预防和管理危机、维护社会稳定具有重要意义。舆论因为是公众的,对个人或少数人来说,有黑云压城的感觉,自然也就存在应对是否得当的问题,直接关系着大事化小、还是小事升级的问题。

积极面对不回避。如今,世界百年未有之大变局加速演进,不确定性时时存在,各类事件、事故一旦爆发,舆情也紧随其后。加之,互联网迅猛发展、社交新媒体广泛应用,可谓"无人不网、无处不网、无时不网",

---

① 《习近平谈治国理政》第3卷,外文出版社,2020年,第226—227页。

舆情酝酿周期大大缩短，热点舆情可能瞬间引爆舆论场。发现舆情，要有预判和预案，更要透彻分析，还要精准观察和认真分析，确定方向和走向，只有前期工作扎实，才能做到控制和舒缓舆情游刃有余。面对舆情，不能一味地回避和躲避，更多的是引导和规范，合理引导情绪，并在一定范围之内公布和公开。

真诚回应不作假。辩证地看待和认识舆情，不能一味地感觉凡是舆情，一定朝着坏的方向发展。舆情就是一把"双刃剑"，更是辩证法，看到坏处，更要看到益处。怎样变坏为好、变负为正、变劣为优，才是我们需要深入研究的问题和命题。正确引导和引领，让舆情得以公开和透明，才不至于让不良情绪泛滥起来。比如，"某地烧烤店打人"，由于处置不快、应对不当，导致案件升级为事件；"某地狗咬人"，狗主人各种"躲猫猫"，媒体持续跟进却推进不顺，一件小事生生拖成了引发全国网友关注的大事。

及时改进不拖沓。引导舆情，在于疏导，宜于舒缓和导向，而不能打压，更不能为了限制而限制，为了平息而平息。最重要的在于认清事实的本质以及是非曲直，让舆情的本质和本真呈现出来，才能让舆情不至于无边无限地发酵下去。舆情不可怕，可怕的是没方法和没办法，束手无策、不闻不问。处理舆情有方法，更要有方式，还要讲究技术、技巧和艺术。

信息发布是舆情引导处置的核心环节，直接关系到工作成败。突发事件、热点舆情发生后，写好第一篇信息发布稿、开好第一场新闻发布会很重要，公开事实是最好的引导，言之有物、言之有理才能减少次生舆情发生，将心比心、共鸣共情，在摆事实、讲道理的基础上，做到以理服人、以情动人，才能让沟通更有效。

（三）全面持续发力

草摇叶响知鹿过、松风一起知虎来、一叶易色而知天下秋的见微知著能力不是一蹴而就的，也不是一劳永逸的，而是需要不断地实践，不断地发力，不断地修正，不断地提升。在全面持续发力的过程中，青年要全面提升敏锐的洞察力、精准的辨别力和果断的行动力。

敏锐的洞察力是一项非常重要的能力，是一种对社会现象、人际关系的深刻理解和敏锐把握的能力。增强敏锐的洞察力需要长期的努力和锻炼。观察能力是洞察力的基础，拥有敏锐的洞察力，不仅能够帮助青年更好地理解世界，更能够帮助他们在竞争激烈的社会中脱颖而出。为此，青年要从培养观察能力、积累知识和经验、培养逻辑思维能力、培养直觉、保持开放和好奇心以及培养自我反思和批判性思维等方面入手，不断提高自己的洞察力。

精准的辨别力是指在复杂多变的环境中，能够准确地识别真善美与假恶丑，明辨是非曲直的能力。当今社会，各种价值观相互交织，青年容易受到不良价值观的影响。只有具备精准的辨别力，才能在众多价值观中找到适合自己的信仰体系，为今后的人生道路奠定坚实的基础。知识是辨别力的基石，只有具备丰富的知识，才能在分析问题时具有全面性和准确性。同时，青年还应注重实践，只有在实践中不断摸索、总结经验，才能提高辨别力。另外，独立思考是培养辨别力的关键。在面对问题时，青年应摒弃盲目跟从，敢于质疑权威，形成自己的观点和看法。只有具备独立思考能力的人，才能够在复杂多变的环境中保持清醒的头脑，作出明智的选择。

果断的行动力是一种付诸实践、实现目标的能力。犹豫不决、瞻前顾后、首鼠两端，只能坐失良机。对于青年来说，具备果断的行动力至关重要。青年要养成果断的行动力，需要明确目标、培养自律和保持自信。只有这样，才能在人生的道路上勇往直前，实现自己的梦想。

泰山压顶而面不改色是一种政治定力。青年只要把好理想信念这块"压舱石"，不断提高政治判断力、政治领悟力、政治执行力，培养政治敏感性，危机来临之时才能处变不惊、临危不乱、面不改色，确保在风浪考验面前无所畏惧，做到"任凭风浪起，稳坐钓鱼台"。

草摇叶响知鹿过是一种敏锐的预判力。预判风险是防范风险的前提，把握风险走向是谋求战略主动的关键。青年要保持"洞若观火"的清醒，善于透过现象看本质、透过一域看全局，避免坐井观天、一叶障目，盯紧"灰犀牛"动向，警惕"黑天鹅"出现，确保风险隐患无处遁形、做到心中有数。青年还要涵养"成竹在胸"的底气，下好先手棋，打好主动仗，多思僵局、危局、险局，从最坏处着眼、向最好处努力，以"四两拨千斤""一子落而满盘活"的妙招，全心全力做好为民为公之事。

越是艰险越向前是一种强大的担当魄力。"难"是在任何领域前进道路上永恒的话题。危机面前不怯懦、困难面前不低头，方能化"天堑"为"通途"。鼓足"滚石上山、爬坡过坎"的勇气，以"狭路相逢勇者胜"的刚健勇毅，"不获全胜决不收兵"的顽强意志，"一锤接着一锤敲"的不懈努力，充分发挥主观能动性，充分认识主体性，积极创造条件，打好化危为机的战略主动仗。

宝剑锋从磨砺出是一种时刻准备着的自强力。强筋骨才能御风浪。化危为机的能力不是与生俱来的，而是在不断学习实践中积累提升的。青年只有经受严格的思想淬炼、政治历练、实践锻炼、专业训练，掌握"几门硬功"、练就"几把刷子"，才能战胜各种风险挑战。多经历"风吹浪打"，多捧"烫手山芋"，多当几回"热锅上的蚂蚁"。经历一些难事、急事、大事、复杂的事，经风雨、见世面、壮筋骨、长才干，真正练就勤勉干事、担当任事的宽肩膀。

四、加强专业训练

术业有专攻。每个领域都有它的门道，如果不深入学习，要么开口就荒腔走板，要么始终都是门外汉。青年要有专长，不要有路径依赖和思维惯性，要笃实干事，踏实做人，以不变应万变。道不可坐论，德不能空谈。于实处用力，从知行合一上下功夫，核心价值观才能内化为人们的精神追求，外化为人们的自觉行动。成功的背后，永远是艰辛努力。青年要把艰苦环境作为磨练自己的机遇，把小事当作大事干，一步一个脚印往前走。

（一）专业化培训

专业化培训是指为了提高专业水平和技能素质，而开展的一定时间内脱产教育的培训活动。青年在大学读书期间，自然是在进行专业化教育，但因这种专业化教育更多的是停留在理论层面，没有或很少进行专业实践，自然无法和工作之后进行的专业化训练相提并论。

2024年1月5日，共青团中央书记处会议审议批准《中国共产主义青年团干部教育培训工作条例》，对教育培训对象、教育培训内容、教育培训方式方法、团干部教育培训机构、师资课程教材经费、考核与评估、纪律与监督等进行了规定。与此同时发布的《全国团干部教育培训规划（2024—2028年）》强调要提升"适应新时代要求的专业化能力水平"。

提升应急处突能力，首先要深刻领会并准确把握中央关于应急管理工作方针政策，能够树立安全发展理念，树牢底线思维、增强忧患意识，更好统筹发展和安全，自觉扛起防范化解重大安全风险的政治责任；同时还要熟练掌握应对处置突发事件的科学方法，对可能发生的安全生产事故和自然灾害风险，能够科学预判潜在风险及表现形式、发展趋势，做到心中有数、分类施策、精准处置。

针对应急处突开展专业化训练。专业化训练既包括专业知识的强化训练，也包括应急处突实战演练。在专业技能培训阶段，通过邀请有实战经验的人来分享亲身经历事件的经验教训，增强真实感和针对性。当然形式可以多样化，比如情景模拟、参观访学、现场互动等方式，特别是互动环节，既是身临其境、感同身受的过程，又是对已有方式进行完善、改进和提升的过程。在这个过程中，能够有效提升政策把握能力、统筹谋划能力、综合研判能力、应急决策能力、心理抗压能力、舆情应对能力等，特别是在具体实践中运用大数据、人工智能等开展工作的意识。

实践训练要体现专业性。而专业性往往要以超越大众性为前提，而不仅仅是相仿、接近。为此，专业训练应当坚持拔高一格和下沉一线开展实操演练相结合。拔高一格就是由上一级专业人员组建演练考评组对演练进行考评，避免自导自演、自说自话、自鸣得意、自吹自擂。同时要到一线开展真实的应急演练，以解决具体问题、实际问题为旨归，而不是在本部门内部做做样子或者空转。

（二）常态化实践

常态化实践是提高应急处突能力的最有效途径。因为有了常态化实践，自然也就有了预判和前瞻意识。预判风险是防范风险的前提，把握风险走向是谋求战略主动的关键。青年增强风险意识，下好先手棋、打好主动仗，做好随时应对各种风险挑战的准备，就要开展常态化锻炼，这样才能成为所在工作领域的行家里手，在应急处突中增长见识和增强胆识。

纸上得来终觉浅，绝知此事要躬行。没有实践，或者缺乏规范化、标准化、专业化实践，到头来不过是纸上谈兵、坐而论道。党领导人民干革命、搞建设、抓改革，都是为了解决我国的实际问题。习近平总书记在2020年秋季学期中央党校（国家行政学院）中青年干部培训班开班式上强调，提高解决实际问题能力是应对当前复杂形势、完成艰巨任务的迫切需要，也是年轻干部成长的必然要求。面对复杂形势和艰巨任务，我们要在危机中育先机、于变局中开新局，干部特别是年轻干部要提高政治能力、调查研究能力、科学决策能力、改革攻坚能力、应急处突能力、群众工作能力、抓落实能力，勇于直面问题，想干事、能干事、干成事，不断解决问题、破解难题。

常态化实践既会出现疲劳现象，又会出现松懈现象。为此，青年要在实践中苦练基本功，做到不怕苦、不畏难，从思想、心理、能力、态度等多方面进行努力。只有在实践中不断提升自己，才能在面临突发事件时勇往直前，为发展和安全贡献自己的力量。苦难是成就人的、是磨练人的、是考验人的。只有不被困难吓倒，战胜困难，才是真正的英雄。在我国全面建设社会主义现代化国家的征程中，青年一代有责任有担当、不怕苦不畏难，不惧牺牲、甘于奉献，用肩膀扛起如山的责任，才能展现出青春激昂的风采，才能书写新时代的辉煌篇章。

凡事预则立，不预则废。突发事件虽是突发，但也绝非毫无征兆。只有做足准备，才能做到心中有数，临事不慌。常态化实践训练，能够养成一种应激习惯，在模拟真实情景中反复实践，能够有效克服消极怠工、麻痹大意等情绪。因此，青年要有"知困，然后能自强也"的境界，不怕暴露问题，更不怕不足和问题被显示出来暴露出来，只有在每个环节每个步骤都专业化了，都规范化了，才算应急知识的理论和实践扎实了，才能够在应对重大风险时不出现手足无措、头脑空空、消极应对等本领恐慌现象。

（三）困苦中磨练

艰难困苦，玉汝于成。青年要做到平常时候看得出来、关键时刻站得出来、危难关头豁得出来，就要加强斗争精神和斗争本领的养成，主动增强防风险、迎挑战、抗打压的能力。突发事件有大有小，有强有弱，青年要敢于挑战更大的、更复杂的事件，以培养"一览众山小"的自如心态。

最艰苦的地方，有着最复杂的挑战，也存在着巨大的风险和问题。肩负着实现中华民族伟大复兴历史使命的青年，要主动到最艰苦地方锻炼，在实践锻炼中培养顽强意志，培养吃苦耐劳精神、提高综合素质、增强家国情怀、记住乡愁。只有这样，青年才能成为新时代的中坚力量，为实现中华民族伟大复兴的中国梦作出贡献。新时代青年要培养担当实干的工作作风，不尚虚谈、多务实功，勇于到艰苦环境和基层一线去担苦、担难、担重、担险，老老实实做人，踏踏实实干事。

五、争做时代先锋

每个时代都有这个时代的引领者，每个群体也都有这个群体的引领者。走在前、作表率的，就是这个时代、这个群体的先锋。创新是社会发展、民族进步的灵魂，是国家兴旺、文明发达的不竭源泉。而创新往往又在时代先锋身上展现得最为淋漓尽致。"青年是社会上最富活力、最具创造性的群体，理应走在创新创造前列。"[1]青年要有敢为人先的锐气，勇于解放思想、与时俱进，敢于上下求索、开拓进取，善于致知力行、辩证施策，树立在继承前人的基础上超越前人的雄心壮志，以青春之我，创建青春之国家，青春之民族。

（一）敢为人先

敢为人先，就是有勇气去做别人没有做过的事。有的说，30岁以前不要怕，30岁以后不要悔。也有的说，前半生不要怕，后半生不要悔。不要怕，说的就是敢为人先，敢于尝试，敢于创新，而不是遇到问题畏葸不前。敢为人先是一种精神，一种担当。

据李超与当时"秘密契约"的起草人严宏昌多次交流回忆，1978

---

[1] 《十八大以来重要文献选编》（上），中央文献出版社，2014年，第279页。

年10月，安徽凤阳县小岗生产队改选生产队长，队里唯一中学生、正在外地进行地下"黑包工"的28岁的严宏昌当选为队长，严俊昌当选副队长，严立学当选会计。看到乡亲们在生产队从早忙到晚到头来还吃不饱肚子，严宏昌找到严学昌、严俊昌等人合计："干脆分了吧。"严宏昌说："就是做皇上，也要老百姓吃饱饭呀。""咱分地只能偷着来，瞒上不瞒下。只要交足提留，就不怕上面查。"此后严宏昌等人和队里的多名长者多次协商后决定"瞒上不瞒下，偷分，但要交足提留公粮，凭良心要对得起共产党"。几位老人鼓励干部："你们干，有人逮，就是坐牢，全队家家凑粮也要把你们的孩子养到18岁。"

1978年11月24日下午3时许，小岗生产队的20户的代表陆续来到位于村西头第二家的严立华家里，严宏昌执笔，在严立富拿来的记工分用的16开白纸上签订了秘密契约，将集体耕地承包到户。内容是：我们分田到户，每户户主签字盖章，如以后能干，每户保证完成每户的全年上交和公粮，不在（再）向国家伸手要钱要粮。如不成，我们干部作（坐）牢剁头也干（甘）心，大家社员也保证把我们的小孩养活到十八岁。严宏昌拿出私章，在顶头的自己的名字上盖上第一颗鲜红的印章。随后，关廷珠等人依次在各自的名字上按手印或盖私章。当时因关友德、严国昌已到外地讨饭去了，关廷珠说："关友德是我侄子，我代。"严立坤说："我是严国昌的儿子，我替俺爸盖。"说着就分别按下了手印。严宏昌回到家把这份契约夹在一本初一数学书里，藏在了屋内房梁上的竹筒内。[1]

在中国的大地上，要想有建树、有成就，关键是要脚踏着祖国大地，

---

[1] 参见李超《小岗村"秘密契约"的内部新闻》，《江淮文史》1999年第2期。

胸怀着人民期盼，找准专业优势和社会发展的结合点，找准先进知识和我国实际的结合点，真正使创新创造落地生根、开花结果。为此，青年要立足本职岗位，在各自领域求真务实，争做时代先锋，在不断创新创造中积累经验，成就最美奋斗者。要有敢为人先的锐气，有上下求索的执着，得风气之先、开风气之先，力争有所突破、有所发展、有所建树。要以探索真知、求真务实为基础，坚定信念，勇往直前，努力为实现国家富强、民族振兴谱写出新时代敢为人先的辉煌篇章。

敢为人先还要善于团结协作，发挥集体智慧。在追求真知、谋求发展的过程中，要充分调动团队的积极性，激发创新潜能，共同为实现目标而努力。要学会倾听他人的意见，勇于接受批评和指导，以集思广益，达到最优效果。当然，也要处理好敢为人先和锋芒毕露的关系。敢为人先是一种精神，能够得到他人的敬佩和拥护。而锋芒毕露，则是一种显摆，是一种自以为是的令人讨厌的神态，极易激起民愤。曾仕强说过："一个人锋芒毕露，你的人际关系不可能好。你看现在很多年轻人，就有这个毛病，就是锋芒毕露：到哪里都要变成焦点，人家讲话你就要插嘴，什么事情你都有意见。锋芒不是出头的好路子，因为所有人都会抓机会把你的锋芒除掉，教训教训你。你看多少人就是有棱有角，然后慢慢变成很圆，就是他受了很多打击嘛。"这些话意味深长，很有借鉴意义。

（二）把论文写在祖国大地上

作为中国杂交水稻事业的开创者和领导者，袁隆平为我国粮食安全、农业技术发展和世界粮食供给作出了巨大的贡献，也被人亲切地称作"杂交水稻之父"。袁隆平的团队发明了杂交水稻，促进中国水稻亩产提升到800公斤以上，不仅为中国解决14亿多人口吃饭问题作出了突出贡献，而且还推广到印度、孟加拉国、印度尼西亚、巴基斯坦、埃及、马达加斯加、利比里亚等众多国家，使那些地方的水稻产量提高15%~20%，为人类保障粮食安全、减少贫困发挥了重要作用。

在战乱年代,袁隆平换过3所小学、5所中学。19岁高中毕业时,袁隆平父亲袁兴烈当时在南京政府任职,希望儿子报考南京中央大学,但袁隆平对父母说:"我要学农,我要当农业科学家。"袁隆平的母亲华静虽然担心学农苦,但依然尊重儿子的选择,支持他报考西南农学院。[①]

1956年,26岁的袁隆平开始做研究,学校拨给他半亩地做试验田。在多次进行无性杂交制种实验失败后,他毅然抛弃从事了几年的无性杂交试验,大胆开始新的探索。1960年的一天,他惊喜地发现一株长得格外粗壮的优质稻:十几个8寸长(约合27厘米)的稻穗沉甸甸地低垂着,一个分蘖就有230颗稻粒。他简单估算了一下,用它作种子,水稻亩产可超过千斤——当时高产水稻也不过五六百斤。当年,这株优稻产下了1000多粒稻种。第二年春天,袁隆平信心满满地将稻种播到试验田里,随后田间管理的每个环节他都亲力亲为,经常拿着放大镜观察禾苗的生长情况,详细记录每个细微变化。为找到研究杂交水稻的理论依据,袁隆平自费到北京拜访中国农业科学院著名遗传学专家杨国荣、鲍文奎。袁隆平还在农科院图书馆查阅了大量专业杂志和外文资料,对遗传育种学科前沿的基本情况、相关理论、热点问题、杂交育种实际进展等有了更多了解。为了寻找天然水稻雄性不育株,袁隆平每天吃过早饭,带上水壶和两个馒头,便光着脚下田,身体躬成九十度,脸贴着层层叠叠的稻浪,手拿放大镜,一株一株稻穗地查看。

1966年,袁隆平发表了论文《水稻的雄性不孕性》。这篇论文突

[①] 何左得平:《袁隆平的档案故事》,《中国档案》2023第10期。

破了经典遗传学关于"自花授粉作物没有杂种优势"的理论束缚,提出了通过三系法途径培育杂交水稻,大幅提高水稻产量的设想,奠定了杂交水稻研究的理论基础。

习近平总书记强调,我们对袁隆平同志的最好纪念,就是学习他热爱党、热爱祖国、热爱人民,信念坚定、矢志不渝,勇于创新、朴实无华的高贵品质,学习他以祖国和人民需要为己任,以奉献祖国和人民为目标,一辈子躬耕田野,脚踏实地把科技论文写在祖国大地上的崇高风范。

(三)敢走独木桥

成功的道路千万条,但都有一个共同点,开始时总被认为是少数人走的独木桥,而非阳光大道。这和西方经典《圣经·马太福音》关于走窄门类似:"你们要进窄门。因为引到灭亡,那门是宽的,路是大的,进去的人也多。引到永生,那门是窄的,路是小的,找着的人也少。"先后担任中央党校常务副校长,中央组织部部长、中央宣传部部长的胡耀邦,组织、策划关于真理标准的讨论,为解放思想作出了突出的贡献。他排除万难,平反了一批又一批冤案错案,他说:"落实干部政策的根据是什么?是事实,也就是干部过去的实践。判断对干部的定性和处理是否正确,根本的依据是事实。经过对实际情况的调查核实,分析研究,凡是不实之词,凡是不正确的结论和处理,不管是什么时候,什么情况下搞的,不管是哪一级组织,什么人定的、批的,都要实事求是地改正过来。"[1]这种尊重客观事实的态度,在当时还是少数,需要有走独木桥的勇气。

由于"包干"比"包产"更具有优越性,因此小岗村"大包干"的经验一夜红遍全国,直接冲击着人民公社的体制,冲击着普及大寨县的运

---

[1] 刘杰、徐绿山:《邓小平和陈云在十一届三中全会前后》,中央文献出版社,2009年,第187页。

动，惹火了一些忙着从中央到地方普及大寨县的干部们。有的人急了，喊"糟透了"，说小岗的路跑偏了，跑到资本主义那条路上去了，不纠正不行。凤阳的经验不能学，学了就乱了普及大寨县方寸，要当靶子批判。大包干是祸水，不堵不行！凤阳经验是传染病，不防治不行！总之把这场改革视为洪水猛兽、水火不容。甚至中央高层对万里也有微辞。此时的万里，正坐在自己的办公室里接受着记者的采访。但万里心情远不轻松，他对这些突然冒起的悖论非常生气，于是采访场也变成了批驳场。他激动地说："把大包干说成是传染病，这本身就不对！你好，你为什么不传染别人，反而怕别人'传染'你？我们不是说'群众是真正的英雄'么。学什么，不学什么，广大农民心里有杆秤，强迫是强迫不了的。"针对"反对学大寨"的帽子，万里表现得大义凛然，他说："你走你的阳关道，我走我的独木桥，让实践作结论。都照搬红头文件，还要省委干什么？"[1]

发展的过程，也是积累的过程，自然也就有继承和变革的问题。有变革，就要有走窄门的勇气。青年要解放思想，需要勇于挑战权威、关注多元化信息、培养开放的心态以及不断学习和实践，要有雄心壮志，敢想敢干，对旧制度如有觉得不合理的，尽可存疑求全，力争比先人前辈有更多更高的成就，这是合乎客观历史发展的规律的。但要将旧的东西去渣存精，推陈出新，就必须有实事求是的科学精神，先比较全面地、比较彻底地掌握旧的知识，融会贯通，才能发现其不合理处，并从总结实践的经验中，有根据地、有证验地使之充实，甚至使之变革，而在变革中，是积极的被吸收和消极的被扬弃，不是只破不立，不是先破后立，而是有破有立，二者是在相互制约中起作用的。

青年要意志坚定，不畏权威。这种品质不仅是青年人个人成长的基石，也是国家繁荣昌盛的重要保障。当前，无论是机关，还是企事业单

---

[1] 参见陈廷一《天地良心：万里在安徽》，人民出版社，2010年，第202页。

位，都不同程度地存在官僚主义倾向。民间顺口溜很多都在对这类问题进行戏谑。主要是一些干部不作为、慢作为，缺乏创新，眼睛只盯着上级，看领导的脸色，根本不顾实际，只为个人职位升迁。这些人虽然只是少数，但他们占据高位，影响极其恶劣。对于此类现象，青年要坚持内心正确的价值判断，不要同流合污。

第八章

锤炼依法办事的习惯

我们必须认认真真讲法治、老老实实抓法治。各级领导干部要对法律怀有敬畏之心，带头依法办事，带头遵守法律，不断提高运用法治思维和法治方式深化改革、推动发展、化解矛盾、维护稳定能力。①

——2014年10月23日，习近平总书记在党的十八届四中全会第二次全体会议上的讲话

---

① 习近平：《加快建设社会主义法治国家》，《求是》2015年第1期。

社会经济形态的发展同自然历史过程具有相似性。这里的相似性其中之一便是对规律的遵守。自然历史有生成发展的过程，是客观的、不以人的意志为转移的，具有内在的规律性。社会经济发展同样具有内在的规律性，体现出主体活动的社会性、历时性、时代性，在本质上是一个实践问题，是主体在实践中的活动规律。这个活动规律突出表现在反映全体人民意志的法律。因此，依法办事是新时代青年应当具备的基本素养，也是青年一代应当锤炼的重要习惯。在法治社会中，法律是规范人的行为、维护社会秩序的基础。青年只有锤炼依法办事的习惯，不断提高法律素养，才能自觉维护法治权威，积极参与法治建设，敢于同破坏法治的行为作坚决的、不屈不挠的斗争。

一、树牢法治意识

法治意识指的是人们对法律发自内心的认可、崇尚、遵守和服从。法治意识、契约精神、守约观念是现代经济活动特别是市场经济活动的重要意识规范，也是信用经济、法治经济的基本要求。树牢法治意识并非一朝一夕之功。面对不法现象，青年要坚守法律底线，不能怕惹事，不能缩手缩脚，法不能向非法让步，不能让歪风邪气蔓延开来。全社会都要形成博学笃行、厚德重法的氛围，坚持法治教育从小抓起，法治意识从小根植，法治思维从小培育，把法治教育纳入国民教育体系和精神文明创建内容中，由易到难、循序渐进不断增强青年的规则意识。

(一)法治思维

法治思维指的是将法律作为判断是非和处理事务的准绳，体现为崇尚法治、尊重法律，善于运用法律手段解决问题和推进工作，善于并自觉将法治的诸多要求运用于认识问题、分析问题、处理问题的思维方式，是一种以法律规范为基准的逻辑化的理性思考方式。法治思维能力指的是善于运用法治方式治国理政的能力。提高法治思维能力，就是要树牢尊法学法守法用法意识，不断增强法治观念，尊崇和遵守宪法法律，做到在法治之下、而不是法治之外、更不是法治之上想问题、作决策、办事情，自觉在法治轨道上运用法治思维和法治方式深化改革、推动发展、化解矛盾、维护稳定。

青年时期是培养和训练法治思维的最佳时期。2017年5月3日，习近平同志在中国政法大学考察时指出："青年时期是培养和训练科学思维方法和思维能力的关键时期，无论在学校还是在社会，都要把学习同思考、观察同思考、实践同思考紧密结合起来，保持对新事物的敏锐，学会用正确的立场观点方法分析问题，善于把握历史和时代的发展方向，善于把握社会生活的主流和支流、现象和本质。"[①]青年要牢记法律红线不可逾越、法律底线不可触碰，带头遵守法律、执行法律。谋划工作要运用法治思维，处理问题要运用法治方式，说话做事要先考虑一下是不是合法，把握不准的就去查一查党纪国法是怎样规定的，还可以请法律专家、法律顾问帮助把把关。各级领导干部特别是高级干部要从自身做起，给下级带好头，做遵纪守法的模范。

党纪国法不能成为"橡皮泥""稻草人"，无论是因为"法盲"导致违纪违法，还是故意违规违法，都要受到追究，否则就会形成"破窗效应"。

[①] 习近平：《在中国政法大学考察时的讲话（2017年5月3日）》，《人民日报》2017年5月4日。

习近平同志在《弘扬法治精神，形成法治风尚》中指出："法治精神是法治的灵魂。人们没有法治精神、社会没有法治风尚，法治只能是无本之木、无根之花、无源之水。""其实，使法必行之法就是法治精神。从客观上说，法治也并不体现于普通民众对法律条文有多么深透的了解，而在于努力把法治精神、法治意识、法治观念熔铸到人们的头脑之中，体现于人们的日常行为之中。这包括培养人们的理性精神、诚信守法的精神、尊重法律权威的精神、权利与义务对称的精神、依法维权和依法解决纠纷的习惯等等。"正如卢梭所说，"规章只不过是穹隆顶上的拱梁，而唯有慢慢诞生的风尚才最后构成那个穹隆顶上的不可动摇的拱心石"[①]。法律当中"最重要的一种"就是这种风尚，它既不是铭刻在大理石上，也不是铭刻在铜表上，而是铭刻在公民们的内心里。

只有不断提高自身法律素养，才能在新时代为强国建设、为法治建设贡献自己的力量。在这个过程中，青年要始终保持一颗崇尚法治之心，自觉践行社会主义核心价值观，为实现中华民族伟大复兴的中国梦不懈努力。

（二）法言法语

树牢法治意识，要善于使用法言法语。法言法语指的是法律工作者使用的专门法律术语，突出的是含义的精准性。不要认为讲法言法语就是脱离群众，就是高高在上，其实法言法语应该成为普通群众的日常用语。因为法律本来就是体现群众意志的规范性文件，如果群众都不理解自己的意志所表达的内容，又如何能够正确维护自己的合法权利呢？

法言法语不仅关乎法律知识的传播，更关乎法治精神的传承。青年作为国家的未来和民族的希望，具备一定的法言法语素养，自觉运用法言法

[①] 习近平：《之江新语》，浙江人民出版社，2007年，第205页。

语,对于建设社会主义法治国家具有重要意义。自媒体时代,人人都可以发声,很多媒体发布信息时把"检察院"写成"检查院",把"议案"与"提案"混用,把"被告人"与"被告"乱用,甚至很多人把"法定代表人"称为"法人",等等,表述轻率,不能准确传达信息,不利于法言法语的培育和使用。

要实现"群言群语"与"法言法语"的自如转换。在推进全过程人民民主的过程中,要坚持以人民为中心的发展理念,紧盯民意民生民诉,把立法工作作为推进全过程人民民主的生动实践,致力以"小切口"立法解决大问题,立切实管用的法、群众拥护的法。特别是地方立法,更是要做到立法项目顺应民意、立法过程广聚民智、立法成果全民共享。这就要求人大代表要具备基本的法律素养和为民为公的精神。

要实现"党言党语"与"法言法语"的转换。2020年,习近平同志在全国两会党员负责干部会议上强调,人大"既要讲好党言党语,也要讲好法言法语,保证党中央大政方针和决策部署在人大工作中得到全面贯彻和有效执行"。[①]"党言党语"是中国共产党在全面从严治党语境中创立的具有特殊作用的专门语言,是中国共产党执政权力的表现与执政理念的折射,体现了中国共产党的意志,内容包括党的路线、方针、政策,以及党的章程、纪律、行为准则等,服务于党对意识形态的引领。将"党言党语"转换为"法言法语",主要范畴应包含社会主义核心价值观入法、党的路线方针政策入法、党对意识形态领域的要求入法、地方贯彻落实中央有关社会治理的最新要求入法、中央及地方党委重大改革事项入法等方面的内容。

(三)尊崇法律

青年要做尊法的模范,带头尊崇法治、敬畏法律。只有内心尊崇法

[①] 李江南:《地方立法工作者应善于将"党言党语"转换为"法言法语"》,《人民之友》2021年第12期。

治，才能行为遵守法律。只有牢固树立宪法法律至上、法律面前人人平等、权由法定、权依法使等基本法治观念，彻底摒弃人治思想和上级意识，决不搞以言代法、以权压法。面对各种危害法治、破坏法治、践踏法治的行为，面对践踏法律、破坏法治的现象，青年要挺身而出不躲闪、坚决捍卫不退缩。

对领导干部的法治素养，从其踏入干部队伍的那一天起就要开始抓，教育引导他们把法治的第一粒扣子扣好。一个干部能力有高低，但在遵纪守法上必须过硬，这方面不能有丝毫含糊。一个人纵有再大的本事，如果没有很强的法治意识、不守规矩，也不能当好人民的公仆，更不能真心为民办事。因此，这个法律底线关首先要把住。如何巩固法律底线意识呢？一方面，要加强教育、培养自觉，促使领导干部不断增强法治意识，养成法治习惯。另一方面，要加强管理、强化监督，设置领导干部法治素养"门槛"，发现问题就严肃处理，不合格的就要从领导干部队伍中调整出去。决不能让那些法治意识不强、无法无天的人一步步升上来，这种人官当得越大，对党和国家危害就越大。

1948年6月出生于河北唐山迁西的马树山，曾在迁西县农业农村局工作，后以正科级退休。2023年12月，马树山因为举报时任迁西县委书记在当地花几千万元搞城关"亮化工程"劳民伤财等问题，被迁西县公安局刑拘，之后由迁西县检察院批捕并提起公诉，当地检方指控马树山涉嫌诽谤罪和诬告陷害罪两项罪名。2024年1月15日，迁西县检察院以"不存在犯罪事实"为由，对马树山撤回起诉，同日马树山被释放。随后针对马树山举报县委领导被逮捕公诉事件，河北省纪委监委、省委组织部、省委政法委、省法院、省检察院、省公安厅等组成的工作组，在国家有关部门指导下，依纪依法开展了全面调查核查。据工作组负责人介绍，马树山举报县委领导被逮捕公诉事件中，有关单位和党员干部存在三个方面问题：一是迁西县委书记不正确履行职责，对涉及本人及其他应由上级受理的信访事项，应回避未回避，应报告未报告，违规研究办理。二是迁西县公安局侦查取证不全面，刑事拘留措施适用不当。三是迁西县检察院错误作出批捕决定，错误提起公诉，未严格依法进行羁押必要性审查。①

一个举报案件，本来是老百姓监督政府的行为，结果导致举报人和被举报人，以及相关责任人员受到处理。对举报人反映的具体问题进行调查核实后，尚未发现存在其反映的问题；而县委书记涉嫌违纪违法行为必然受到法律的制裁。这一荒诞结局，说明各方对法律不够尊崇：有的听风是雨，缺乏证据意识；有的打击报复，更是肆无忌惮。对于举报者，只要不是诬告，便应宽大处理。同时，相关部门也要正确履职、公道正派、公开透明，为什么要让老百姓感觉到有"瓜田李下"之嫌呢？为什么不能排除合理怀疑呢？

二、自觉依法办事

依法办事是法治的基本要求，也是我们党治国理政过程中的经验教训。自党的十五大报告指出"我国经济体制改革的深入和社会主义现代化建设跨越世纪的发展，要求我们在坚持四项基本原则的前提下，继续推进政治体制改革，进一步扩大社会主义民主，健全社会主义法制，依法治国，建设社会主义法治国家"②以来，党的建设进入新里程。党的十六大进一步提出"依法治国是党领导人民治理国家的基本方略"。党的十七大报告提出"依法治国基本方略深入落实，全社会法制观念进一步增强，法治政府建设取得新成效"。党的十八大提出法治是治国理政的基本方式，要加快建设社会主义法治国家，全面推进依法治国。党的十八届四中全会

---

① 参见《马树山举报县委领导被逮捕公诉事件中相关责任人员被问责》，河北日报客户端2024年4月9日。

② 《十五大以来重要文献选编》，人民出版社，2000年，第30页。

通过《中共中央关于全面推进依法治国若干重大问题的决定》。2020年11月16日至17日，在北京召开的中央全面依法治国工作会议上，正式提出"习近平法治思想"，并明确了习近平法治思想在全面依法治国工作中的指导地位。

（一）遇事找法

长期以来，一些人心中有这样的思维惯性，一碰到事就找关系。有的还振振有词说，现在都找关系，如果你不找关系，就不能得到公正处理。这一方面体现了群众对执法机关、司法机关的不信任；另一方面，也表明人情介入法律，在人民群众的心目中已经根深蒂固了。

诚然，我国是个人情社会，人情世故、礼尚往来已经深入骨髓，人们在社会中的联系异常广泛而复杂，如上下级关系、亲戚朋友关系、战友关系、同事关系、同学关系等，逢事喜欢讲个熟门熟道，但如果人情介入了法律和权力领域，就会带来问题，甚至带来严重问题。习近平同志指出，要"引导群众遇事找法、解决问题靠法，逐步改变社会上那种遇事不是找法而是找人的现象"[1]。

遇事找法是基础，也是一种法治意识，就是要营造浓厚的法治氛围，让普法宣传、法律服务、法律调解走进千家万户，通过法治宣传，群众掌握更多法律知识，逐步提高法治观念；通过依法办案，让群众看到依法解决问题的效果，从而让遇事找法深入人心，减少或避免"遇事找人"的心态。法院实行的干预司法"三个规定"制度，也在一定程度上增强群众遇事找法的意识。2015年3月，中共中央办公厅、国务院办公厅印发了《领导干部干预司法活动、插手具体案件处理的记录、通报和责任追究规定》；2015年3月，中央政法委印发了《司法机关内部人员过问案件的记录和

---

[1] 《十八大以来重要文献选编》（上），中央文献出版社，2014年，第722页。

责任追究规定》；2015年9月，最高人民法院、最高人民检察院、公安部、国家安全部、司法部联合印发了《关于进一步规范司法人员与当事人、律师、特殊关系人、中介组织接触交往行为的若干规定》；等等。概括来说就是：领导干部和司法机关内部人员不得干预司法，为具体案件说情打招呼，而司法人员自身也不能与当事人、律师、特殊关系人、中介组织不正当接触交往，如接受吃请、泄露案情等。防止干预司法"三个规定"，是从源头上预防人情案、关系案、金钱案的重要制度。有的地方还把严格执行"双向报告"制度作为落实"三个规定"的具体举措，"双向报告"制度即要求打招呼人凡"问"必报，被打招呼人逢"问"必填，还同步建立了随案密封制度。

养成遇事找法的习惯，还要摒弃"闹"而得的怪圈现象。有矛盾有问题，可以通过法律渠道来解决，按照法律要求，提供证据，决不能让那种大闹大解决、小闹小解决、不闹不解决现象蔓延开来，否则还有什么法治可言呢？要坚决改变违法成本低、守法成本高的现象，谁违法就要付出比守法更大的代价，甚至是几倍、十几倍、几十倍的代价。青年要树立法律的权威，要相信只要是合理合法的诉求，通过法律程序就能得到合理合法的结果。

（二）解决问题用法

青年要想提升解决问题用法的意识，就要从树立正确的问题观、培养主动求知精神和注重司法实践等多方面入手。

据《中国青年报》报道，2018年7月19日下午，罗义在四川省绵阳市安州区一个建筑工地上中暑晕倒。入院时，罗义体温超40摄氏度，被诊断为"热射病"。因晕倒时头部着地产生的挫伤和高温一起导致他颅内压升高，医生为他开了小孔减压。六天后罗义抢救无效去世。罗义买了工伤保险，只要按流程去人力资源和社会保障部门进行工伤认定，就能顺理成章去申请工伤理赔。

绵阳市人社局给了15天补正期限，因职业病诊断证明没能开出，绵阳市人社局作出不予认定工伤的决定。由于不服绵阳市人社局认定结果，2019年5月，家属向绵阳市安州区人民法院提起行政诉讼。法院判决，绵阳市人社局认定结果错误，限期重新认定。绵阳市人社局不服一审结果，又向绵阳市中级人民法院提起二审诉讼，二审意见指出一审的漏洞：罗义摔倒时头部着地一事，没有充分证据；他虽患有热射病，但没有职业病诊断证明，不能证明这是"职业病"。二审法院判决绵阳市人社局胜诉。家属向四川省高院提起再审请求，很快被驳回。

在用人单位拒绝出具职业病史的情况下，绵阳市检察院根据卷宗中"已经查明的事实"出具一份证明。华西四院接受了这份破例得来的证明。2022年4月28日，三位医生共同为罗义出具了《职业病诊断证明书》，诊断罗义为"职业性中暑（热射病）"。绵阳市检察院向绵阳市中级人民法院提出再审检察建议，建议启动再审。但证据未被绵阳中院采纳。经集体讨论，2023年2月13日，绵阳市检察院提请四川省检察院向四川省高院抗诉。2023年2月，四川省检察院接手该案，启动了新一轮调查。2024年3月29日，四川省高院和四川省检察院联合向绵阳市人社局制发司法（检察）建议书，建议绵阳市人社局重新启动工伤认定程序。4月2日，四川省高院的法庭上，绵阳市人社局当庭表示将根据新证据重新启动工伤认定程序，当事人表示，愿意撤回向四川省高院的再审请求。法官准许，终结再审程序。5月15日，家属收到了76.5万元工伤赔偿款。

劳动者工作时中暑，走"职业病"的路来认定工伤，是一个在制度设计中早就被确定的、清晰的路径。根据《工伤保险条例》第十四条规定，患职业病的应当认定为工伤。现行的《职业病分类和目录》发布于2013年，其中，在物理性因素导致的职业病中，第一项就是中暑。甚至我国1987年、2002年公布的职业病名单中，中暑已然在列，但需要具有职业病诊断资质的医疗机构出具的职业病诊断证明书。

和医院的普通诊断不同，职业病诊断要在专门机构进行。我国有132种法定职业病，截至2018年年底，全国有职业病诊断机构478家。每家诊断机构拥有的诊断资质不同。职业病诊断医生只能对自己考取资格证的职业病类别进行诊断，除了要确认病情、死因，还要建立职业史与疾病之间的因果关系。

（三）化解矛盾靠法

在现代社会中，矛盾和纷争无处不在，无论是个人生活还是事业发展，都可能遇到各种矛盾。面对矛盾，我们不能回避，更不能消极应对，而是要积极寻找解决之道。青年要善于运用法治思维和法治方式解决矛盾纠纷，是习近平法治思想在预防化解矛盾纠纷工作中的实践运用，是基层社会治理现代化的典型经验。

1963年2月，为了巩固人民民主专政政权，更好地进行社会主义建设，中共中央决定在全国农村普遍开展社会主义教育运动。5月，毛泽东在杭州主持召开政治局扩大会议，讨论起草了社教运动的纲领性文件《关于目前农村工作中若干问题的决定草案》，提出要把绝大多数"四类分子"改造成新人的任务。根据中央的安排部署，浙江省委社教工作队进驻诸暨枫桥区开展试点工作。当时，枫桥区共有"四类分子"911名，但是省委工作队根据"一个不杀，大部不抓"的指导方针，充分发动和依靠枫桥当地群众，广泛开展说理斗争，创造出"少捕，矛盾不上交，依靠群众，以说理斗争的形式把绝大多数'四类分子'改造成新人"的经验。同年10月，到浙江检查工作的公安部有关负责同志发现枫桥区在社教过程中没有捕人，依靠群众就地改造"四类分子"的做法，就向毛泽东汇报了有关情况。毛泽东高兴地说，"这就叫矛盾不上交，就地解决"，并指示要对该经验好好进行总结。公安部随后派出工作小组，在充分听取群众意见后，起草了《诸暨县枫桥区社会主义教育运动中开展对敌斗争的经验》，并将这个经验总结为"在党的领导下，发动和依靠群众，坚持矛盾不上交，就地解决，实现矛盾少、治安好"的"枫桥经验"。11月，毛泽东亲笔批示："要各地仿效，经过试点，推广去做。"12月，浙江省委将"枫桥经验"转发到浙江各市县，推广到浙江全省。1964年1月，中共中央下发《中央关于依靠群众力量，加强人民民主专政，把绝大多数四类分子改造成为新人的指示》，把"枫桥经验"推向全国。[①]

"枫桥经验"是化解基层矛盾的经验。60多年来，浙江枫桥坚持为了群众、依靠群众、发动群众、就地解决问题的基本精神不动摇，坚持"小事不出村、大事不出镇、矛盾不上交"的原则，并根据形势变化，不断丰富和发展"枫桥经验"，走出了一条经济社会协调发展的新路子。对信访反映的涉及人民群众切身利益的突出问题，要高度重视、认真解决。同时，要坚持把群众路线与法治方式结合起来，运用法治思维和法治方式预防化解社会矛盾，是"枫桥经验"所蕴含的创新精神的必然要求。

[①] 参见吴锦良《"枫桥经验"演进与基层治理创新》，《浙江社会科学》2010年第7期。

三、捍卫公平正义

马克思主义认为,公平正义是具体的、历史的范畴,不同的时代和阶级对公平正义的理解是各不相同的。新时代的青年要自觉肩负起捍卫公平正义的使命,成为公平正义的传播者、实践者和捍卫者。在遇到不公的时候,青年要敢于站出来,"路见不平一声吼",而不是当看客,袖手旁观。当公平正义得不到捍卫、不公不义大行其道时,每个人都将成为受害者。

(一)明辨是非善恶

孟子说:"恻隐之心,人皆有之;羞恶之心,人皆有之;恭敬之心,人皆有之;是非之心,人皆有之。"[①] 是非善恶,涉及人们对于价值观念、伦理道德的认识和评价,是对于行为、事物是否具有道德好坏等方面的判断。之所以要明辨,说的就是要从现象看本质。《墨子》有言:"钓者之恭,非为鱼赐也;饵鼠以虫,非爱之也。"[②] 意思是说,凡事不能只看表面现象。钓鱼人虽然躬着身子,并不是因为对鱼恭敬;捕捉老鼠的人,把虫子留给老鼠吃,并不是因为喜爱老鼠。

陈少敏被誉为杰出女性,1927年加入共青团,1928年入党,一生历经磨难,富有斗争经验,其传奇经历,不仅表现在她主持过一个地区全面工作的女领导干部,一名为维护工人阶级权益呕心沥血的工会领袖,更重要的是,她作为一名中共中央委员,在"文化大革命"中坚持真理,不畏强暴,与"四人帮"进行过面对面斗争,在决定永远开除刘少奇党籍的党的八届十二中全会上,她投下了唯一的一张反对票。这就是一名共产党员

---

① 《孟子》,方勇译注,中华书局,2010年,第218页。
② 《墨子》,方勇译注,中华书局,2011年,第454页。

明辨是非善恶的起码要求，但在特定历史环境下，却是非常难得。

陈少敏原名孙进修，1902年出生在山东省寿光县，兄妹五个，她排行三，因家庭贫困，13岁便独闯青岛，到一家日本纱厂当童工。父亲孙万庆担心她吃不消工厂之苦半年后便把她接回家务农。因受父亲民主革命思想影响，坚决拥护男女平等，反对妇女裹脚。因此，村里有人故意喊她"孙大脚"。参加革命后，她改名陈少敏，在鄂豫边区有人叫她陈大脚。她跟男同志一样走南闯北，赴汤蹈火，与敌人搏斗周旋。甚至鬼子们一听说陈大脚来了，就吓得闻风丧胆。有人说陈大脚是百发百中的"双枪老太婆"。新中国成立后，日本战犯访华，专门提出请求，希望见一见当年鄂豫边区赫赫有名的女将军陈少敏。他们一见之后，不禁大吃一惊，感觉到这样一位普普通通的中国老太太真了不起，令人敬佩。

1956年，在党的八大上，陈少敏被选为中央委员，1957年，在工会八大上被选为中华全国总工会副主席，并任全总党组副书记。三年困难时期，她深入老根据地看望乡亲们，有的地方领导为她摆宴，她不仅坚决拒绝赴宴，还要对其进行严厉批评教育。中央召开"七千人大会"之后，她在听说当年她在中原地区工作过的农村政府发救灾粮没发到生产队，大为恼火，立即追查到底，并要陪同她的县长一定将救灾粮发到老百姓手上。

陈少敏敢于坚持党性原则，敢于斗争，实事求是。"文化大革命"中，她坚决反对"打倒刘少奇"，坚决反对揭批刘少奇"资产阶级司令部"，对林彪、康生、江青一伙阴谋家、野心家坚持针锋相对的斗争。造反派批她是刘少奇在中原地区的"代理人"，让她一起喊"打倒刘少奇"，遭她拒绝。说她是"牛鬼蛇神走资派"，她理直气壮地回答："不是，我是共产党员！我从小受苦，我恨资本主义，参加革命就是要和资本家进行斗争，最终实现共产主义！"表现出一个共产党员应有的骨气。"四人帮"要她写揭发刘少奇的黑材料，她拒绝写。1968年8月，在党的八届十二中全会上表决"开除刘少奇叛徒、内奸、工贼的审查报告"时，唯独她一人不举手不同意。康生问她为什么不举手时，她义正辞严地回答："这是我的权利！"①

青年时期，必然面对学业、情感、职业选择等多方面的考量，一时有些疑惑、彷徨、失落，是正常的人生经历。但不能因年轻而是非不分，善恶不辨，纵容恶行，藏污纳垢。青年要善于明辨是非善恶，果断抉择，学会思考、善于分析、正确抉择，做到稳重自持、从容自信、坚定自励。明辨是非善恶的关键是要树立正确的世界观、人生观、价值观，掌握了这把总钥匙，再来看看社会万象、人生历程，一切是非、正误、主次，一切真假、善恶、美丑，自然就洞若观火、清澈明了，自然就能作出正确判断、作出正确选择。

（二）敢于伸张正义

青年在成长过程中，在学校、社会、工作岗位，必然会遇到各种不公正的现象。面对不公，是挺身而出，还是当缩头乌龟，是不断积聚能量，还是以卵击石，这里既涉及是否敢于伸张正义，也涉及如何伸张正义等问题。张纯如的故事，就体现了敢于伸张正义的巨大力量。

> 日本帝国主义在中国犯下的滔天罪行，但当时还没有一本用英语写成的关于南京大屠杀的专著，大多数美国人根本不知道日军在中国实施的暴行。1994年12月13日，26岁的张纯如以一名专业作家身份

---

① 蒋永清：《工会领袖——陈少敏》，《中国工运学院学报》2003第2期。

参加在加州库比蒂诺举行的一次会议,在那里她看到了南京大屠杀期间的一些照片,照片虽然是黑白的,但是照片的内容令人目不忍睹:遇难者或被斩断头颅,或被开膛破肚,赤身裸体的妇女在强暴者逼迫下摆出各种色情姿势,她们面部扭曲,表情痛苦,羞愤难当之色令人刻骨难忘。参观展览后,张纯如决定把南京大屠杀作为新书的题目,她认为这不仅是道义上的责任,更是遇难者们应得的正义和公道。自此,张纯如开始寻求正义之路。她在耶鲁查阅复印了几乎全部传教士关于南京大屠杀的日记、书信和各种文献,查阅了美国国家档案馆许多刚解密的档案材料。这些史料中,给她影响最大的莫过于魏特琳女士(时任金陵女子文理学院院长)留下的关于南京大屠杀的日记。魏特琳亲眼目睹了日军在南京犯下的各类残暴罪行,保护了上万名中国女性和儿童。张纯如说:"当我在耶鲁读完魏特琳日记和她的书信时,我当时感到既愤怒又很困惑,为什么这些记录没有被编辑成一部书出版?为什么在过去的半个世纪里魏特琳被公众遗忘?为什么魏特琳的精神没有成为全世界所共有的遗产?"[1]

张纯如到南京走访了许多幸存者,这些人都极其渴望讲述他们的故事,都想在死去之前讲述大屠杀的事。这越发激起她为这些受难者讨回公道、争取战争赔偿的努力。功夫不负有心人,她找到了极有史学价值的《拉贝日记》。当得知穷困潦倒的拉贝在自己的小公寓冻饿而死,许多南京大屠杀的刽子手们却终生过着富裕舒适的生活。如裕仁天皇的叔叔朝香宫是南京大屠杀前下达"杀死全部俘虏"命令的指挥官,但他却带着荣耀全身而逃,晚年以打高尔夫自娱。一些在远东国际军事法庭审判后被处决的日本战犯居然被供奉在东京的神社中。这让张纯如很气愤,她说:"我是在非常愤怒的状态下写出《南京大

---

[1] 杨娟:《用生命书写历史的真实——张纯如与〈南京大屠杀〉》,《炎黄春秋》2022年第12期。

屠杀》的，我不关心能不能赚到钱，让整个世界知道1937年发生在南京的那些事对我来说很重要。"

（三）维护司法尊严

司法尊严是社会公平正义的象征。一个国家的司法制度是否公正、权威，直接关系到国家的稳定和社会的发展。青年要认识到，维护司法尊严就是维护社会公平正义，是新时代青年应有的价值观和信仰。

最高人民法院在全国高级法院院长会议指出，尊重人民群众朴素公平正义观，以严格公正司法捍卫社会公平正义。从"以眼还眼，以牙还牙"到"助人自助，义举无罪"，朴素的公平正义观在人类文明史上长期发挥作用。我国人民心中的"公道"，因文化熏陶而带有强烈的道德色彩，构成了社会主义法治精神的重要根基。重新反思这份"朴素情感"，亦是在丈量当代法治建设的道德准绳。

电影《我不是药神》主角的原型人物陆勇，因"销售假药罪"被通缉，又因沅江市检察院撤诉而获释。不起诉决定书中指出，"认定犯罪与司法为民的价值观相悖，与司法的人文关怀相悖，与转变刑事司法理念的要求相悖"，尊重了案情与民意。这类典型案件中，舆论所秉持的朴素公平正义观或是敦促了检方的反思，或是推动了法条的进步，其作用应得到尊重。

需要明确的是，尊重不是"放纵"，法理人情常有度。在舆论声浪中有着另一种声音，警示司法判决不可为后来者"开口子"。诸如引发热议的"马鞍山药神案"，秦才东博士自制组合物帮助癌症患者不假，但其跳过法定试药步骤带来的安全风险，采用互助金模式触碰的司法漏洞，同样应得到重视。非法自制药品的"口子"开不得，罚金与缓刑并用，体现了法理和情理的权衡。

网络媒体的兴起是一把双刃剑：一方面，网民朴素的正义感得到了充分表达；另一方面，舆论的力量也愈加难以把控。借由朴素情感打开的"口子"引导舆论走向，或将变相帮助有心者逃避罪责，此类风气不可有。公正司法，其独立性不应受到损伤；宽严相济，法理解释应充分完备。

维护公平正义就是捍卫法律尊严。这份尊严既可以是"悬于上"的利剑，威慑警告不法分子；也应是"隐于市"的温情，鼓励自觉遵守，弘扬社会良知。"昆山龙哥案"认定为正当防卫，"福州赵宇案"鼓励见义勇为，深入贯彻了"法不能向不法让步"的理念，对公众有着教育意义。司法判决"得民心"，法律尊严方有"万民护"。公平正义是民之所盼，更是法之所求，是法治的生命线。以严格公正司法捍卫社会公平正义，可为国家安全和社会稳定打下坚实基础。

四、严格选人用人

一个国家的政治稳定，离不开一支忠诚干净担当的干部队伍。一个充满活力、公平正义的社会，需要有才能、有担当的干部队伍来推动。一个公平竞争的用人环境，能让优秀人才脱颖而出，激发广大青年的奋斗精神。选什么人就是风向标，就有什么样的干部作风，乃至就有什么样的党风。选对人、用好人才能实现政通人和、安定有序；任人唯亲、任人唯利、任人唯圈，不仅让干事创业的干部没了奔头、心灰意冷，更会导致弄虚作假、欺上瞒下、跑官买官等乱象频发。

（一）坚持德才兼备

司马光说："才者，德之资也；德者，才之帅也。"德与才兼备是选人用人的标准。无德无才是"废品"，有德无才是"半成品"，有才无德是"危险品"，有德有才是"精品"。德与才是有机统一的。强国建设和民族复兴伟业需要一大批德才兼备的人来肩负。同时，事业发展需要一代又一代人的接续奋斗,因此抓好后继有人这个根本大计十分必要。

1937年5月8日,毛泽东在《为争取千百万群众进入抗日民族统一战线而斗争》中第一次对干部标准问题作出了明确界定:"指导伟大的革命,要有伟大的党,要有许多最好的干部。……我们党的组织要向全国发展,要自觉地造就成万数的干部,要有几百个最好的群众领袖。这些干部和领袖懂得马克思列宁主义,有政治远见,有工作能力,富于牺牲精神,能独立解决问题,在困难中不动摇,忠心耿耿地为民族、为阶级、为党而工作。党依靠着这些人而联系党员和群众,依靠着这些人对于群众的坚强领导而达到打倒敌人之目的。这些人不要自私自利,不要个人英雄主义和风头主义,不要懒惰和消极性,不要自高自大的宗派主义,他们是大公无私的民族的阶级的英雄,这就是共产党员、党的干部、党的领袖应该有的性格和作风。"① 这里其实是概括了干部选拔的标准,一个是才的方面,一个是德的方面,两方面缺一不可。

1938年10月,在党的六届六中全会上,毛泽东提出:"中国共产党是在一个几万万人的大民族中领导伟大革命斗争的党,没有多数才德兼备的领导干部,是不能完成其历史任务的。""必须善于使用干部。领导者的责任,归结起来,主要的是出主意、用干部两件事。一切计划、决议、命令、指示等等,都属于'出主意'一类。使这一切主意见之实行,必须团结干部,推动他们去做,属于'用干部'一类。在这个使用干部的问题上,我们民族历史中从来就有两个对立的路线:一个是'任人唯贤'的路线,一个是'任人唯亲'的路线。前者是正派的路线,后者是不正派的路线。共产党的干部政策,应是以能否坚决地执行党的路线,服从党的纪律,和群众有密切的联系,有独立的工作能力,积极肯干,不谋私利为标准,这就是'任人唯贤'的路线。"② "才德兼备"和"任人唯贤"标准的提出,为

---

① 《毛泽东选集》第1卷,人民出版社,1991年,第277页。
② 《毛泽东选集》第2卷,人民出版社,1991年,第526—527页。

我党干部队伍建设奠定了坚实的思想理论基础。

1957年10月，毛泽东在党的八届三中全会扩大会议上提出了"又红又专"的干部标准，1958年1月，毛泽东针对"红"与"专"的关系，进一步指出："红与专、政治与业务的关系，是两个对立物的统一。一定要批判不问政治的倾向。一方面要反对空头政治家，另一方面要反对迷失方向的实际家。"①

陈云任中央组织部部长时，强调按德才兼备的标准选用干部，并且把德放在第一位。他指出："德才并重，以德为主。反对只顾才不顾德，也反对只顾德不顾才。才德应该是统一的。才，不是空才；德，也不是空德。考察一个干部的才和德，主要应看其在完成任务中的表现。"陈云任中央纪律检查委员会第一书记时，强调"选干部，首先要看德，有才缺德的人不能用。德好，才差一些不要紧，放到领导岗位上锻炼几年，才干是可以练出来的"。他指出："德才相比，我们更要注重于德，就是说，要确实提拔那些党性强、作风正派、敢于坚持原则的人。""德才兼备，才干固然要有，但德还是第一。"②

此后，邓小平在此基础上提出了"四化"标准，即在坚持德才兼备的前提下，努力实现干部队伍的革命化、年轻化、知识化、专业化。

（二）坚持五湖四海

中国共产党和中国共产党领导的人民军队，由小到大、由弱到强，从组织上说就是不断地从五湖四海、三山五岳扩大队伍、汇集力量的结果。

五湖四海，体现的胸怀，彰显的是格局。1944年9月8日，毛泽东在《为人民服务》中指出："我们都是来自五湖四海，为了一个共同的革命目标，走到一起来了。我们还要和全国大多数人民走这一条路。"这句振聋

---

① 《毛泽东著作选读》下册，人民出版社，1986年，第803页。
② 《陈云文选》第3卷，人民出版社，1995年，第359页。

发聩之语，道出了成就大事的人既有容人之量，又有汇才之方。1945年4月20日，毛泽东在《对〈关于若干历史问题的决议〉草案的说明》中强调："党是政治团体，不是家族或职业团体，党员都是来自五湖四海，因为政见相同结合起来的。政见不同就要有争论，争论时要分清界限。"[①]新中国成立之初，在选拔和使用干部方面，毛泽东提出"要搞五湖四海"。1949年10月24日，他同绥远军区负责人谈话时认为政府的名单中共产党和进步人士各一半很好。毛泽东曾严厉地警告江青等人："不要搞'四人帮'，你们不要搞了，为什么照样搞呀？为什么不和二百多个中央委员搞团结？搞少数人不好，历来不好。"毛泽东重申"三要三不要"的原则："这一次还是三条，要马列（主义）不要修正（主义），要团结不要分裂，要光明正大不要搞阴谋诡计，就是不要搞宗派主义。"毛泽东还不点名地批评江青："不要随便，要有纪律，要谨慎；不要个人自作主张，要跟政治局讨论，有意见要在政治局讨论，印成文件发下去；要以中央的名义，不要用个人的名义，比如也不要以我的名义，我是从来不送什么材料的。"[②]

1990年5月，习近平同志在给宁德地直机关领导干部的临别赠言时说："在干部问题上，应当坚持马克思主义的干部路线，坚持德才兼备的原则和干部'四化'方针，选拔干部应当坚持五湖四海，冲破狭隘的地域观念。"[③]大家一起共事是一种缘分。做人要大气一点，一个班子不是你能选择的，要学会五湖四海，要反对独断专行，一个班子鸦雀无声不好，各行其是、软弱涣散也不行。这就是班子团结的辩证法。

习近平同志多次强调要五湖四海培养选拔好干部。好干部的标准又是具体的、历史的。不同历史时期，对干部德才的具体要求有所不同。革

[①]《毛泽东文集》第3卷，人民出版社，1996年，第284页。
[②] 刘杰、徐绿山：《邓小平和陈云在十一届三中全会前后》，中央文献出版社，2009年，第43页。
[③] 习近平：《摆脱贫困》，福建人民出版社，1992年，第152页。

命战争年代，对党忠诚、英勇善战、不怕牺牲的干部就是好干部。社会主义革命和建设时期，懂政治、懂业务、又红又专的干部就是好干部。改革开放初期，拥护党的十一届三中全会确定的路线方针政策，有知识、懂专业、锐意改革的干部就是好干部。现在，我们提出政治上靠得住、工作上有本事、作风上过得硬、人民群众信得过等具体要求，突出了好干部标准的时代内涵。概括起来说，好干部要做到信念坚定、为民服务、勤政务实、敢于担当、清正廉洁。好干部标准的提出为干部选拔提供了准则，但视野一定要更加宏阔，也就是要在五湖四海的前提之下。

（三）坚持回避制度

制度是公正产生的土壤。古乐府诗《君子行》云："君子防未然，不处嫌疑间。瓜田不纳履，李下不正冠。"意思是说，经过瓜田的时候，不要弯腰去提鞋子，免得人家怀疑你偷摘瓜果；走过李树下面的时候，不要举手整理帽子，以免别人怀疑你偷摘李子。瓜田李下说的就是避嫌。

《党政领导干部任职回避暂行规定》规定："有夫妻关系、直系血亲关系、三代以内旁系血亲关系以及近姻亲关系的，不得在同一机关担任双方直接隶属于同一领导人员的职务或者有直接上下级领导关系的职务，也不得在其中一方担任领导职务的机关从事组织（人事）、纪检（监察）、审计、财务等工作。""领导干部不得在本人成长地担任县（市）党委、政府以及纪检机关、组织部门、人民法院、人民检察院、公安部门正职领导成员，一般不得在本人成长地担任市（地、盟）党委、政府以及纪检机关、组织部门、人民法院、人民检察院、公安部门正职领导成员。"关于干部任职回避的规定，说到底还是为了加强对党政领导干部的管理和监督，保证领导干部公正履行职责，促进党风廉政建设。

古代回避制度有多种情况。如亲族回避，也就是避亲法。宋仁宗时期规定"本族缌麻以上亲，及有服外亲、无服外亲，并令回避，其余勿拘"，意即连五服之外的外亲也要回避。还有职务回避和籍贯回避等。

2016年1月12日，习近平总书记在第十八届中央纪委六次全会上谈及家风问题时引用了一句清代官场关于回避的谚语"莫用三爷，废职亡家"，这里的"三爷"指的是三类关系密切的至亲："子为少爷，婿为姑爷，妻兄弟为舅爷"，即儿子、女婿和妻兄弟。意思是告诫当时的为官者，在选官时要注意回避这三种关系的人。

清代衙门的职员如幕友、长随等多为私人任用。他们的聘用，不需经政府的选拔考试，而是凭借与州县官的特殊私人关系，故"三爷"在衙门任职非常普遍。至亲关系容易使"三爷"有恃无恐、行为失范，他们往往倚仗着与官员的这种父子、翁婿、郎舅关系，狐假虎威，胡作非为。清代乾嘉年间的绍兴师爷汪辉祖，在州县做幕僚三四十年，后又当了几年州县官吏，亲历目见，深知委用"三爷"之害，故大声疾呼革除这一积弊。自古选人有"内举不避亲，外举不避贤"之说，但官员如果重用"三爷"，即便他们有学有识，也会因狐假虎威和投鼠忌器晕轮效应，越加无所顾忌，得意忘形。中国历史上朝代一再更替，多数都是因重用"三爷"而最终至民心尽失，腐败亡国。

在我们党员干部队伍中，确有一些忽视家风、败坏党风的腐败分子。诸如"丈夫弄权，妻子捞钱""子承父业，前腐后继""兄弟联手，演绎腐败""妻子儿女，悉数上阵""从全家腐，到全家覆"，等等。"家族腐败"花样翻新，危害极大，其结果必然是"家破人亡"，教训极为深刻。

五、严格监督执纪

锤炼依法办事的习惯，重点是要把权力关进制度的笼子里。是否关严、是否关进，这就要处理好纪法的关系问题。能够完全靠自律的人毕竟有限，很多人自律意识差，就需要他律。而纪律则是较为有效的方式。

2024年4月，中共中央办公厅印发了《关于在全党开展党纪学习教育的通知》，强调党纪学习教育要注重融入日常、抓在经常。党的十八大以来，习近平总书记高度重视从严管党治党，多次强调"要把纪律建设摆在更加突出位置"。2023年1月9日，习近平总书记在二十届中央纪委二次全会上指出："纪律是管党治党的'戒尺'，也是党员、干部约束自身行为的标准和遵循。要把纪律建设摆在更加突出位置，党规制定、党纪教育、执纪监督全过程都要贯彻严的要求，既让铁纪'长牙'、发威，又让干部重视、警醒、知止，使全党形成遵规守纪的高度自觉。"2020年1月8日，习近平总书记在"不忘初心、牢记使命"主题教育总结大会上强调："要教育引导各级党组织和广大党员、干部经常进行思想政治体检，同党中央要求'对标'，拿党章党规'扫描'，用人民群众新期待'透视'，同先辈先烈、先进典型'对照'，不断叩问初心、守护初心，不断坚守使命、担当使命，始终做到初心如磐、使命在肩。"

（一）用好"四种形态"

《中国共产党纪律处分条例》(以下简称条例)第五条明确：深化运用监督执纪"四种形态"，经常开展批评和自我批评，及时进行谈话提醒、批评教育、责令检查、诫勉，让"红红脸、出出汗"成为常态；党纪轻处分、组织调整成为违纪处理的大多数；党纪重处分、重大职务调整的成为少数；严重违纪涉嫌犯罪追究刑事责任的成为极少数。监督执纪四种形态：第一种形态，约谈函询、批评教育；第二种形态，纪律轻处分和组织调整；第三种形态，重处分和重大职务调整；第四种形态，移送司法机关处理。这四种形态是全面从严治党的政策和策略，是把纪律挺在前面，惩前毖后、治病救人的具体化。

准确认定违规违纪行为性质，严格划分"失误、错误"与"违纪、违法"的界线是精准规范运用监督执纪"四种形态"的前提。《中国共产党章程》第四十条第二款、《中国共产党党内监督条例》第七条、《中国共产党纪律处分条例》第五条、《中国共产党纪律检查机关监督执纪工作规则》第四条等党内法规对监督执纪"四种形态"作出了原则性规定。"四种形态"是从党的历史和管党治党实践中总结出来的,是全面从严治党的具体举措,根本目的是坚持党的领导、加强党的建设、保持党的先进性和纯洁性。一是体现了纪严于法、纪在法前、纪法分开的要求。党的先锋队性质和执政地位,决定了党纪必然严于国法。如果纪律都守不住,从严治党就无从谈起,依法治国就是一句空话。这就要求各级党组织把纪律挺在法律前面,以严的标准要求党员、严的措施管住干部,确保党规党纪刚性约束。二是贯彻了惩前毖后、治病救人的方针。党员干部蜕变都有一个过程,如果一开始就受到严格监督和约束,及时认识和改正错误,就可以避免小错酿成大错、违纪走向违法。这就要求各级党组织坚持抓早抓小,发现苗头及时提醒,触犯纪律立即处理。三是深化了对"树木"和"森林"关系的认识。全面从严治党,不能只盯着极少数严重违纪的党员干部,失去对全局的判断和把握。这就要求各级党组织讲政治、顾大局,既见"树木"又见"森林",治病树、拔烂树、正歪树、护森林,全面净化党内政治生态。

牢牢把握党的纪律这把尺子。"四种形态"既针对苗头性问题,又覆盖了各种违纪行为,要用纪律的尺子去衡量。一是始终扭住"常态"。条例规定,"坚持党内谈话制度,认真开展提醒谈话、诫勉谈话。发现领导干部有思想、作风、纪律等方面苗头性、倾向性问题的,有关党组织负责人应当及时对其提醒谈话;发现轻微违纪问题的,上级党组织负责人应当对其诫勉谈话"。这就要求各级党组织"经常开展批评和自我批评、约谈函询,让'红红脸、出出汗'成为常态",使党内政治生活有战斗性和锋芒。二是合理把握"大多数"和"少数"。条例规定:"执纪审查应当查清违纪事实,让审查对象从学习党章入手,从理想信念宗旨、党性原则、作风纪律等方面检查剖析自己,审理报告应当事实清楚、定性准确,反映审查对象思想认识情况。"这表明监督执纪的过程，也是教育挽救违纪党员干部的过程。对不太严重或比较严重的违纪问题，要根据其性质、情节及造成的后果，恰当作出党纪处分或组织处理。同时，要把那些相信组织、迷途知返的违纪党员干部，同拒不悔改甚至对抗组织调查的区分开来，给其改过自新的机会，将"惩"与"治"结合起来。三是紧紧盯住"极少数"。条例规定："依规依纪进行执纪审查，重点审查不收敛不收手，问题线索反映集中、群众反映强烈，现在重要岗位且可能还要提拔使用的领导干部，三类情况同时具备的是重中之重。"这就是说，对严重违纪问题要严厉惩处，坚决减存量、遏增量，持续保持高压态势，强化"不敢"氛围。

（二）做到"三个区分开来"

《关于进一步激励广大干部新时代新担当新作为的意见》明确要建立健全容错纠错机制，宽容干部在改革创新中的失误错误：把干部在推进改革中因缺乏经验、先行先试出现的失误错误，同明知故犯的违纪违法行为区分开来；把尚无明确限制的探索性试验中的失误错误，同明令禁止后依然我行我素的违纪违法行为区分开来；把为推动发展的无意过失，同为谋取私利的违纪违法行为区分开来。这就是"三个区分开来"。

"三个区分开来"是真正为好干部撑腰的科学举措，看似区分干部的行为，其实是区分干部本身。第一个区分开来中，前者说的是想干事但方法不当，出发点是值得肯定的；后者是为了实现所谓的"政绩"不择手段，以非法行为达到所谓的目标，不具有可借鉴性，反而会产生恶劣的负面效果。第二个区分开来中，对未知领域的探索，需要勇气和胆识，也许是因为条件不具备，探索性失败，这种情形需要宽容；后者则是态度问题，有令不行，有禁不止，自以为是，刚愎自用，结果必然是失败。第三个区分开来是从主观上看是否有过错，以及这种过错是故意还是过失来区分的，前者的过失是非故意，而后者是故意为之，且必含私心。这三个区分开来也说明现实中很多执法者并没有把这三者区分开了，造成了实际的不公平。

"三个区分开来"关键在于执行层面。各级党组织及纪检监察机关、组织部门等相关职能部门，要妥善把握事业为上、实事求是、依纪依法、容纠并举等原则，结合动机态度、客观条件、程序方法、性质程度、后果影响以及挽回损失等情况，对干部的失误错误进行综合分析，对该容的大胆容错，不该容的坚决不容。对给予容错的干部，考核考察要客观评价，选拔任用要公正合理。准确把握政策界限，对违纪违法行为必须严肃查处，防止混淆问题性质、拿容错当"保护伞"，搞纪律"松绑"，确保容错在纪律红线、法律底线内进行。坚持有错必纠、有过必改，对苗头性、倾向性问题早发现早纠正，对失误错误及时采取补救措施，帮助干部汲取教训、改进提高，让他们放下包袱、轻装上阵。严肃查处诬告陷害行为，及时为受到不实反映的干部澄清正名、消除顾虑，引导干部争当改革的促进派、实干家，专心致志为党和人民干事创业、建功立业。

"三个区分开来"与"下指标"等现象是不容的，后者是需要坚决杜绝的。违法违纪现象是客观存在的，违法违纪行为是因人而异的，如果罔顾事实，给各地下达违纪违法的指标，就是荒诞的。如果为了数字上的好看，而刻意调整"四种形态"的比例，其结果便是造成更大的不公不正。另外，监察机关通常采用"一体化"立案模式，即将职务违法与职务犯罪合并立案，但这种方式在证据标准及被调查人权利保护方面也备受质疑。

（三）坚决防止"灯下黑"

"灯下黑"是用来形容某些人在某些情况下对自己的问题或弱点缺乏认识或忽视，这种现象在现实生活中并不罕见。"灯下黑"对于个人来说，尚且影响很少，但如果是组织存在"灯下黑"现象，其影响则必然很大。

纪检监察机关是党内监督和国家监察的专责机关，在全面从严治党、推进党的建设中承担重要职责。新时代以来，习近平总书记多次在中央纪委全会上对纪检监察机关自身建设作出重要指示，提出要解决"谁来监督纪委"问题、"清理好门户"、防止"灯下黑"、"清除害群之马"等要求，并明确指出"纪检监察机关要接受最严格的约束和监督"。一个"最"字，将对纪检监察机关的高标准、严要求提升至全新的高度。

"打铁的人"必须是"铁打的人"。因此，从事纪检监察工作的人，必须在业务和作风上都要过硬。一方面要精通法律法规，要通过法律职业考试，真正成为一名法律职业者，而不是盲目地用制度代替法律，用领导要求改变法律。另一方面，要公道正派，而不是利用手中的权力打击报复，更不是为了泄私愤而枉法办案。近年来查处的各级纪检监察干部违法违纪行为，这些人办理的案件，有多少是枉法办理的，有多少是需要改判的，这些都值得深思。

新时代以来，纪检监察法规制度建设不断加强，《监察法》《中国共产党纪律检查机关监督执纪工作规则》《监察机关监督执法工作规定》《公职人员政务处分法》《监察官法》《监察法实施条例》《中国共产党纪律检查委员会工作条例》《纪检监察机关派驻机构工作规则》等一批标志性、关键性、基础性法规制度出台，纪检监察机关的权力边界进一步得到明确，纪检监察工作规范化、法治化、正规化水平不断提高。

现实中还存在一种现象，就是纪检监察干部交流任职问题。干部交流任职本来是干部成长的正常方式，但基本的回避等干部任用原则要遵守。无论是因为业务熟悉，还是常驻某单位已经成了习惯，但直接转任，就容易存在如何实现从"监督者"转变为"被监督者"的身份转变，是否存在利用原有监督的影响力来阻碍正常的监督等问题。这些跨领域的任职，还是需要多部门坐下来深入研究形成规范化制度为好。

第九章
严守清廉崇德的底线

年轻干部必须牢记清廉是福、贪欲是祸的道理，经常对照党的理论和路线方针政策、对照党章党规党纪、对照初心使命，看清一些事情该不该做、能不能干，守住拒腐防变的防线。①

——2022年1月18日，习近平总书记在党的十九届中央纪委六次全会上的讲话

---

① 习近平：《努力成长为对党和人民忠诚可靠、堪当时代重任的栋梁之才》，《求是》2023年第13期。

清廉是处世之道，崇德是立身之本。青年要在人生道路上行稳致远，首要的就是品行端正，自觉树立起良好的道德风貌，为全社会树立榜样。很难想象，一个心胸狭隘、格局太小的人如何肩负起实现中华民族伟大复兴的历史使命，一个自私自利、以自我为中心的人如何引领时代潮流和事业发展。新时代青年为的是大公、守的是大义、求的是大我，更应自性澄澈、正心明道、怀德自重，无论何时何处，都要把清廉崇德视作待人接物、为人处世的标准，自觉防止德廉的异化，始终把人民放在心中最高位置，做一个一心为公、一身正气、一尘不染的新时代好青年，自觉带头明大德、守公德、严私德，注重道德养成，在实践中释放青年主体性的光芒。

一、培育高尚品格

高尚品格的培育，离不开青年自身的努力，也离不开社会环境的熏陶。新时代青年要自觉树立和践行社会主义核心价值观，善于从中华民族传统美德中汲取道德滋养，从英雄人物和"时代楷模"的身上感受道德风范，从自身内省中提升道德修为，自觉抵制拜金主义、享乐主义、极端个人主义、历史虚无主义等错误思想，追求更有高度、更有境界、更有品位的人生，让清风正气、蓬勃朝气遍布全社会！

（一）刚正不阿

刚正不阿指的是刚强正直，坚守正义，不为权势、金钱等所动摇，不阿谀逢迎，不随声附和，始终保持高尚品德、凛然正气、公道正派。

包拯是一个刚正不阿的清官，赴任天长知县时写诗自勉："清心为治本，直道是身谋。秀干终成栋，精钢不作钩。仓充鼠雀喜，草尽狐兔愁。史册有遗训，毋贻来者羞。"[1]他一生敢于犯颜直谏，不谋私利，执法如山，铁面无私，不畏权贵，不徇私情，为民除害，成为百姓心中的"包青天"。

包拯999年生于庐州合肥（今安徽合肥肥东），在北宋仁宗时期（1023—1063年）从政30余年。他自地方官吏的县、州、府及转运使，逐级晋入中央，先后担任谏议大夫、御史中丞、天章阁待制、龙图阁学士至枢密副使。这些官职都与法律密切相关。包拯的名声也是在公正执法过程中赢得的。欧阳修在《论包拯除三司使上书》中认为包拯"少有孝行，闻于乡里；晚有直节，著在朝廷"[2]。《宋史》记载："拯立朝刚毅，贵戚宦官为之敛手，闻者皆惮之。人以包拯笑比黄河清，童稚妇女，亦知其名，呼曰'包待制'。京师为之语曰：'关节不到，有阎罗包老。'"[3]

包拯弹劾或惩治的官吏，既有大官，也有小吏；既有京朝显宦，也有地方大员；既有行政长官，也有监察要臣，如张尧佐、张方平、范宗杰、石待举、王逵、王涣、任弁、魏兼、张可久、张若谷等。这些人贪污的表现，包拯在奏议中列举有贪污自肥、以权谋私、行贿受贿、违法经商、勒索"羡余"、馈送"苞苴"、监守自盗官府财物、恃势强买他人房屋田产等行为。

对于贪腐的危害，包拯十分清醒，他在《请罢天下科率》中说："且民者，国之本也，财用所出，安危所系，当务安之为急。"[4]在《乞

---

[1]《包拯集校注》，杨国宜校注，黄山书社，1999年，第1页。
[2]《欧阳修全集》，中华书局，2001年，第1694页。
[3] 脱脱等：《宋史》，中华书局，2000年，第8310页。
[4]《包拯集校注》，杨国宜校注，黄山书社，1999年，第183页。

不用脏吏》中说："廉者，民之表也；贪者，民之贼也。"①他还强调法律是治理国家的重要工具，因此，在《上殿札子》中说："赏者必当其功，不可以恩进；罚者必当其罪，不可以幸免。邪佞者虽近必黜，忠直者虽远必收。法令既行，纪律自正，则无不治之国，无不化之民，在陛下力行而已。"②担任天章阁待制、知谏院的时候，包拯弹劾仁宗宠妃张贵妃的伯父张尧佐违背礼制，担任多个官职、头衔，要求宋仁宗予以撤除。碍于张尧佐的特殊身份，许多权贵和官员都劝包拯不要这样做，以免招致仇恨，甚至祸及自身。但包拯不为所动，依旧刚正不阿、坚持上奏，最后迫使张尧佐辞去了宣徽使、景灵宫使等头衔。

包拯一生致力于反腐倡廉，多次要求奖励"廉干中正之人"，他还撰写《请赃吏该恩未得叙用》《请不用苛虐之人充监司》《请罢天下科率》《论冗官财用等》《请选用提转长吏等》《请选内外计臣》《论江西和买绢》等文。包拯家训云："后世子孙仕宦，有犯赃滥者，不得放归本家；亡殁之后，不得葬于大茔之中。不从吾志，非吾子孙。"共37个字，其下押字。又云："仰珙刊石，竖于堂屋东壁，以诏后世。"③

（二）虚怀若谷

虚怀若谷，指的是胸怀像山谷一样深广，能容纳别人的意见，听得进不同声音，辨得清忠奸善恶，说话办事出以公心、与人为善。

朱德出生在四川省仪陇县一个贫苦佃农家庭。20岁时，他在顺庆府中学堂毕业时写诗赠同窗戴与龄，表达了远大志向，诗云："骊歌一曲思无穷，今古存亡忆记中。污吏岂知清似水，书生便应气如虹。

---

① 《包拯集校注》，杨国宜校注，黄山书社，1999年，第230页。
② 《包拯集校注》，杨国宜校注，黄山书社，1999年，第98页。
③ 参见王远国《包拯家训》，《高教发展与评估》2008年第2期。

恨他狼虎贪心黑，叹我河山泣泪红。祖国安危人有责，冲天壮志付飞鹏。"[1]1909年，他离开家乡远赴昆明云南陆军讲武堂求学前，又立下"志士恨无穷，孤身走西东。投笔从戎去，刷新旧国风"[2]的誓言。后来他加入孙中山领导的同盟会，积极投身于推翻清朝封建统治的辛亥革命，参加了护国战争和护法战争，成为滇军名将。他目睹了军阀混战使国家陷入"四野萧萧风雨急，中原黯黯鬼神愁"[3]的悲惨境地，认识到资产阶级领导的旧民主主义革命无法解决中华民族出路问题。他从俄国十月革命和中国五四运动中看到了希望的曙光，毅然拒绝高官厚禄的诱惑，先到上海、北京，后又远渡重洋，执着寻找救国救民的真理。1922年，在马克思的故乡德国，朱德参加中国共产党，从此走上革命道路，把自己的一切奉献给了共产主义崇高事业。

朱德生活简朴、为人谦逊、虚怀若谷。江西井冈山的大井是毛泽东、朱德的旧居，当年的红四军军长朱德就曾经在这里战斗和生活过。1962年3月，朱德在大井参观毛泽东旧居时，井冈山管理局负责人问朱德："我们正在准备修复您的旧居，请问您当年住在哪栋民房呀？"朱德十分谦虚地说："我当年的房子就不要恢复了，有毛泽东同志的旧居就可以了。"他还嘱咐大家要多宣传毛主席，自己的可以不谈或少谈。朱德在担任红四军军长时，已年过四十，他既是一位卓越的指挥官，又是一位战斗员。他如果要大家做什么事，都会先和下级商量；他从不争功，每次战斗总是身先士卒，带领战士冲锋陷阵。杨得志回忆道："朱德军长平时对人很好，有说有笑，从来没见他发过脾气，骂过人，什么也难不着他，我们都把他当父母看待。"在长征途中，张国焘进行了分裂党和红军的活动。朱德虽身处逆境，却对

---

[1] 《朱德年谱（新编本）》，中央文献出版社，2006年，第15页。
[2] 《朱德年谱（新编本）》，中央文献出版社，2006年，第17页。
[3] 《朱德诗词集（新编本）》，中央文献出版社，2007年，第39页。

张国焘的错误行为进行了毫不妥协的斗争。他坚决执行党中央北上抗日的正确方针，维护党和红军的团结统一。"天下红军是一家"这句话，就是他在这个时候说的，并在四方面军中广为流传，影响深远；他的博大胸襟连张国焘也奈何他不得，不得不收敛起自己的反党野心。朱德最终把这支队伍带到了陕北，实现了三大红军主力的胜利会师。事后，毛泽东非常感动，并给予了高度评价，说朱德斗争有理有节，"度量大如海，意志坚如钢"。1951年朱德65寿辰，仪陇家乡派人到北京看望他，并提议把仪陇县改名为朱德县。朱德听了赶紧说："这怎么使得？我不算英雄，只是一个战场上没有被打死的普通士兵，为革命牺牲了的烈士才称得上英雄。"

"文化大革命"期间，朱德受到了错误的冲击。面对突然袭来的批判恶浪，他泰然自若地说："第一，历史是公正的；第二，主席和恩来最了解我，只要他们在，事情总会搞清楚的。"他还对萧华讲："共产党员受点委屈不算事儿。瑞金、井冈山、二万五千里长征，那么多困难，那么多挫折，我们不都熬过来了，现在这点磨难，能让我们丧失信心吗？这几年，不过是历史的一个插曲。革命总是要经历曲折反复的，总要向前发展的。"萧克后来评价朱德："在党内生活不正常的情况下，他也做过检讨，只从自己主观上找原因，不用浮夸言辞哗众取宠……他的度量之大，胸襟之宽广，无不令人钦佩。"①

（三）反躬自省

苏轼在《留侯论》中说："古之所谓豪杰之士者，必有过人之节。人情有所不能忍者，匹夫见辱，拔剑而起，挺身而斗，此不足为勇也。天下有大勇者，卒然临之而不惊，无故加之而不怒。此其所挟持者甚大，而其

---

① 参见孙伟《朱德虚怀若谷的伟大品质》，《传承》2010年第31期。

志甚远也。"[1]容忍，就是胸怀气量，海纳百川，有容乃大。隐忍，就是隐而不发。在时不至、运不到的时候，要有足够的耐性忍下去，积蓄能量，修德聚贤。不忍，就是当断则断。担任上海市委书记期间，习近平同志在市委常委会学习会上语重心长地指出："每一位领导干部都应该以'君子检身，常若有过'的态度，经常想一想什么是'做人''公仆''权力'和'考验'。"[2]所谓自检，就是反躬自省。

青年毛泽东的思想走向成熟也是在不断反躬自省中进行的。辛亥革命前，毛泽东接受了维新派思想，赞成康有为、梁启超的维新变革和君主立宪制度。后来拥护孙中山的资产阶级革命道路，成为一名激进民主主义者。随着新文化运动的兴起，毛泽东憧憬无政府主义。随着十月革命一声炮响，毛泽东坚定选择马克思主义，并且与中国实际相结合，创造性地推进了马克思主义中国化。转变的过程就是反躬自省的过程。

1982年8月14日，徐向前在同中共中央党史研究室副主任廖盖隆等同志访谈时说："1977年9月我写的一篇文章题为《永远坚持党指挥枪的原则》，那篇文章是我签了名的，我要负责。"他同时指出其中有三处被歪曲了，需要更正。他说："1935年（左路军）南下时，张国焘是否发过'武力解决中央'的电报问题。1977年的文章说有这样的电报，是不对的。我没有看过这样的电报。""中央主张一路走，我和陈昌浩也是主张一路走，同中央红军一块走。张国焘决定要把红四方面军分两路走，我们是没办法的，他是红军总政委，中央对他也没有办法，我们对他更没有办法。"[3]徐向前认识到，接张国焘要南下的电报后，最大错误就是同意南下。这是徐向前反躬自省的结果。

---

[1] 陶文鹏等编选《苏轼集》，凤凰出版社，2006年，第246页。
[2] 《当好改革开放的排头兵：习近平上海足迹》，人民出版社，上海人民出版社，2022年，第28页。
[3] 参见廖盖隆《徐向前元帅生前的肺腑之言》，《四川党史》1994年第6期。

冯友兰在《三松堂自序》中反省并自责说：

> 我不知道，这是走群众路线，还是哗众取宠。这中间必定有个界限，但当时我分不清楚。照我现在的理解，这个界限就是诚伪之分。《周易》乾卦的《文言》说："修辞立其诚。"我们说话、写文章都要表达自己真实的见解，这叫"立其诚"。自己有了确实的见解，又能虚心听取意见，改正错误，这叫走群众路线。如果是附和一时流行的意见，以求得到吹捧，这就是伪，就是哗众取宠。1973年我写的文章，主要是出于对毛主席的信任，总觉得毛主席党中央一定比我对。实际上自解放以来，我的绝大部分工作就是否定自己，批判自己。每批判一次，总以为是前进一步。这是立其诚，现在看来也有并不可取之处，就是没有把所有观点放在平等地位来考察。[①]

二、涵养道德修为

廉洁必以道德建设为基础。一个民族的文明素养很大程度上体现在青年一代的道德水准和精神风貌上。青年要自觉"坚持以社会主义核心价值观为引领，将国家、社会、个人层面的价值要求贯穿到道德建设各方面，以主流价值建构道德规范、强化道德认同、指引道德实践，引导人们明大德、守公德、严私德"[②]。

（一）明大德

《大学》开篇讲道："大学之道，在明明德，在亲民，在止于至善。"[③]

[①] 《三松堂全集》第1卷，河南人民出版社，2001年，第160—161页。
[②] 《十九大以来重要文献选编》（中），中央文献出版社，2021年，第228页。
[③] 朱熹：《四书章句集注》，中华书局，2011年，第4页。

明明德位列《大学》三纲领之首,体现出彰显高尚德行的重要性。明德又称天德、正德、大德、元德、上德。"大德"即家国之德,天下之德,是人们对国家、对民族的一种真挚情感,是中华儿女立志报效祖国,实现中华民族伟大复兴的精神力量。立志报效祖国、服务人民,这是大德,养大德者方可成大业。

理想信念是中国共产党人的大德,是支撑共产党人克服重重困难、抵制各种诱惑的精神支柱,是共产党人的精神之"钙"。中国共产党在成立之日起,就把共产主义确立为远大理想。百余年来,成千上万的烈士为了这个理想献出了宝贵生命。正如毛泽东所说,"共产党人决不抛弃其社会主义和共产主义的理想"[①]。中国共产党在革命历程中形成的井冈山精神、长征精神、延安精神、西柏坡精神等革命精神,也体现了共产党人无比坚定的理想信念和无比纯洁的信仰追求,彰显着共产党人的大德。

明大德要培育大理想。青年要坚定正确的政治方向,做社会主义核心价值观的坚定信仰者、积极传播者、模范践行者,要把中国特色社会主义道路自信、理论自信、制度自信、文化自信转化成自己实现中国梦的强大精神内核,从而以实际行动将小我融入大我,青春奉献祖国。

明大德要树立大情怀。青年要承担着时代思想引领的职责,率先垂范、言传身教,领时代风气之先,把报效祖国、服务人民这一大德真正锻造成为内化于心、外化于行的思想动力,把爱国情、强国志、报国行自觉融入实现中华民族伟大复兴的奋斗之中。

明大德要明辨大是非。青年要在大是大非面前头脑清醒,能够深刻认识到知识就是力量,勤学、苦学、真学、博学,通过学习马克思主义,学习人类文明史、中国历史以及近代以来中国的革命、建设、改革史,深刻领会中国特色社会主义道路的历史必然性。

---

① 《毛泽东选集》第 1 卷,人民出版社,1991 年,第 259 页。

（二）守公德

梁启超在《新民说》中说："人人独善其身者谓之私德，人人相善其群者谓之公德。"[1] 守公德，就是尊崇公序良俗、懂文明、讲礼貌、助人为乐、爱护公物、保护环境、遵守法纪和规则，形成尊法学法守法用法的法治意识和依法有序参与公共事务、勇于承担社会责任的素养。

"大道之行，天下为公。"全心全意为人民服务是中国共产党的根本宗旨。立党为公、执政为民就是共产党人的公德。对中国共产党人而言，公德也是一种公仆道德。在《论联合政府》一文中，毛泽东就强调："总之，应该使每个同志明了，共产党人的一切言论行动，必须以合乎最广大人民群众的最大利益，为最广大人民群众所拥护为最高标准。"[2] 在党的历史上，张思德、焦裕禄、孔繁森、杨善洲、廖俊波等许多党的优秀干部身上，体现的正是共产党人的公德。他们把为民谋利作为毕生追求，将个人价值体现在平凡而伟大的事业之中。这既是共产党人必须坚决守住的公德，也是新时代政德建设的基本要求。

（三）严私德

私德，指的是个人品德，严私德即严格要求个人品德。在古代，私德被看作是一个人立身处世的基础，是国家稳定的基石。严私德是我国古代儒家伦理思想的重要组成部分，源于"五常"之中"仁、义、礼、智、信"的"义"和"礼"。

私德主要由忠诚、孝顺、仁爱、诚信、谦逊、宽容、节俭、勇敢、廉洁等方面组成。这些品质不仅是个人道德修养的体现，也是社会和谐的保障。忠诚是指对国家、民族、家庭、朋友等的忠实和信任；孝顺是对父母

---

[1] 汤志钧等编《梁启超全集》第2集，中国人民大学出版社，2018年，第539页。
[2] 《毛泽东选集》第3卷，人民出版社，1991年，第1096页。

的敬爱和尊重；仁爱是对他人的关爱和帮助；诚信是对待事物的诚实和守信；谦逊是对自己的态度和自我认知；宽容是对待他人的错误和不足；节俭是对待物质生活的节制和珍惜；勇敢是对待困难和危险时的勇敢面对；廉洁是对待权力的自律和公正。

严私德的关键就是要加强自我修养。1943年3月18日，周恩来在重庆红岩整风学习时写下了《我的修养要则》[①]，对自己提出了极为严格的要求。该要则共七条，分别就学习、工作、反思、群众、健康等方面进行概括，很有操作性。

一、加紧学习，抓住中心，宁精勿杂，宁专勿多。

二、努力工作，要有计划，有重点，有条理。

三、习作合一，要注意时间、空间和条件，使之配合适当，要注意检讨和整理，要有发现和创造。

四、要与自己的、他人的一切不正确的思想意识作原则上坚决的斗争。

五、适当的发扬自己的长处，具体的纠正自己的短处。

六、永远不与群众隔离，向群众学习，并帮助他们。过集体生活，注意调研，遵守纪律。

七、健全自己身体，保持合理的规律生活，这是自我修养的物质基础。

周恩来高度重视世界观的改造，把道德修养看成是每个党员终生的必修课，他还看到了道德修养的艰巨性和长期性，无论是战争年代，还是和平年代，无论时群居还是独处，他都能保持清正廉洁的品德，不搞特殊

---

① 《周恩来选集》上卷，人民出版社，1980年，第125页。

化，从不利用手中权力为亲友谋取任何好处，他让侄子带头下农村，让侄女带头支边，在全党树立了榜样。

三、鱼和熊掌不可兼得

习近平总书记在《做焦裕禄式的县委书记》中指出："鱼和熊掌不可兼得，当官发财两条道，当官就不要发财，发财就不要当官。要始终严格要求自己，把好权力关、金钱关、美色关，做到清清白白做人、干干净净做事、坦坦荡荡为官。要加强对亲属和身边工作人员的教育和约束，要求他们守德、守纪、守法。"[①]"鱼和熊掌不可兼得"道出了人们在面对抉择时的无奈与智慧。鱼和熊掌，代表着物质与精神、现实与理想、短期与长期等矛盾的对立统一。在现实生活中，我们常常面临各种抉择。有时候，我们需要在坚持原则与妥协之间作出选择；有时候，我们在追求梦想与面对现实之间徘徊。"鱼和熊掌不可兼得"考验的是人的取舍智慧。

（一）当官与发财

黄埔军校（陆军军官学校）门口有副对联："升官发财请往他处，贪生怕死勿入斯门。"横批是"革命者来"。1924年6月16日，孙中山在陆军军官学校开学典礼上发表演说，阐述了为什么要建这个学校，即"把革命的事业重新来创造，要用这个学校内的学生做根本，成立革命军"，"如果没有革命军，中国的革命永远还是要失败"，但要有什么资格才叫作革命军呢？孙中山指出很多条件，其中特别强调"要革命，便先要立革命的志气。此时有了革命的志气，将来便可以当革命军的将领。我们要把革命做

---

① 《习近平著作选读》第1卷，人民出版社，2023年，第341—342页。

成功，便要从今天起立一个志愿，一生一世，都不存升官发财的心理，只知道做救国救民的事业，实行三民主义和五权宪法，一心一意的来革命，才可以达到革命的目的"。①1938年4月9日，毛泽东在延安抗日军政大学第四期第三大队开学典礼上的讲话中阐述了当官发财和实现共产主义事业之间的关系，他说："第一个决心是要牺牲升官，第二个决心是要牺牲发财，第三更要下一个牺牲自己生命的最后的决心！"②

《资治通鉴》记载：

> 嘉贞不营家产，有劝其市田宅者，嘉贞曰："吾贵为将相，何忧寒馁！若其获罪，虽有田宅，亦无所用。比见朝士广占良田，身没之日，适足为无赖子弟酒色之资，吾不取也。"闻者是之。③

上面这段话说的是，唐朝工部尚书张嘉贞去世。张嘉贞不经营家产，有人劝他买田地住宅，他说："我居于将相的高位，担忧什么饥寒！如果犯了法，即使有田地住宅，也没有什么用。近来我见到朝中的士大夫大占良田，身死之后，这些只能成为无赖子弟贪恋酒色的本钱。我不做这种事。"听了他的话的人，都认为他讲得对。

当官和发财本来就是两个不同的事业，如果希望通过当官来发财，则必然导致滥权。因为当官是履行公务，而发财则是私欲。公私不能并存。因此，当官就不要发财，发财就不要当官。党政机关是资源分配、规则制定的主导部门，如果不能出以公心，为私欲左右，则毫无为民为公可言。公务人员是否保持廉洁，关系到党的存亡和人心的向背，也关系到社会主义经济的命运。现在群众对廉洁政治呼声很高。因而，处理好当官与发财

---

① 《孙中山全集》第7卷，人民出版社，2015年，第623—624页。
② 《毛泽东文集》第2卷，人民出版社，1993年，第119页。
③ 司马光编著《资治通鉴》，胡三省音注，中华书局，2013年，第5680页。

的关系至关重要，做到"苟非吾之所有，虽一毫而莫取""鱼和熊掌不可兼得""寸心不昧，万法皆明""为官一场，造福一方"等已经是职责所系的内在要求。

（二）躺平与有位

有为才有位。然而近年来干部不作为现象蔚然成风，存在躺平现象。躺平和有位是一对矛盾，但现实中却又很滑稽地集中在某个人身上。2019年7月9日，习近平总书记在中央和国家机关党的建设工作会上告诫所有干部，要践行新时期好干部标准，不做这四种"官"——政治麻木、办事糊涂的昏官，饱食终日、无所用心的懒官，推诿扯皮、不思进取的庸官，以权谋私、蜕化变质的贪官。[①]2023年7月5日至7日，习近平总书记在江苏考察时强调指出要"严肃整治拈轻怕重、躺平甩锅、敷衍塞责、得过且过等消极现象"。

推进领导干部能上能下，是纠治干部不作为问题的有效手段。中共中央办公厅印发的《推进领导干部能上能下规定》，以干部队伍建设实践作为依据，涉及干部下的渠道、适用范围、不适宜担任现职的主要情形、分析研判、核实认定、调整程序、调整方式、工作责任等内容，可操作性强，切合新时代党的建设要求。各地要认真抓好落实，制定符合实际的考核制度，畅通干部成长渠道，形成能者上、优者奖、庸者下、劣者汰的良性循环。

纠治干部不作为首先要深入调研了解情况，拓宽发现渠道和方式，既要用好年度考核、平时考核、任职考察、巡视巡察、审计、信访举报、选人用人专项检查、"一报告两评议"等常规手段，又要注重通过实地考察、抽查暗访、民意访谈、舆情收集等灵活方式，及时、主动、全面了解干

---

① 参见习近平《在中央和国家机关党的建设工作会议上的讲话》，《求是》2019年第21期。

部担当作为的情况。要善于听取多数人意见，而不是以少数人的意见作代表。

加强综合分析研判。深入调研是基础，分析研判是关键。只有对各类各方面信息进行综合评估，才能形成科学认识和精准判断。通过抓住不担当不作为的具体人、具体事，察其表、析其里，看是客观条件所限还是主观努力不够，是思想认识不到位还是素质能力跟不上，是政策机制不完善还是贯彻执行不得力，真正把症结找准。

精准适用处理措施。处理措施不能想当然，更不能带有个人情绪，而是要从党和人民事业出发，既要瞻前又要顾后，既要惩前又要毖后，既要治病又要救人，不能一处了之、机械落实，要区分问题的性质、程度、危害，采取不同的态度、策略和方法。

压实工作责任。各级都要坚持原则、敢抓敢管、依规办事，在选人用人上体现讲担当、重担当的鲜明导向，把敢不敢扛事、愿不愿做事、能不能干事作为识别干部、评判优劣、奖惩升降的重要标准，把干部干了什么事、干了多少事、干的事组织和群众认不认可作为选拔干部的根本依据，选拔任用敢于负责、勇于担当、善于作为、成绩突出的干部，推动形成能者上、优者奖、庸者下、劣者汰的良好局面。

（三）名誉和利益

针对董仲舒关于"正其道不谋其利，修其理不急其功"的说教，针对统治者以仁义为幌子，广收天下人民之利而扼杀人民起码生存权利的封建道德，司马迁把人对于生活利益的要求放在首位，认为："天下熙熙，皆为利来，天下攘攘，皆为利往"，宣称统治者和被统治者都是一样为了"利"，要求统治者不要为了自己的"利"扼杀人民的物质利益，不要与民争利。名誉和利益，因为其诱惑性，则其结果具有不可测性。古人说，盛名之下其实难副。新时代青年要看淡名利，不要掉入名利的陷阱之中。名缰利锁如重枷，铜臭堆里逝韶华。习近平同志指出："作为党的领导干部，一定要以正确的世界观立身、以正确的权力观用权、以正确的事业观做事，带头遵守廉洁自律各项规定，以淡泊之心对待个人名利和权位，以敬畏之心对待肩负的职责和人民的事业，任何情况下都要稳住心神、管住行为、守住清白。"[①] 人生有起落，从政有进退。人生没有彩排，每天都是直播。每个干部的经历都是一本书，写得好写得坏，写得厚写得薄，写得精彩写得平庸，全靠自己着笔，别人无法代替。

青年不要一味地追逐名利，忘掉了初心、迷失了本真。青年应把名利看淡点，学会放下，追求心灵的平衡和谐，达到庄子提倡的"至人无己，神人无功，圣人无名"的境界。要力戒不良心态。如，要力戒浮躁心态。有的干部"干了两年，就想调动；三年不动，四处活动"。有的干部看到别人提拔就坐不住，老觉得自己进步慢，牢骚很多。其实，在一个干部的成长历程中，不可能遇到的都是顺境，能否在逆境中保持心灵上的平和是很现实的考验。青年应培养一种"宠辱不惊、去留无意"的从政心态，以平和的心态对待升迁，用豁达的胸怀对待去留。要力戒贪婪心态。人有七情六欲，有一定的欲望并不为过，但不能被欲望所束缚，更不能心怀贪欲。"高飞之鸟，死于贪食；深潭之鱼，死于香饵。"薪水如泉水，涓滴不断，虽然不多，但终身受用；非法谋取的是肥水，肥水如洪水，来势汹涌，有覆溺之虞。领导干部都应牢记，"祸莫大于不知足"。要力戒攀比心态。个别青年往往喜欢和别人攀比一些身外之物，导致心理失衡、私欲膨胀，最终坠入违纪违法的深渊。看齐可以行稳致远，攀比却是自寻烦恼。领导干部应多点"看齐"意识，少些"攀比"心态，不去比官职、比安逸、比阔气、比享受，而去比德行、比能力、比付出、比贡献、比口碑，多向现实中做得好的标杆看齐，向古往今来的优秀者看齐，向高标准严要求的方向迈进。

---

① 《十七大以来重要文献选编》（下），中央文献出版社，2013年，第827页。

四、弘扬家风

古希腊哲学家柏拉图曾说过,家族联系,尤其是父母与子女的关系,是体制化的社会阶级和归属关系的首要基础势力,要建立一个平等的、共产的社会,这种联系——包括家庭本身——必须废除。为此有学者提出腐败在很大程度上是特殊恩宠论的表现,"即感到自己有义务帮助和施惠于自己负有个人义务的人,首先是家族成员,但也包括朋友和同伙。任人唯亲是最明显的表现。"[1]中华优秀传统文化中通过弘扬家风来纯化社会风气影响深远。家风是一个家族代代相传沿袭下来的体现家庭成员精神风貌、道德品质、审美格调和整体气质的家族文化风格,通过长辈或杰出者代表身体力行、言传身教,来约束和规范家庭成员的作风和风尚。家风不仅仅是家庭私事,而且是工作作风和个人品行的外化。因此,青年无论在家庭还是事业中,都承担着承上启下的关键作用,把家风建设摆在重要位置刻不容缓。

(一)孝敬父母

身体发肤,受之父母。孝敬父母,自古以来就是中华民族的传统美德,是衡量一个青年品行端正与否的重要标准。在我国历史上,诸多圣贤都把孝道视为为人之本,教导我们要感恩父母的养育之恩,尊敬他们的辛勤付出。如今,在这个飞速发展的时代,孝敬父母依然是青年一代应当秉持的优良传统。

《中国青年报》曾于2017年1月10日报道中国青年报社社会调查中心一份联合问卷,对2000人进行一项调查显示,55.7%的受访者家中有家

---

[1] 塞缪尔·P.亨廷顿、劳伦斯·哈里森主编《文化的重要作用:价值观如何影响人类进步》,程克雄译,新华出版社,2018年,第226页。

训，71.7%的受访者认为家风家训应包含"孝敬父母"，55.8%的受访者认为家风家训对一个人的生活态度有很大影响，68.5%的受访者建议父母从小教导孩子了解家训。

古人"齐家治国平天下"，家齐是关键一步。而诚实善良、孝敬父母是传统美德。2001年10月15日，家人为习仲勋举办88岁寿宴，欢聚一堂，唯独时任福建省省长的习近平缺席。由于公务繁忙，难以脱身，习近平抱愧地给父亲写了一封拜寿信。在信中，他深情地写道："对父母的认知也和对父母的感情一样，久而弥深"，"希望继承和吸取父亲的宝贵高尚的品质"①。一封家书，饱含着习近平对父亲深深的歉意和崇敬。习近平孝敬父母，尽管公务繁忙，每当有时间他都会拉着母亲的手散步、聊天，春节不能和父母团聚，会用电话诉说愧疚、表达孝心。他的书架上摆着两张照片：一张是他与家人陪坐在轮椅上的父亲散步，另一张是他牵着母亲的手在院子里漫步。孝亲、敬老，体现在细微之处。正如习近平同志在《中青年干部要"尊老"》的署名文章中说的那样："中青年干部唯有实心实意地尊重老干部，才能在新老干部之间建立起一种真诚融洽的团结合作关系，从而携手并肩，共同把党的事业推向前进。"②

（二）约束配偶

约束配偶是弘扬家风的应有之义。如果握有权位一方对配偶缺乏应有的约束，后果则不堪设想。

  2015年2月16日，中央纪委发布消息称，全国政协原副主席苏荣严重违纪违法被开除党籍和公职。通报指出其"自身严重腐败，并支持、纵容亲属利用其特殊身份擅权干政，谋取巨额非法利益"。苏荣

---

① 《习近平讲故事》，人民出版社，2017年，第206页。
② 习近平：《中青年干部要"尊老"》，《人民日报》1984年12月7日。

在忏悔录中写道："正常的同志关系，完全变成了商品交换关系。我家成了'权钱交易所'，我就是'所长'，老婆是'收款员'。"在苏荣担任江西省委书记期间，其妻于某频繁插手土地出让、工程建设、招标投标，索取收受巨额财物。其子多次插手土地、工程项目，大肆收取好处费。经查，苏荣共有十余名家庭成员涉案，可谓夫妻联手、父子上阵、兄弟串通、七大姑八大姨共同敛财。苏荣腐败案是典型的家族式腐败。家里面从老到小、从男到女都有参与。

据媒体报道，苏荣妻子于某贪得无厌，在苏荣担任江西省委书记期间，被指多次染指江西的矿产资源、土地出让、房产开发、工程项目等诸多领域。而不少江西省内的高级领导以贿赂"于姐"的方式，变相贿赂苏荣，以此获得苏的信任和提拔机会。据江西省纪委书记周泽民回忆，(一次)苏荣的老婆住院，在深圳做手术，得到消息后，江西一批干部纷纷坐着飞机到深圳去看，不是白看，去就要带礼金。一些官员还盯紧"于姐"的艺术爱好，向她赠送瓷器、书画等"雅贿"。

2015年11月17日，苏荣女婿，湖南省张家界市委常委、副市长程丹峰落马被查，成为苏荣家族中第14位涉案成员。湖南省纪委通报称，利用其岳父江西省委原书记苏荣的职权和地位形成的便利条件，为他人谋取利益并收受财物，数额巨大。程丹峰在忏悔书中说：我变成了贴着苏荣女婿标签的坐台先生，经常在周末的时候出现在江西，在几名商人的安排和请托中，在众多政府官员的笑脸相迎中，享受着虚荣心的满足，完全忘掉了我自己是谁，我的真实身份是什么。而且，甚至发现其实自己并不需要去岳父面前说什么请托之事，一样能够有好处、有红包，仅仅贴在身上的苏荣女婿的标签就成为了许多官员和商人追逐的目标，这种自我膨胀和爱面子的思想得到了极大的满足。

（三）管教子女

习近平总书记指出："家风家教是一个家庭最宝贵的财富，是留给子孙后代最好的遗产。"[①]青年要带头树立良好家风，必须从管教好子女开始。家庭是社会的基本细胞，千千万万个家庭的家风好，子女教育得好，社会风气好才有基础。党的十八大以来，习近平总书记多次强调，家风好，就能家道兴盛、和顺美满；家风差，难免殃及子孙、贻害社会。因为"家庭是社会的基本细胞，是人生的第一所学校。不论时代发生多大变化，不论生活格局发生多大变化，我们都要重视家庭建设，注重家庭、注重家教、注重家风"[②]。

1968年，美国心理学家米歇尔做了一个著名的"延迟满足"实验。实验对象是4岁的幼儿。实验者发给每个孩子一颗好吃的软糖，并告知孩子他有两种选择：一是可以立即吃掉，但没有另外的奖励了；二是忍耐20分钟，那么就可以再奖励一颗。实验结果当然是孩子们分为了三类，一类是立即吃掉了软糖，另一类是坚持了一段时间但没有到20分钟就把软糖吃了，最后一类是坚持到了最后，得到了奖励。若干年后的跟踪调查显示，当年能够坚持到最后的孩子，在美国高考（SAT）中的成绩更优秀，成年后在事业上也更出色。实验证明，坚持是一种可贵的品质，拥有或培养这种品质，可以让我们更接近成功。

周恩来一向严格要求自己和亲属，晚辈们曾根据他的日常要求整理了"十条家规"：

1. 晚辈不能丢下工作专程去看望他，只能在出差顺路时看看；
2. 来者一律住国务院招待所；

---

① 《习近平关于社会主义精神文明建设论述摘编》，中央文献出版社，2022年，第292页。
② 《习近平关于社会主义精神文明建设论述摘编》，中央文献出版社，2022年，第186页。

3. 一律到食堂排队买饭菜，有工作的自己买菜票，没有工作的代付伙食费；

4. 看戏以家属身份买票入场，不得用招待券；

5. 不许请客送礼；

6. 不许动用公家汽车；

7. 凡个人生活上能做的事，不要别人代办；

8. 生活要艰苦朴素；

9. 在任何情况下，都不要说出与周恩来的关系，不要炫耀自己；

10. 不谋私利，不搞特殊化。[①]

周恩来、邓颖超两人工资二成以上都用于资助亲属，包括赡养长辈、接济平辈、扶养侄辈。邓颖超告诉亲友们："你们有困难，我们的工资可以帮助你们，毫不吝惜，但我们从来不利用工作职权来帮助你们解决什么问题，你们也不要有任何特权思想。"[②]领导干部不仅不要有特权思想，而且还要有奉献精神，这种奉献精神既是一种觉悟、境界，还是有效避免瓜田李下猜疑的良药。

周尔辉是周恩来的侄儿，父亲为革命牺牲了。1952年，国家干部由供给制改为薪金制之后，周恩来将他接到北京抚养。当时北京办有干部子弟学校，是专门培养烈士、干部子女的，条件比较好，但是周恩来没有让周尔辉上这样的学校，而是让他到普通中学就读。周恩来还特意嘱咐侄子，无论是领导谈话、填写表格，还是同学之间的交往，千万不要说出与他的这层关系。

周尔辉大学毕业后留在了北京钢铁学院工作。1961年，他与淮安

[①] 参见张颖《周恩来与邓颖超》，东方出版社，2005年，第292页。
[②] 周秉德：《我的伯父周恩来》，人民出版社，2009年，第263页。

一位普通的小学教师孙桂云结婚了，周恩来和邓颖超在西花厅为他们举办了简朴而热闹的婚礼。为解决两地分居问题，北京钢铁学院按照程序帮助孙桂云办理了进京的调动手续。周恩来知道后教育周尔辉、孙桂云说："这两年国家遭受自然灾害，北京市大量缩减人口。你们作为总理亲属，要带头执行，不能搞特殊化。照顾夫妻关系，为什么只能调到北京，而不能调到外地去呢？"于是，周尔辉和孙桂云放弃已经办好的手续，一起回到了淮安。周恩来曾提出过这样的问题："对亲属，到底是你影响他还是他影响你？一个领导干部首先要回答和解决这个问题。如果解决得不好，你不能影响他，他倒可能影响你。"周恩来的亲属们，非但没有得到任何特殊照顾，反而受到了更严苛的约束。[1]

五、做个君子

把人的全面而自由发展作为理论的归宿是马克思主义者为之奋斗的最高目标，也是衡量社会发展的最高价值标准。中华优秀传统文化中的君子人格是包容平等谦抑和谐共生精神的典型，与人自由全面发展的目标相契合。"君"最初的含义是"尊也"，"君"的本意为有权位的人。"君子"专指道德人格高尚的人，后把"君子"当作做人的目标。明代于谦有诗《石灰吟》，"千锤万击出深山，烈火焚烧若等闲。粉骨碎身全不惜，要留清白在人间"[2]，也指出了做人的境界。人立于天地之间，自当顶天立地、光明磊落、能屈能伸。人生总有顺境，也有逆境，甚至还会遇到绝境。顺境时不张扬，逆境时不气馁，绝境时不慌张，才是青年人应有的姿态，才是"君子"之风。大家知道，个体是社会的基础，处于社会的关系之中，但

---

[1] 参见王纪一编著《红色家规》，中国方正出版社，2021年1月版。
[2] 《于谦集》下册，浙江古籍出版社，2016年，第469页。

单个人所固有的抽象物、孤立的特殊性并非人的本质，正如马克思所指出的，人的本质"在其现实性上，它是一切社会关系的总和"①。在这里，主要从政商关系、男女关系、上下级关系等三个极突出极特殊的关系来看青年如何做一个君子。

（一）政商关系

物必先腐而后虫生，说的是内因与外因谁起决定性作用的逻辑关系。新时代政商关系新在何处？应当新在"信"上，如果说信心、信念、信仰、守信等更多地体现为个体内心的要求和表征，那么信任则强调的是主体对他人言行或生活于其中的社会制度可信性的期待和信念。人无信不立，言而有信的人，能够得到朋友的认可，愿意继续交往；政府要进行有效管理，推行新政，首先要取信于民。在现代社会，信任是支撑现代社会、维系一切关系不可或缺的重要力量，对个人来说，可以减少风险和不安，对政府来说，可以减少监督与惩罚的成本。

政商关系从本质上说是市场主体和监管主体之间的关系，其目的是共同维护正常的市场秩序，维护市场主体的合法权益。但一些人却把这种关系异化为权钱交易，并伴以其他形式的交易，从而把以"信"为基础的市场变成以"私"为基础的交易，腐化就出现了。腐化的主体一般是掌握公权力的人，从这个意义上说腐化具有普遍性。腐化的基本形式是政治权力与财富的交换。腐化就其量的标准看，与经济社会发展有关，有着正向比例的关系，与社会基本价值取向有关。这些价值中，目标取向至关重要。美国政治学家塞缪尔·亨廷顿认为，"对社会公共目标缺乏一致认识时，腐化就成了合法达到私人目标的替代物"②。青年牢记初心使命至关重要，

---

① 《马克思恩格斯文集》第 1 卷，人民出版社，2009 年，第 501 页。
② 塞缪尔·P. 亨廷顿：《变化社会中的政治秩序》，王冠华、刘为译，生活·读书·新知三联书店，1989 年，第 59 页。

只有时刻牢记为民服务的宗旨，才能不被眼前利益所诱惑。

有人把花钱办事与效率效果进行比较，形象地说，花自己的钱办自己的事，最为经济，因为既讲节约又讲效果；花自己的钱给别人办事，最有效率，因为只讲节约不讲效果；花别人的钱为自己办事，最为浪费，因为只讲效果不讲节约；花别人的钱为别人办事，最不负责任，因为既不讲效果又不讲节约。

青年要展现新时代的"信"，就要在履职尽责上，职不可怠慢，责不可推诿，行不可越界。市场经济当然是法治经济。无论是市场主体还是监管主体，都要以此为底线，依法办事，按程序办事，坚守公平正义这条准则。有市场自然有交易，而缺乏他律和自律的交易，必然产生腐败。因此，青年善于处理好政商关系尤为重要，不要成为污染水源的始作俑者，不要充当不法者之间勾当的掮客，不要沦落为被围猎的猎物。

在新时代背景下，我国经济社会发展正面临着前所未有的挑战，这既需要政府与企业之间建立紧密协作的关系，也需要保持清正廉洁的政治生态。亲清统一的新型政商关系是一种既亲密又清白、相互支持、共同发展的关系，也是推动我国经济社会持续健康发展的关键因素。

中国很早就重视国家的廉政建设和良性官商关系的构建。隋文帝开皇十四年（594年）六月，"诏省府州县，皆给公廨田，不得治生，与人争利"。公廨是旧时的官署，公廨田是隋唐官府给各官署以所收地租充办公经费的公田，源于北魏太和年间的职田制度，亦称"职分田"或"食租田"，按官职品级授给官吏作为俸禄的田地，即以租田收取的租粟为俸禄。这是针对"京官及诸州并给公廨钱，回易生利，以给公用"的旧制。这种禁止官府直接介入商业赢利活动，又给予公廨田以补偿各机构公费开支的做法，体现了当时欲把这部分费用的来源和供给，纳入统一的财政收支体系的努力。但除唐朝短暂实行过鼓励官府投资或放贷创收的"公廨本钱"制度外，历朝历代都严禁官吏经商。中国传统文化要求当政者克勤克俭，清廉无私，严禁官员经商和官商勾结；在儒家文化的熏陶下，商人也以"儒商""绅商"为目标，在经商中"贾而儒行，亦商亦贾"，积极投身到社会的公共事业中。

中国共产党成立以来，始终重视党的反腐倡廉工作，维护党的纪律性和纯洁性。早在1932年，中华苏维埃中央执行委员会就颁布了《关于惩治贪腐浪费和违法乱纪行为》的规定，对"贪污500元以上者处以死刑"。改革开放后，我们党更是意识到了腐败问题的严重性和紧迫性，认识到不惩治腐败，特别是党内高层的腐败现象，确实有失败的危险。党的十八大以来，构建良性政商关系的决心更加坚定。

民营经济是我们党长期执政、团结带领全国人民实现"两个一百年"奋斗目标和中华民族伟大复兴中国梦的重要力量。政商关系是民营企业生存发展的关键环境因素之一。习近平同志在参加全国政协十二届四次会议民建、工商联界政协委员联组讨论时，就构建新型政商关系作了阐述。他指出，新型政商关系，概括起来说就是"亲""清"两个字。

在福建工作时，习近平同志总结出"六个始终坚持"的"晋江经验"，其中之一就是"始终坚持加强政府对市场经济的引导和服务"；在担任宁德地委书记期间告诫官员：如果觉得当干部不合算，可以辞职去经商搞实业，但千万不要既想当官又想发财，还要利用手中权力谋取私利，官商结合必然导致官僚主义。在浙江工作时，习近平同志支持民营企业发展，认为"浙江最大的优势是民营经济先发优势，我一直在考虑，怎么把这个优势发挥好"；在"之江新语"栏目发表的文章《小事小节是一面镜子》中要求浙江各级领导干部一方面要"亲商、富商、安商"，另一方面"同企业家打交道一定要掌握分寸，公私分明"。

政商关系"亲而不清"，就会搞推杯换盏、输送利益那一套；"清而不亲"，就会造成作壁上观、养出甩手掌柜。亲清统一的新型政商关系方能让政商之间交往有规可依、有度可量。2023年3月的全国两会期间，在看望参加政协会议的民建、工商联界委员时，习近平再次对此作出强调："要把构建亲清政商关系落到实处，为民营企业和民营企业家排忧解难，让他们放开手脚，轻装上阵，专心致志搞发展。"

（二）男女关系

青年在成长过程中，不仅要关注学业、事业和兴趣爱好，还要学会如何与异性相处，建立健康、和谐的人际关系。近年来，网络报道多起不正当男女关系，有上下级之间的男女关系，有服务对象与服务者之间的男女关系，有管理层与下属之间的男女关系，等等。这些不正当男女关系不仅严重影响了双方的家庭，也给党和人民的事业造成恶劣影响，还普遍造成信任危机。

据统计，人一生的欲望根据年龄段不同而不同，但每个阶段都有最为强烈的欲望。0~10岁，最大的欲望是吃；10~20岁，最大的欲望是玩；20~30岁，最大的欲望是性；30~40岁，最大的欲望是财；40~50岁，最大的欲望是成功；50~60岁，最大的欲望是安心；60~70岁，最大的欲望是天伦之乐；70~80岁，最大的欲望是健康长寿；80岁以上，最大的欲望是无欲。可以说，青年这个阶段对"性"的欲望是无法回避的，如果不能正确处理男女关系，将会对工作、生活甚至事业产生恶劣的影响。

日本医学士小酒井光次曾在《青年杂志》第1卷第5号发文"青年与性欲"，规劝青年要洁身自好，要用精力（energy）及意志（will）来堤防，因为青年男女90%有秘密之行为。《论语》有言："少年血气未定，戒之在色。"说的就是这个道理。因而，青年要提升自身的自控能力。

（三）上下级关系

上下级关系是组织结构中非常重要的一环，它涉及管理层级、职责划分、沟通协作、目标任务、未来愿景等方面。陈云同志指出："领导方式的中心问题,是正确处理上下级关系。……上下级关系不协调,一般情况下,主要是上级负责。"①在我国,上下级关系广泛存在于党和政府部门、企业事业单位、社会团体等各种组织形态中。处理好上下级关系,不仅对于青年心情和职业规划发展意义重大,对于提高组织效能、实现组织目标同样具有重要意义。

关于党内同志之间的称呼问题,毛泽东早在1959年就建议大家互称同志,改变以职务相称的旧习惯。②1965年,中共中央印发的《关于党内同志之间的称呼问题的通知》就明确规定:"为了切实纠正这种不良风气,现在特再重申毛泽东同志的指示,今后对担任党内职务的所有人员,一律互称同志。"③党的十一届三中全会公报重申:"党内一律互称同志,不要叫官衔。"党的十八届六中全会通过的《关于新形势下党内政治生活的若干准则》再次明确:"坚持党内民主平等的同志关系,党内一律称同志。"④可见,同志在我们党内,不单是对所有人的统一称呼,而且是对党员之间关系的最准确规定,即党内民主平等的同志关系。

同德则同心,同心则同志。党内以同志互称,诠释的是志同道合的关系,依靠的是共同的理想信念基础。毛泽东指出:"我们都是来自五湖四海,为了一个共同的革命目标,走到一起来了。"⑤毫无疑问,严格意义上的同志关系,就应该是清清爽爽的关系,而不能掺杂任何私利、有任何偏差。有了清清爽爽的同志关系,就为良好的政治生态和社会风气打下了一个坚实的基础。但是,从近年来查处的腐败案件及报道的各类违纪案件看,当前一些领导干部与下属之间关系不正常,已经不再是清清爽

---

① 《陈云文选》第1卷,人民出版社,1995年,第221页。
② 参见《毛泽东书信选集》,中央文献出版社,2003年,第519页。
③ 《中共中央文件选集(1949年10月—1966年5月)》第49册,人民出版社,2013年,第406页。
④ 《关于新形势下党内政治生活的若干准则》,人民出版社,2016年,第26页。
⑤ 《毛泽东选集》第3卷,人民出版社,1991年,第1005页。

爽的同志关系，而是掺和着团团伙伙、拉帮结派、封官许愿、亲亲疏疏等因素。

构建清清爽爽的同志关系，是营造和谐工作氛围的重要基石。同志关系，首先体现在彼此尊重上。尊重他人的观点、能力、个性、劳动成果，这是建立和谐同事关系的基础。体现在平等相处上，不能搞家长式那一套，对掌权者唯命是从甚至形成人身依附关系。在彼此尊重、平等相处的关系中，没有人会对他人指手画脚、颐指气使，也不会有人对他人的工作横加干涉、打击报复。邓小平说："不论是担负领导工作的党员，或者是普通党员，都应以平等态度互相对待，都平等地享有一切应当享有的权利，履行一切应当履行的义务。上级对下级不能颐指气使，尤其不能让下级办违反党章国法的事情；下级也不应当对上级阿谀奉承，无原则地服从，'尽忠'。"[①]2016年10月，党的十八届六中全会通过的《关于新形势下党内政治生活的若干准则》明确提出："领导干部特别是高级干部不能搞家长制，要求别人唯命是从，特别是不能要求下级办违反党纪国法的事情；下级应该抵制上级领导干部的这种要求并向更上级党组织直至党中央报告，不应该对上级领导干部无原则服从。规范和纯洁党内同志交往，领导干部对党员不能颐指气使，党员对领导干部不能阿谀奉承。"[②]这些都为上下级清清爽爽的同志关系提供了法治保障。只要每个人都能从事业出发，出以公心，而不是搞"阴谋"，行"私欲"，且从平等人格出发，从团结共事出发，久而久之，便能形成清清爽爽的同志关系。

---

① 《邓小平文选》第2卷，人民出版社，1994年，第331页。
② 《关于新形势下党内政治生活的若干准则》，人民出版社，2016年，第31页。

后 记

本书围绕强国有我的责任担当和挑大梁的能力素养，提出青年成长成才的规律性和基础性要求，也即实践的主体的自觉能动性，包括理想信念、心理素质、宗旨意识、思维方式、团结共事、应急能力、依法办事、廉洁自律等方面，把高素质专业化落实到青年成长成才的全过程。本书并没有详细阐述青年的心理世界、青年的成长过程等，而是从青年主体如何成长成才视角，以实践哲学为基础，坚持有史、有论，史论结合，以具体和抽象交错的方式期待给青年以启发，提高思考水平。

本书所界定的青年年龄是综合多种因素，特别是结合时代发展所作的客观反映。在界定青年时，也没有区分男女，而是从年龄进行界定，但男女成长成熟的差异客观存在。

特别感谢中央党校出版集团国家行政学院出版社的编辑老师，他们对书稿的很多真知灼见，也都以不同方式体现在本书之中。他们为本书的编辑、设计、出版付出了大量心血，其专业素养、敬业精神令人钦佩。

作者
2024年11月